निबन्ध-मान

अ अक्षर
प्रतियोगी पुस्तकें

निबन्ध-मान

संकलन

अंजुम शर्मा

राधाकृष्ण प्रकाशन

ISBN : 978-81-8361-998-1

अक्षर प्रतियोगी पुस्तकें

निबन्ध-मान

पहला संस्करण : 2021
दूसरा संस्करण : 2022

मूल्य : ₹150

प्रकाशक
राधाकृष्ण प्रकाशन प्राइवेट लिमिटेड
जी-17, जगतपुरी, दिल्ली-110 051

शाखाएँ : अशोक राजपथ, साइंस कॉलेज के सामने, पटना-800 006
पहली मंज़िल, दरबारी बिल्डिंग, महात्मा गांधी मार्ग, प्रयागराज-211 001
36-ए, शेक्सपियर सरणी, कोलकाता-700 017

वेबसाइट : www.radhakrishnaprakashan.com
ई-मेल : info@radhakrishnaprakashan.com

मुद्रक
बी.के. ऑफ़सेट
नवीन शाहदरा, दिल्ली-110 032

NIBANDH-MAAN
Compilation by Anjum Sharma

क्रम

भूमिका

हिन्दी में निबन्ध की शुरुआत उन्नीसवीं सदी के उत्तरार्ध से मानी जाती है। भारतेंदु युग के साथ ही हिन्दी में आधुनिक युग, गद्य युग और निबन्ध युग की भी शुरुआत होती है। उस समय के निबन्ध प्रेस से निकलने वाले पत्र-पत्रिकाओं की आवश्यकता भी रहे इसलिए निबन्ध के विकास में कवि वचन सुधा, हरिश्चंद्र मैगज़ीन, मित्र विलास, हिन्दी प्रदीप, आनन्द कादम्बिनी, ब्राह्मण, भारतेंदु, पीयूष प्रवाह जैसी पत्रिकाओं का योगदान महत्त्वपूर्ण है।

निबन्ध की इस परम्परा में भारतेंदु युग के लेखकों का विशेष महत्त्व रहा। भारतेंदु युग के निबन्धकारों में भारतेंदु हरिश्चंद्र, बालकृष्ण भट्ट, प्रतापनारायण मिश्र, बदरीनारायण चौधरी प्रेमघन, अंबिकादत्त व्यास, राधाचरण गोस्वामी, काशीनाथ खत्री आदि प्रमुख थे। इस युग के साहित्यकार जीवंत व्यक्तित्व वाले थे। व्यंग्य-विनोद, हास-परिहास और एक प्रकार की स्वच्छंदता में इनके निबन्ध पिरोए हुए दिखलाई पड़ते हैं। यहाँ निबन्धों का स्वरूप थोड़ा सा अनगढ़ जरूर मालूम हो रहा है लेकिन वह विचारात्मक है, भावात्मक है, व्यंग्य विनोद से भरपूर है, उनमें वर्णन भी है और वह तथ्यात्मक भी है।

भारतेंदु काल के ही बालकृष्ण भट्ट और प्रतापनारायण मिश्र की तुलना निबन्धकार स्टील और एडिसन से की जाती है। प्रतापनारायण मिश्र ने तो भौं, बात, नारी, युवा, टैक्स, द, धोखा जैसे छोटे शीर्षकों के निबन्धों की भी रचना की। ऐसे ही बालकृष्ण भट्ट ने भी आँख, कान, नाक जैसे साधारण विषयों को निबन्धों का शीर्षक बनाया। चूँकि यह युग गद्य का आरम्भिक काल ही था इसलिए इसमें शीर्ष कोटि के निबन्ध नहीं रचे जा सके। कह सकते हैं कि यह निबन्धों का बीजारोपण काल था।

इसे प्रौढ़ रूप द्विवेदी युग में प्राप्त हुआ। इस युग में भाषा का एक मानक रूप निर्मित हुआ, चिन्तन में प्रौढ़ता और शैली में परिपक्वता आई। इस युग में भाषा और व्याकरण से सम्बन्धित विषयों पर सबसे अधिक निबन्ध रचे गए। प्रमुख निबन्धकारों में महावीरप्रसाद द्विवेदी, बालमुकुंद गुप्त, श्यामसुन्दर दास, सरदार पूर्ण सिंह, चंद्रधर शर्मा 'गुलेरी', माधवप्रसाद मिश्र आदि शामिल हैं।

लेकिन आचार्य रामचन्द्र शुक्ल जब निबन्ध क्षेत्र में उतरते हैं तो निबन्ध साहित्य में जैसे नई जान आ जाती है। हिन्दी निबन्ध के विकास में आचार्य रामचन्द्र शुक्ल केन्द्र में आ जाते हैं। उन्होंने विषय, शैली और भाषा तीनों स्तरों पर निबन्ध विधा को नया आयाम दिया। शायद इसीलिए हिन्दी निबन्ध को बहुत से अध्येता शुक्ल पूर्व युग, शुक्ल युग और शुक्लोत्तर युग में बाँटकर देखते हैं। आचार्य शुक्ल ने विचारपूर्ण विषयों को ही ज्यादातर अपने निबन्धों का विषय बनाया है। उनके निबन्धों में वाक्य एक सूत्र की तरह प्रयोग होते हैं जो शुरुआत में किसी सिद्धान्त को स्थापित करते हैं और अन्त तक उसकी विवेचना करते रहते हैं। श्रद्धा और भक्ति, लोभ और प्रीति, कविता क्या है आदि शुक्ल जी के महत्त्वपूर्ण निबन्ध हैं। आचार्य शुक्ल के अधिकांश प्रसिद्ध निबन्ध मनोविकारों पर हैं। इन निबन्धों का संग्रह पहले 'विचार वीथी' के नाम से साल 1930 में प्रकाशित हुआ था जो बाद में चिन्तामणि भाग-1 नाम से 1939 में संशोधित और परिवर्धित संस्करण के रूप में प्रकाशित हुआ। शुक्ल युग के अन्य निबन्धकारों में बाबू गुलाब राय, जयशंकर प्रसाद, महादेवी वर्मा, प्रेमचंद, माखनलाल चतुर्वेदी, राहुल सांकृत्यायन आदि प्रमुख हैं। जयशंकर प्रसाद के निबन्ध 'काव्य कला तथा अन्य निबन्ध' में और सूर्यकान्त त्रिपाठी 'निराला' के निबन्ध 'प्रबन्ध प्रतिमा', 'चाबुक' इत्यादि में संगृहित हैं।

आचार्य रामचन्द्र शुक्ल के बाद के दौर में निबन्ध लेखन में कई शैलियाँ अपनी पहचान बनाती हैं। इस शुक्लोत्तर युग में तीन प्रमुख शैलियाँ—ललित निबन्ध, व्यंग्य निबन्ध और वैचारिक निबन्ध इस विधा को आगे ले जाती हैं।

जिस वैचारिक निबन्ध शैली को आचार्य शुक्ल ने तर्कपूर्ण बनाया वह जैनेन्द्र, डॉक्टर सम्पूर्णानंद, रामनिवास शर्मा, रामवृक्ष बेनीपुरी, डॉ. नगेन्द्र जैसे नामों के साथ कमोबेश बनी रही।

इसी तरह व्यंग्यपूर्ण निबन्धों की जो शुरुआत भारतेंदु युग से आरम्भ हुई थी वह अधिक परिष्कृत रूप में समसामयिक विषयों के साथ हरिशंकर परसाई और शरद जोशी जैसे निबन्धकारों के यहाँ दिखलाई देती है।

लालित्य निबन्धों के सम्बन्ध में हजारीप्रसाद द्विवेदी का नाम ललित निबन्ध के पर्याय के तौर पर आता है क्योंकि लालित्य की अमूर्त अवधारणा को आचार्य हजारीप्रसाद द्विवेदी ने मूर्त किया और एक सशक्त विधा के रूप में ललित निबन्धों की शुरुआत की। ऐसा करते हुए उन्होंने अपने पांडित्य को पीछे रखकर बहुत ही सहजता से बड़ी से बड़ी बात को सरल शैली में पाठक तक पहुँचाया। उनके निबन्ध मूल्य तथा भारत के सांस्कृतिक इतिहास की पुनर्रचना करते हैं। सभ्यता-संस्कृति के प्रति जीवन दृष्टि, जीवन के प्रति मानवतावादी धारणा, उन्मुक्तता, मनुष्य की शक्ति और विश्वास को रेखांकित करते हुए उन्होंने अपनी सम्पूर्ण रचनाशीलता के केन्द्र में मनुष्य को रखा। ललित निबन्ध लिखनेवाले कुछ अन्य निबन्धकारों में

बालमुकुंद गुप्त, अज्ञेय, शान्तिप्रिय द्विवेदी, धर्मवीर भारती, विद्यानिवास मिश्र, कुबेरनाथ राय, शिवप्रसाद सिंह और विवेकी राय जैसे नाम चर्चित हैं। वर्तमान काल में आलोचनात्मक लेख ही अधिक लिखे जा रहे हैं। निबन्ध विशेषकर विशुद्ध वैयक्तिक और ललित निबन्ध जैसे ओझल ही हो गए हों।

'निबन्ध-मान' संकलन उत्तर प्रदेश उच्चतर शिक्षा सेवा आयोग द्वारा असिस्टेंट प्रोफ़ेसर पद के लिए जारी नए पाठ्यक्रम के अनुसार तैयार किया गया है। 'निबन्ध-मान' शीर्षक रखने के पीछे कारण यह रहा कि इसमें हिन्दी के तमाम बड़े निबन्धकारों के मानक निबन्ध शामिल हैं। प्रत्येक निबन्ध से पूर्व लेखक परिचय के साथ संकलन के अन्त में वस्तुनिष्ठ परीक्षा के लिए कुछ उपयोगी तथ्य दिए गए हैं। यह तथ्य निश्चित तौर पर विद्यार्थियों/अभ्यर्थियों के लिए लाभदायक होंगे। संकलन तैयार करते समय पूरी कोशिश रही कि किसी प्रकार की त्रुटि न रहे फिर भी यह कहने में संकोच नहीं होना चाहिए कि सुधार की गुंजाइश हमेशा बनी रहती है।

—अंजुम शर्मा

भारतेन्दु हरिश्चन्द्र

पूरा नाम : बाबू भारतेन्दु हरिश्चन्द्र। जन्म : 9 सितम्बर, 1850, वाराणसी (उत्तर प्रदेश); पिता बाबू गोपाल चन्द्र।

युग प्रवर्तक बाबू भारतेन्दु हरिश्चन्द्र का जन्म काशी नगरी के प्रसिद्ध 'सेठ अमीचन्द' के वंश में 9 सितम्बर, सन् 1850 को हुआ। इनके पिता 'बाबू गोपाल चन्द्र' भी एक कवि थे। इनके घराने में वैभव एवं प्रतिष्ठा थी। जब इनकी अवस्था मात्र 5 वर्ष की थी, इनकी माता चल बसी और दस वर्ष की आयु में पिता जी भी चल बसे। भारतेन्दु जी विलक्षण प्रतिभा के व्यक्ति थे। इन्होंने अपनी परिस्थितियों से गम्भीर प्रेरणा ली। इनकी मित्र मंडली में बड़े-बड़े लेखक, कवि एवं विचारक थे, जिनकी बातों से ये प्रभावित थे। इनके पास विपुल धनराशि थी, जिसे इन्होंने साहित्यकारों की सहायता हेतु मुक्त हस्त से दान किया।

बाबू हरिश्चन्द्र बाल्यकाल से ही परम उदार थे। यही कारण था कि इनकी उदारता लोगों को आकर्षित करती थी। इन्होंने विशाल वैभव एवं धनराशि को विविध संस्थाओं को दिया है। इनकी विद्वता से प्रभावित होकर ही विद्वज्जनों ने इन्हें 'भारतेन्दु' की उपाधि प्रदान की। अपनी उच्चकोटि के लेखन कार्य के माध्यम से ये दूर-दूर तक जाने जाते थे। इनकी कृतियों का अध्ययन करने पर आभास होता है कि इनमें कवि, लेखक और नाटककार बनने की जो प्रतिभा थी, वह अद्‌भुत थी। ये बहुमुखी प्रतिभा से सम्पन्न साहित्यकार थे।

कृतियाँ—यद्यपि भारतेन्दु जी विविध भाषाओं में रचनाएँ करते थे, किन्तु ब्रजभाषा पर इनका असाधारण अधिकार था। इस भाषा में इन्होंने अद्‌भुत श्रृंगारिकता का परिचय दिया है। इनका साहित्य प्रेममय था, क्योंकि प्रेम को लेकर ही इन्होंने अपने 'सप्त संग्रह' प्रकाशित किए हैं। प्रेम माधुरी इनकी सर्वोत्कृष्ट रचना है। जिसकी कुछ पंक्तियाँ निम्नवत हैं—

मारग प्रेम को समुझै 'हरिश्चन्द्र' यथारथ होत यथा है।
लाभ कछु न पुकारन में बदनाम ही होन की सारी कथा है।
जानत ही जिय मेरौ भली विधि और उपाइ सबै बिरथा है।
बावरे हैं ब्रज के सिगरे मोंहि नाहक पूछत कौन बिथा है।

भारतेन्दु जी अत्यन्त कम अवस्था से ही रचनाएँ करने लगे थे। इन्होंने नाटक के क्षेत्र में भी अत्यन्त महत्त्वपूर्ण योगदान प्रदान किया है। इनके प्रमुख नाटक और रचनाएँ निम्नवत हैं—

मौलिक नाटक : वैदेही हिंसा हिंसा न भवति (1873), सत्य हरिश्चन्द्र (1817), श्रीचन्द्रावली (1876), विषस्य निषमौषधम (1876), भारत दुर्दशा (1880), नीलदेवी (1881), अंधेर नगरी (1881)।

काव्य कृतियाँ : भक्त सर्वस्व, प्रेम मालिका 1871, प्रेम माधुरी 1875, प्रेम-तरंग 1877, उत्तरार्ध भक्तमाल 1876-77, प्रेम-प्रलाप 1877, होली 1879, मधुमुकुल 1881, राग-संग्रह 1880, वर्षा-विनोद 1880, विनय प्रेम पचासा 1881, सुमनांजलि, फूलों का गुच्छा 1882, प्रेम फुलवारी 1883, कृष्णचरित्र 1883।

निबन्ध संग्रह : भारतेन्दु ग्रन्थावली में संकलित हैं—सुलोचना, मदालसा, लीलावती, परिहास वंचक, दिल्ली दरबार दर्पण।

यात्रा वृत्तान्त : सरयू पार की यात्रा, लखनऊ की यात्रा।

जीवनी : सूरदास, जयदेव, महात्मा मोहम्मद।

इतिहास : अग्रवालों की उत्पत्ति, महाराष्ट्र देश का इतिहास तथा कश्मीर कुसुम।

साहित्यिक योगदान— हरिश्चन्द्र जी बहुमुखी प्रतिभा के धनी थे। अत: उन्होंने साहित्य के हर क्षेत्र में काम किया है। कविता, नाटक, निबन्ध, व्याख्यान आदि पर उन्होंने कार्य किया। 'सुलोचना' आपका प्रमुख आख्यान है। 'बादशाह दर्पण' आपका इतिहास की जानकारी प्रदान करने वाला ग्रन्थ है। इन्होंने संयोग का बड़ा ही सजीव एवं सुन्दर चित्रण किया है—

रोकत है तो अमंगल होय, और प्रेम नसै जो कहैं प्रिय जाइए।
जो कहें जाहु न, तो प्रभुता, जो कछु न कहैं तो सनेह नसाइए।
जो हरिश्चन्द्र कहैं, तुमरे बिन, जियें न तो यह क्यों पतियाइए।
तासो पयान समै तुझसौं हम का कहैं प्यारे हमें समझाइए॥

भारतेन्दु जी ने भक्ति प्रदान एवं शृंगारयुक्त रचनाएँ की हैं। उनमें अपने देश के प्रति बहुत बड़ी निष्ठा थी, उन्होंने सामाजिक समस्याओं के उन्मूलन की बात की है, उनकी भक्ति प्रधान रचनाएँ घनानन्द एवं रसखान की रचनाओं की कोटि की हैं। उन्होंने संयोग की अपेक्षा वियोग पर विशेष बल दिया है। वे स्वतंत्रता प्रेमी एवं प्रगतिशील विचारक व लेखक थे। उन्होंने माँ सरस्वती की साधना में अपना धन पानी की तरह बहाया और साहित्य को समृद्ध किया। उन्होंने अनेक पत्र-पत्रिकाओं का सम्पादन किया। जीवन का अन्तिम दौर आर्थिक तंगी से गुजरा, क्योंकि धन का उन्होंने बहुत बड़ा भाग साहित्य समाज सेवा के लिए लगाया। ये भाषा की शुद्धता के पक्ष में थे। इनकी भाषा बड़ी परिष्कृत एवं प्रवाह से भरी है। भारतेन्दु जी की रचनाओं में इनकी रचनात्मक प्रतिभा को भली प्रकार देखा जा सकता है।

भारतेन्दु जी ने अपनी प्रतिभा के बल पर हिन्दी साहित्य के क्षेत्र में महत्त्वपूर्ण योगदान प्रदान किया है। हिन्दी गद्य साहित्य को इन्होंने विशेष समृद्धि प्रदान की है। इन्होंने दोहा, चौपाई, छन्द, बरवै, हरि गीतिका, कवित्त एवं सवैया आदि पर काम किया। इन्होंने न केवल कहानी और कविता के क्षेत्र में कार्य किया अपितु नाटक के क्षेत्र में भी विशेष योगदान दिया। किन्तु नाटक में पात्रों का चयन और भूमिका आदि के विषय में इन्होंने सम्पूर्ण कार्य स्वयं के जीवन के अनुभव से सम्पादित किया है।

निष्कर्ष के रूप में यह कहा जा सकता है कि बाबू हरिश्चन्द्र बहुमुखी प्रतिभा से सम्पन्न थे। उन्होंने समाज और साहित्य का प्रत्येक कोना झाँका है। अर्थात् साहित्य के सभी क्षेत्रों में उन्होंने कार्य किया है। किन्तु यह खेद का ही विषय है कि 35 वर्ष की अल्पायु में ही वे स्वर्गवासी हो गए थे। यदि ऐसा न होता तो सम्भवत: हिन्दी साहित्य का कहीं और ज्यादा विकास हुआ होता। यह उनके व्यक्तित्व की ही विशेषता थी कि वे कवि, लेखक, नाटककार, साहित्यकार एवं सम्पादक सब कुछ थे। हिन्दी साहित्य को पुष्ट करने में आपने जो योगदान प्रदान किया है वह सराहनीय है तथा हिन्दी जगत् आप की सेवा के लिए सदैव ऋणी रहेगा। इन्होंने अपने जीवन काल में लेखन के अलावा कोई दूसरा कार्य नहीं किया। तभी तो 35 वर्ष की अल्पायु में ही 72 ग्रन्थों की रचना करना सम्भव हो सकता था। इन्होंने छोटे एवं बड़े सभी प्रकार के ग्रन्थों का प्रणयन किया है। एक प्रकार से यह कहा जा सकता है कि हिन्दी के प्रचार एवं प्रसार में इनका महत्त्वपूर्ण योगदान रहा है और अपने कार्यों से इन्होंने हिन्दी साहित्य के क्षेत्र में सदा के लिए स्थायी रूप से स्थान बनाया है। अपनी विशिष्ट सेवाओं के कारण ही ये आधुनिक हिन्दी साहित्य के आधुनिक काल के प्रवर्तक कहे जाते हैं। पंत जी ने इनके बारे में ठीक ही कहा है—

भारतेन्दु कर गए,
भारती की वीणा निर्माण।
किया अमर स्पर्शों में,
जिसका बहु विधि स्वर संधान।

अत: यह कहा जा सकता है कि बाबू हरिश्चन्द्र जी हिन्दी साहित्य के आकाश के एक देदीप्यमान नक्षत्र थे। उनके द्वारा हिन्दी साहित्य में दिया गया योगदान महत्त्वपूर्ण एवं सराहनीय है।

निधन : 6 जनवरी, 1885, वाराणसी (उत्तर प्रदेश) में हुआ।

भारतवर्षोन्नति कैसे हो सकती है

आज बड़े आनंद का दिन है कि छोटे से नगर बलिया में हम इतने मनुष्यों को एक बड़े उत्साह से एक स्थान पर देखते हैं। इस अभागे आलसी देश में जो कुछ हो जाए वही बहुत है। बनारस ऐसे बड़े नगरों में जब कुछ नहीं होता तो हम यह न कहेंगे कि बलिया में जो कुछ हमने देखा वह बहुत ही प्रशंसा के योग्य है। इस उत्साह का मूल कारण जो हमने खोजा तो प्रगट हो गया कि इस देश के भाग्य से आजकल यहाँ सारा समाज ही एकत्र है। राबर्ट साहब बहादुर ऐसे कलेक्टर जहाँ हों वहाँ क्यों न ऐसा समाज हो। जिस देश और काल में ईश्वर ने अकबर को उत्पन्न किया था उसी में अबुल फजल, बीरबल,टोडरमल को भी उत्पन्न किया। यहाँ राबर्ट साहब अकबर हैं तो मुंशी चतुर्भुज सहाय, मुंशी बिहारीलाल साहब आदि अबुल फजल और टोडरमल हैं। हमारे हिंदुस्तानी लोग तो रेल की गाड़ी हैं। यद्यपि फर्स्ट क्लास, सेकेंड क्लास आदि गाड़ियाँ बहुत अच्छी-अच्छी और बड़े-बड़े महसूल की इस ट्रेन में लगी हैं पर बिना इंजिन सब नहीं चल सकतीं वैसे ही हिंदुस्तानी लोगों को कोई चलाने वाला हो तो ये क्या नहीं कर सकते। इनसे इतना कह दीजिए 'का चुप साधि रहा बलवाना' फिर देखिए हनुमानजी को अपना बल कैसा याद आता है। सो बल कौन याद दिलावे? हिंदुस्तानी राजे-महाराजे, नवाब, रईस या हाकिम। राजे-महाराजों को अपनी पूजा, भोजन, झूठी गप से छुट्टी नहीं। हाकिमों को कुछ तो सरकारी काम घेरे रहता है। कुछ बाल-घुड़दौड़, थियेटर में समय लगा। कुछ समय बचा भी तो उनको क्या गरह है कि हम गरीब, गंदे, काले आदमियों से मिल कर अपना अनमोल समय खोवें। बस यही मसल रही—

"तुम्हें गैरों से कब फुरसत, हम अपने गम से कब खाली।
चलो बस हो चुका मिलना न हम खाली न तुम खाली॥"

तीन मेढ़क एक के ऊपर एक बैठे थे। ऊपर वाले ने कहा, 'जौक शौक', बीच वाला बोला, 'गम सम',सब के नीचे वाला पुकारा, 'गए हम'। सो हिंदुस्तान की प्रजा की दशा यही है 'गए हम'। पहले भी जब आर्य लोग हिंदुस्तान में आकर बसे थे राजा और ब्राह्मणों के जिम्मे यह काम था कि देश में नाना प्रकार की विद्या और नीति फैलावें और अब भी ये लोग चाहें तो हिंदुस्तान प्रतिदिन क्या प्रतिछिन

बढ़े। पर इन्हीं लोगों को निकम्मेपन ने घेर रखा है। 'बोद्धारो मत्सरग्रस्ता: प्रभव: समर दूषिता:।' हम नहीं समझते कि इनको लाज भी क्यों नहीं आती कि उस समय में जबकि इनके पुरुखों के पास कोई भी सामान नहीं था तब उन लोगों ने जंगल में पत्ते और मिट्टी की कुटियों में बैठ कर बाँस की नालियों से जो तारा, ग्रह आदि बेध कर के उनकी गति लिखी है वह ऐसी ठीक है कि सोलह लाख रुपए की लागत से विलायत में जो दूरबीन बनी है उनसे उन ग्रहों को वेध करने में भी ठीक वही गति आती है और अब आज इस काल में हम लोगों की अंग्रेजी विद्या से और जनता की उन्नति से लाखों पुस्तकें और हजारों यंत्र तैयार हैं जब हम लोग निरी चुंगी की कतवार फेंकने की गाड़ी बन रहे हैं। यह समय ऐसा है कि उन्नति की मानो घुड़दौड़ हो रही है। अमेरिकन, अंग्रेज, फरांसीस आदि तुरकी-ताजी सब सरपट्ट दौड़े जाते हैं। सब के जी में यही है कि पाला हमी पहले छू लें। लेकिन कुछ लोग खाली खड़े-खड़े टाप से मिट्टी खोदते हैं। इनको, औरों को जाने दीजिए, जापानी टट्टुओं को हाँफते हुए दौड़ता देख कर भी लग्ज नहीं आती। यह समय ऐसा है कि जो पीछे रह जाएगा फिर कोटि उपाय किए भी आगे न बढ़ सकेगा। लूट की इस बरसात में भी जिस के सिर पर कम्बख्ती का छाता और आँखों में मूर्खता की पट्टी बँधी रहे उस पर ईश्वर का कोप ही कहना चाहिए।

मुझको मेरे मित्रों ने कहा था कि तुम इस विषय पर आज कुछ कहो कि हिंदुस्तान की कैसे उन्नति हो सकती है। भला इस विषय पर मैं और क्या कहूँ भागवत में एक श्लोक है—'नृदेहमाद्यं सुलभं सुदुर्लभं प्लवं सुकल्पं गुरुकर्णधारं मयानुकूलेन तप: स्वतेरितं पुमान भवाब्धि न तरेत स आत्महा।' भगवान कहते हैं कि पहले तो मनुष्य जन्म ही दुर्लभ है सो मिला और उस पर गुरु की कृपा और उस पर मेरी अनुकूलता। इतना सामान पाकर भी मनुष्य इस संसार सागर के पार न जाए उसको आत्महत्यारा कहना चाहिए। वही दशा इस समय हिंदुस्तान की है। अंग्रेजों के राज्य में सब प्रकार का सामान पाकर, अवसर पा कर भी हम लोग जो इस समय उन्नति न करें तो हमारे केवल अभाग्य और परमेश्वर का कोप ही है। साँस और अनुमोदन से एकांत रात में सूने रंगमहल में जाकर भी बहुत दिनों से प्राण से प्यारे परदेसी पति से मिल कर छाती ठंडी करने की इच्छा भी उसका लाज से मुँह भी न देखे और बोले भी न तो यह उसका अभाग्य ही है। वह तो कल परदेस चला जाएगा। वैसे ही अंग्रेजों के राज्य में भी जो हम मेढ़क, काठ के उल्लू, पिंजड़े के गंगाराम ही रहें तो फिर हमारी कमबख्त कमबख्ती फिर कमबख्ती ही है। बहुत लोग यह कहेंगे कि हमको पेट के धंधे के मारे छुट्टी ही नहीं रहती, बाबा, हम क्या उन्नति करें? तुम्हारा पेट भरा है तुम को दून की सूझती है। उसने एक हाथ से अपना पेट भरा दूसरे हाथ से उन्नति के काँटों को साफ किया। क्या इंग्लैंड में किसान, खेत वाले, गाड़ीवान, मजदूर, कोचवान आदि नहीं हैं? किसी भी देश में सभी पेट भरे हुए नहीं होते, किंतु

वे लोग जहाँ खेत जोतते-बोते हैं वहीं उसके साथ यह भी सोचते हैं कि ऐसी कौन नई कल व मसाला बनावें जिससे इस खेत में आगे से दून अनाज उपजे। विलायत में गाड़ी के कोचवान भी अखबार पढ़ते हैं। जब मालिक उतरकर किसी दोस्त के यहाँ गया उसी समय कोचवान ने गद्दी के नीचे से अखबार निकाला। यहाँ उतनी देर कोचवान हुक्का पिएगा या गप्प करेगा। सो गप्प भी निकम्मी। वहाँ के लोग गप्प ही में देश के प्रबंध छाँटते हैं। सिद्धांत यह कि वहाँ के लोगों का यह सिद्धांत है कि एक छिन भी व्यर्थ न जाए। उसके बदले यहाँ के लोगों में, जिसमें जितना निकम्मापन हो वह उतना ही बड़ा अमीर समझा जाता है। आलस्य यहाँ इतनी बढ़ गई कि मलूकदास ने दोहा ही बना डाला—

"अजगर करे न चाकरी पंछी करे न काम।
दास मलूका कहि गए सबके दाता राम॥"

चारों ओर आँख उठाकर देखिए तो काम न करने वालों की ही चारों ओर बढ़ती है। रोजगार कहीं कुछ भी नहीं है अमीरों, मुसाहिबों, दल्लालों या अमीरों के नौजवान लड़कों को खराब करना या किसी की जमा मार लेना इनके सिवा बतलाइए और कौन रोजगार है जिससे कुछ रुपया मिले। चारों ओर दरिद्रता की आग लगी हुई है। किसी ने बहुत ठीक कहा है कि दरिद्र कुटुंबी इस तरह अपनी इज्जत को बचाता फिरता है जैसे लाजवंती बहू फटे कपड़ों में अपने अंग को छिपाए जाती है। वही दशा हिंदुस्तान की है। मर्दुम-शुमारी की रिपोर्ट देखने से स्पष्ट होता है कि मनुष्य दिन-दिन यहाँ बढ़ते जाते हैं और रुपया दिन-दिन कमती होता जाता है। सो अब बिना ऐसा उपाय किए काम नहीं चलेगा कि रुपया भी बढ़े और वह रुपया बिना बुद्धि के न बढ़ेगा। भाइयो, राजा-महाराजों का मुँह मत देखो। मत यह आशा रखो कि पंडित जी कथा में ऐसा उपाय बतलाएँगे कि देश का रुपया और बुद्धि बढ़े। तुम आप ही कमर कसो, आलस छोड़ो, कब तक अपने को जंगली, हूस, मूर्ख, बोदे, डरपोक पुकरवाओगे। दौड़ो इस घुड़दौड़ में, जो पीछे पड़े तो फिर कहीं ठिकाना नहीं है। 'फिर कब-कब राम जनकपुर अहहैं' अब की जो पीछे पड़े तो फिर रसातल ही पहुँचोगे। जब पृथ्वीराज को कैद कर के गोर ले गए तो शहाबुद्दीन के भाई गयासुद्दीन से किसी ने कहा कि वह शब्दबेधी बाण बहुत अच्छा मारता है। एक दिन समय नियत हुआ और सात लोहे के तावे बाण से फोड़ने को रखे गए। पृथ्वीराज को लोगों ने पहिले से ही अंधा कर दिया था। संकेत यह हुआ कि जब गयासुद्दीन 'हूँ' करे तब वह तावे पर बाण मारे। चंद कवि भी उसके साथ कैदी था। यह सामान देख कर उसने यह दोहा पढ़ा—

"अब की चढ़ी कमान को जाने फिर कब चढ़े।
जिन चूके चहुआज इक्के मारय इक्क सर।"

उसका संकेत समझ कर जब गयासुद्दीन ने 'हूँ' किया तो पृथ्वीराज ने उसी को बाण मार दिया। वही बात अब है। 'अब की चढ़ी' इस समय में सरकार का राज्य पाकर और उन्नति का इतना सामान पाकर भी तुम लोग अपने को न सुधारो तो तुम्हीं रहो और वह सुधारना भी ऐसा होना चाहिए कि सब बात में उन्नति हो। धर्म में, घर के काम में, बाहर के काम में, रोजगार में, शिष्टाचार में, चाल चलन में, शरीर में,बल में, समाज में, युवा में, वृद्ध में, स्त्री में, पुरुष में, अमीर में, गरीब में, भारतवर्ष की सब आस्था, सब जाति,सब देश में उन्नति करो। सब ऐसी बातों को छोड़ो जो तुम्हारे इस पथ के कंटक हों। चाहे तुम्हें लोग निकम्मा कहें या नंगा कहें, कृस्तान कहें या भ्रष्ट कहें तुम केवल अपने देश की दीन दशा को देखो और उनकी बात मत सुनो। 'अपमान पुरस्कृत्य मानं कृत्वा तु पृष्ठतः स्वकार्य साधयेत धीमान कार्यध्वंसो हि मूर्खता।' जो लोग अपने को देश-हितैषी मानते हों वे अपने सुख को होम करके, अपने धन और मान का बलिदान करके कमर कस के उठें। देखा-देखी थोड़े दिन में सब हो जाएगा।

अपनी खराबियों के मूल कारणों को खोजो। कोई धर्म की आड़ में, कोई सुख की आड़ में छिप हैं। उन चोरों को वहाँ-वहाँ से पकड़ कर लाओ। उनको बाँध-बाँध कर कैद करो। हम इससे बढ़कर क्या कहें कि जैसे तुम्हारे घर में कोई पुरुष व्याभिचार करने आवे तो जिस क्रोध से उसको पकड़कर मारोगे और जहाँ तक तुम्हारे में शक्ति होगी उसका सत्यानाश करोगे, उसी तरह इस समय जो-जो बातें तुम्हारे उन्नति पथ की काँटा हों उनकी जड़ खोद कर फेंक दो। कुछ मत डरो। जब तक सौ, दो सौ मनुष्य बदनाम न होंगे, जात से बाहर न निकाले जाएँगे , दरिद्र न हो जाएँगे , कैद न होंगे वरंच जान से न मारे जाएँगे तब तक कोई देश न सुधरेगा।

अब यह प्रश्न होगा कि भई हम तो जानते ही नहीं कि उन्नति और सुधारना किस चिड़िया का नाम है। किस को अच्छा समझें। क्या लें क्या छोड़ें तो कुछ बातें जो शीघ्रता से मेरे ध्यान में आती हैं उनको मैं कहता हूँ सुनो—

सब सुन्नियों का मूल धर्म है। इससे सबसे पहले धर्म की ही उन्नति करनी उचित है। देखो अंग्रेजों की धर्मनीति-राजनीति परस्पर मिली हैं। इससे उनकी दिन-दिन कैसी उन्नति हुई है। उनको जाने दो अपने ही यहाँ देखो। तुम्हारे धर्म की आड़ में नाना प्रकार की नीति समाजगठन, वैद्यक आदि भरे हुए हैं। दो-एक मिसाल सुनो। तुम्हारे बलिया के मेले का यही स्थान क्यों चुना गया है जिसमें जो लोग कभी आपस में नहीं मिलते। दस-दस, पाँच-पाँच कोस से ले लोग एक जगह एकत्र होकर आपस में मिले। एक दूसरे का दुख-सुख जाने। गृहस्थी के काम की वे चीजें जो गाँव में नहीं मिलती लोग यहाँ से ले गए।

एकादशी का व्रत क्यों रखा है? जिससे महीने में दो-एक उपवास से शरीर शुद्ध हो जाए। गंगाजी नहाने जाते हैं तो पहले पानी सिर पर चढ़ा कर तब पैर पर डालने

का विधान क्यों है? जिससे तलुए से गरमी सिर पर चढ़कर विकार न उत्पन्न करे। दीवाली इसी हेतु है कि इसी बहाने सालभर में एक बार तो सफाई हो जाए। होली इसी हेतु है कि बसंत की बिगड़ी हवा स्थान-स्थान पर अग्नि जलने से स्वच्छ हो जाए। ये तिहवार ही तुम्हारी म्युनिसिपालिटी हैं। ऐसे ही सब पर्व, सब तीर्थ, व्रत आदि में कोई हिकमत है। उन लोगों ने धर्मनीति और समाजनीति को दूध-पानी की भाँति मिला दिया है। खराबी जो बीच में हुई वह यह है कि उन लोगों ने ये धर्म क्यों मानने लिखे थे। इसका लोगों ने मतलब नहीं समझा और इन बातों को वास्तविक धर्म मान लिया। भाइयो, वास्तविक धर्म तो केवल परमेश्वर के चरणकमल का भजन है। ये सब तो समाज धर्म है। जो देश काल के अनुसार शोधे और बदले जा सकते हैं। दूसरी खराबी यह हुई कि उन्हीं महात्मा, बुद्धिमान, ऋषियों के वंश के लोगों ने अपने बाप-दादों का मतलब न समझकर बहुत से नए-नए धर्म बना कर शास्त्रों में धर दिए, बस सभी तिथि व्रत और सभी स्थान तीर्थ हो गए। सो इन बातों को अब एक बार आँख खोल कर देख और समझ लीजिए कि फलानी बात उन बुद्धिमान ऋषियों ने क्यों बनाई और उनमें जो देश और काल के अनुकूल और उपकारी हों उनको ग्रहण कीजिए। बहुत-सी बातें जो समाज विरुद्ध मानी जाती हैं किंतु धर्मशास्त्रों में जिनका विधान है उनको मत चलाइए। जैसा जहाज का सफर, विधवा-विवाह आदि। लड़कों की छोटेपन ही में शादी करके उनका बल,बीरज, आयुष्य सब मत घटाइए। आप उनके माँ-बाप हैं या शत्रु हैं। वीर्य उनके शरीर में पुष्ट होने दीजिए। नोन, तेल लकड़ी की फिक्र करने की बुद्धि सीख लेने दीजिए तब उनका पैर काठ में डालिए। कुलीन प्रथा,बहु विवाह आदि को दूर कीजिए। लड़कियों को भी पढ़ाइए किंतु इस चाल में नहीं जैसे आजकल पढ़ाई जाती है, जिससे उपकार के बदले बुराई होती है। ऐसी चाल से उनको शिक्षा दीजिए कि वे अपना देश और कुल-धर्म सीखें, पति की भक्ति करें और लड़कों को सहज शिक्षा दें। वैष्णव, शास्त्र इत्यादि नाना प्रकार के लोग आपस में बैर छोड़ दें। यह समय इन झगड़ों का नहीं। हिंदू, जैन, मुसलमान सब आपस में मिलिए जाति में कोई चाहे ऊँचा हो, चाहे नीचा हो सबका आदर कीजिए। जो जिस योग्य हो उसे वैसा मानिए,छोटी जाति के लोगों का तिरस्कार करके उनका जी मत तोड़िए। सब लोग आपस में मिलिए। मुसलमान भाइयों को भी उचित है कि इस हिंदुस्तान में बस कर वे लोग हिंदुओं को नीचा समझना छोड़ दें। ठीक भाइयों की भाँति हिंदुओं से बरताव करें। ऐसी बात जो हिंदुओं का जी दुखाने वाली हो न करें। घर में आग लगे तो जिठानी, द्यौरानी को आपस का डाह छोड़ कर एकसाथ वह आग बुझानी चाहिए। जो बात हिंदुओं को नहीं मयस्सर है वह धर्म के प्रभाव से मुसलमानों को सहज प्राप्त है। उनकी जाति नहीं, खाने-पीने में चौका-चूल्हा नहीं, विलायत जाने में रोक-टोक नहीं, फिर भी बड़े ही सोच की बात है कि मुसलमानों ने अभी तक

अपनी दशा कुछ नहीं सुधारी। अभी तक बहुतों को यही ज्ञात है कि दिल्ली,लखनऊ की बादशाहत कायम है। यारो, वे दिन गए। अब आलस, हठधरमी यह सब छोड़ो। चलो हिंदुओं के साथ तुम भी दौड़ो। एक-एक-दो होंगे। पुरानी बातें दूर करो। मीर हसन और इंदरसभा पढ़ा कर छोटेपन ही से लड़कों का सत्यानाश मत करो। होश संभाला नहीं कि पढ़ी फारसी, चुस्त कपड़ा पहना और गजल गुनगुनाए—

"शौक तिल्फी से मुझे गुल की जो दीदार का था।
न किया हमने गुलिस्ताँ का सबक याद कभी॥"

भला सोचो कि इस हालत में बड़े होने पर वे लड़के क्यों न बिगड़ेंगे। अपने लड़कों को ऐसी किताबें छूने भी मत दो। अच्छी से अच्छी उनको तालीम दो। पैंशन और वजीफे या नौकरी का भरोसा छोड़ो। लड़कों को रोजगार सिखलाओ। विलायत भेजो। छोटेपन से मेहनत करने की आदत दिलाओ। सौ-सौ महलों के लाड़-प्यार, दुनिया से बेखबर रहने की राह मत दिखलाओ।

भाई हिंदुओ, तुम भी मतमतांतरों का आग्रह छोड़ो। आपस में प्रेम बढ़ाओ। इस महामंत्र का जप करो। जो हिंदुस्तान में रहे चाहे किसी जाति, किसी रंग का क्यों न हो वह हिंदू है। हिंदू की सहायता करो। बंगाली, मरट्ठा, पंजाबी, मदरासी, वैदिक, जैन, ब्राह्मणों, मुसलमानों सब एक का हाथ एक पकड़ो। कारीगरी जिससे तुम्हारे यहाँ बढ़े तुम्हारा रुपया तुम्हारे ही देश में रहे वह करो। देखा जैसे हजार धारा होकर गंगा समुद्र में मिली है वैसे ही तुम्हारी लक्ष्मी हजार तरह से इंग्लैंड, फरांसीस, जर्मनी, अमेरिका को जाती है। दीआसलाई ऐसी तुच्छ वस्तु भी वहीं से आती है। जरा अपने ही को देखो। तुम जिस मारकीन की धोती पहने हो वह अमेरिका की बनी है। जिस लंकलाट का तुम्हारा अंगा है वह इंग्लैंड का है। फरांसीस की बनी कंघी से तुम सिर झारते हो और जर्मनी की बनी चरबी की बत्ती तुम्हारे सामने जल रही है। यह तो वही मसल हुई एक बेफिकरे मंगती का कपड़ा पहिन कर किसी महफिल में गए। कपड़े को पहिचान कर एक ने कहा—अजी अंगा तो फलाने का है, दूसरा बोला अजी टोपी भी फलाने की है तो उन्होंने हँस कर जवाब दिया कि घर की तो मूछें ही मूछें हैं। हाय अफसोस तुम ऐसे हो गए कि अपने निज की काम के वस्तु भी नहीं बना सकते। भाइयो, अब तो नींद से जागो। अपने देश की सब प्रकार से उन्नति करो। जिसमें तुम्हारी भलाई हो वैसी ही किताब पढ़ो। वैसे ही खेल खेलो। वैसी बातचीत करो। परदेसी वस्तु और परदेसी भाषा का भरोसा मत रखो अपने में अपनी भाषा में उन्नति करो।

वैष्णवता और भारतवर्ष

यदि विचार करके देखा जाएगा तो स्पष्ट प्रकट होगा कि भारतवर्ष का सबसे प्राचीन मत वैष्णव है। हमारे आर्य लोगों ने सबसे प्राचीनकाल में सभ्यता का अवलंबन किया और इसी हेतु क्या धर्म क्या नीति सब विषय के संसारमात्र के ये दीक्षागुरु हैं। आर्यों ने आदिकाल से सूर्य को अपने जगत का सबसे उपकारी और प्राणदाता समझकर ब्रह्म माना और इनका मूल मंत्र गायत्री इसी से इन्हीं सूर्य नारायण की उपासना में कहा गया है। सूर्य की किरणें 'आपो नारा इति प्रोक्ता आपो वै नरसूनव:' जलों में और मनुष्यों में व्याप्त रहती है और इसके द्वारा ही जीवन प्राप्त होता है इसी से सूर्य का नाम नारायण है। हम लोगों के जगत के ग्रह मात्र, जो सब प्रत्येक ब्रह्मांड हैं, इन्हीं की आकर्षण शक्ति से स्थिर है, इसी से नारायण का नाम अनंत कोटि ब्रह्मांडनायक है। इसी सूर्य का वेद में नाम विष्णु है, क्योंकि इन्हीं की व्यापकता से जगत स्थित है। इसी से आर्यों में सबसे प्राचीन एक ही देवता थे और इसी से उस काल के भी आर्य वैष्णव थे। कालांतर में सूर्य में चतुर्भुज देव की कल्पना हुई। 'ध्येय: सदा सवितृ मंडल मध्यवर्ती नारायण: सरसिजासनसंनिविष्ट', 'तद्विष्पो: परमं पदम्', 'विष्णो: कर्माणि पश्यत', 'यत्र गावो भूरिश्रृंगा:', 'इंदविष्णुर्विचक्रमे' इत्यादि श्रुति जो सूर्यनारायण के आधिभौतिक ऐश्वर्य की प्रतिपादक थी, आधिदैविक सूर्य की विष्णुमूर्ति के वर्णन में व्याख्यात हुई। चाहे जिस रूप से हो वेदों ने प्राचीनकाल से विष्णुमहिमा गाई। उसके पीछे उस सूर्य की एक प्रतिमूर्ति पृथ्वी पर आ गई, अर्थात् अग्नि। आर्यों का दूसरा देवता अग्नि है। अग्नि यज्ञ है और 'यज्ञो वै विष्णु:' यज्ञ से ही रुद्र देवता माने गए। आर्यों के एक छोड़ कर दो देवता हुए। फिर तीन और तीन से ग्यारह को त्रिविध करने से तैंतीस और इसी तैंतीस से तैंतीस करोड़ देवता हुए। इस विषय का विशेष वर्णन अन्य प्रसंग में करेंगे। यहाँ केवल इस बात को दिखलाते हैं कि वर्तमान समय में भी भारतवर्ष से और वैष्णवता से कितना घनिष्ठ सम्बन्ध है। किन्तु योरप के पूर्वीविद्या जाननेवाले विद्वानों का मत है कि रुद्र आदि आर्यों के देवता नहीं हैं।[1] ये अनार्यों के देवता हैं। इसके वे लोग आठ कारण देते हैं। प्रथम वेदों में लिंगपूजा का निषेध है। यथा वशिष्ठ इन्द्र से विनती करते हैं कि हमारी वस्तुओं को 'शिश्नदेवा' (लिंगपूजक) से बचाओ इत्यादि।[2]

ऋग्वेद और अन्यान्य ऋचाओं में भी शिश्नदेवा लोगों को असुर, दस्यु इत्यादि कहा है और रुद्री में भी रुद्र की स्तुति भयंकर भाव से की है। दूसरी युक्ति यह है कि स्मृतियों में लिंगपूजा का निषेध है।[3] प्रोफेसर मैक्समूलर ने वशिष्ठस्मृति के अनुवाद के स्थल में यह विषय बहुत स्पष्ट लिखा है। तीसरी युक्ति वे यह कहते हैं कि लिंगपूजक और दुर्गाभैरवादिकों के पूजक ब्राह्मण को पंक्ति से बाहर करना लिखा है। (मिताक्षरावृत्त ब्रह्मांडपुराण के वाक्य, चतुर्विंशतिमत पराशर व्याख्या में माधव श्लोक 29, आपस्ताम्ब, भागवत चतुर्थस्कंध द्वितीयाध्याय 28 श्लोक और धर्माब्धिसार के तीसरे परिच्छेद का पूर्वार्द्ध देखो)। चौथी युक्ति यह कहते हैं कि लिंग का तथा दुर्गा भैरवादि का निर्माल्य खाने में पाप लिखा है। कमलाकरान्हिक, निर्णयसिंधु (आचारमाध्वादि ग्रन्थों में सैकड़ों वाक्य हैं, देख लो)। पाँचवें शास्त्रों में शिव मन्दिर और भैरवादिकों के मन्दिर को नगर के बाहर बनाना लिखा है। छठवें वे लोग कहते हैं कि शैवबीजमंत्र से दीक्षित और शिव को छोड़कर और देवता को न माननेवाले ऐसे शुद्ध शैव भारतवर्ष में बहुत ही थोड़े हैं। या तो शिवोपासक स्मार्त हैं या शाक्त हैं। शाक्त भी शिव को पार्वती के पति समझकर विशेष आदर देते हैं, कुछ सर्वेश्वर समझकर नहीं। जंगमादिक दक्षिण में जो दीक्षित शैव हैं वे बहुत ही थोड़े हैं। शाक्त तो जो दीक्षित होते हैं वे प्राय: कौलही हो जाते हैं। सौर गाणपत्य की तो कुछ गिनती ही नहीं। किन्तु वैष्णवों में मध्व और रामानुज को छोड़कर और इनमें भी जो निरे आग्रही हैं वे ही तो साधारण स्मार्तों से कुछ भिन्न हैं, नहीं तो दीक्षित वैष्णव भी साधारण जनसमाज से कुछ भिन्न नहीं और एक प्रकार के अदीक्षित वैष्णव तो सभी हैं। सातवीं युक्ति इन लोगों की यह है कि जो अनार्य लोग प्राचीन काल में भारतवर्ष में रहते थे और जिनको आर्य लोगों ने जीता था वही शिल्पविद्या नहीं जानते थे और इसी हेतु लिंग, ढोंका, सिद्धपीठ इत्यादि पूजा उन्हीं लोगों की है जो अनार्य हैं। आठवें शिव, काली, भैरव इत्यादि के वस्त्र, निवास, आभूषण आदि सभी आर्यों से भिन्न हैं। श्मशान में वास, अस्थि की माला आदि जैसी इन लोगों की वेषभूषा शास्त्रों में लिखी है वह आर्योचित नहीं है। इसी कारण शास्त्रों में शिव का, भृगु और दक्ष आदि का विवाद कई स्थल पर लिखा है और रुद्र भाग इसी हेतु यज्ञ के बाहर है। यद्यपि ये पूर्वोक्त युक्तियाँ योरोपीय विद्वानों की है, हम लोगों से कोई सम्बन्ध नहीं किन्तु इस विषय में बाहरवाले क्या कहते हैं, केवल यह दिखलाने को यहाँ लिखी गई है।

पाश्चिमात्य विद्वानों का मत है कि आर्य लोग जब मध्य एशिया में थे तभी से लोग विष्णु का नाम जानते हैं। जोरौस्ट्रियन ग्रन्थ जो ईरानी और आर्य शाखाओं के भिन्न होने के पूर्व के लिखे हैं उनमें भी विष्णु का वर्णन है। वेदों के आरम्भकाल से पुराणों के समय तक तो विष्णुमहिमा आर्यग्रन्थों में पूर्ण है। जैसे वरंच तंत्र और आधुनिक भाषा ग्रन्थों में है उसी भाँति एकछत्र विष्णुमहिमा का राज्य है।

पंडितवर बाबू राजेन्द्रलाल मित्र ने वैष्णवता के काल को पाँच भाग में विभक्त किया है। यथा—

1. वेदों के आदि समय की वैष्णवता।
2. ब्राह्मण के समय की वैष्णवता।
3. पाणिनि के और इतिहासों के समय की वैष्णवता।
4. पुराणों के समय की वैष्णवता।
5. आधुनिक समय की वैष्णवता।

वेदों के आदि समय से विष्णु की ईश्वरता कही गई है। ऋग्वेद संहिता में विष्णु की बहुत-सी स्तुति है। विष्णु को किसी विशेष स्थान का नायक या किसी विशेष तत्त्व व कर्म का स्वामी नहीं कहा है, वरंच सर्वेश्वर की भाँति स्तुति की है। यथा—विष्णु पृथ्वी की सातों तहों पर फैला है। विष्णु ने जगत को अपने तीन पद के भीतर किया। जगत उसी के रज में लिपटा है। विष्णु के कर्मों को देखो जो कि इन्द्र का सखा है। ऋषियो! विष्णु के ऊँचे पद को देखो, जो एक आँख की भाँति आकाश में स्थिर है, पंडितो! स्तुति गाकर विष्णु के ऊँचे पद को खोजो इत्यादि। ब्राह्मणों ने इन्हीं मंत्रों का बड़ा विस्तार किया है और अब तक यज्ञ, होम, श्राद्ध आदि सभी कर्मों में ये मंत्र पढ़े जाते हैं। ऐसे ही और स्थानों में विष्णु को जगत का रक्षक, स्वर्ग और पृथ्वी को बनानेवाला, सूर्य और अंधेरे को उत्पन्न करनेवाला इत्यादि लिखा है। इन मंत्रों में विष्णु के विषय में रूप का परिचय इतना ही मिलता है कि उसने अपने तीन पदों से जगत को व्याप्त कर रखा है। यास्क ने सिरुक्त में अपने से पूर्व के दो ऋषियों का मत इसके अर्थ में लिखा है, यथा शाक्यमुनि लिखते हैं कि ईश्वर का पृथ्वी पर रूप अग्नि है, धन में विद्युत है और आकाश में सूर्य है। सूर्य की पूजा किसी समय समस्त पृथ्वी में होती थी वह अनुमान होता है। सब भाषाओं में यद्यपि यह कहावत प्रसिद्ध है कि 'उगते हुए सूर्य को सब पूजते हैं!' (अरुणभाव सूर्य के उदय, मध्य और अस्त की अवस्था को तीन पद मानते हैं)। दुर्गाचार्य अपनी टीका में उसी मत को पुष्ट करते हैं। सायणाचर्य विष्णु के बावन-अवतार पर इस मंत्र को लगाते हैं। किन्तु यज्ञ और आदित्य ही विष्णु हैं, इस बात को बहुत लोगों ने एकमत होकर माना है। उस समय आदित्य ही को नामांतर से पुकारा गया है कि स्वयं विष्णु देवता आदित्य से भिन्न थे। इसका झगड़ा हम यहाँ नहीं करते। यहाँ यह सब लिखने से हमारा केवल यह आशय है कि अति प्राचीनकाल से विष्णु हमारे देवता हैं। अग्नि, वायु और सूर्य ये तीनों रूप विष्णु के हैं, इन्हीं से ब्रह्मा, शिव और विष्णु ये तीन मूर्तिमान देव हुए हैं।

ब्राह्मणों के समय में विष्णु की महिमा सूर्य से भिन्न कहकर विस्तार रूप से वर्णित है और शतपथ, ऐतरेय और तैत्तिरीय ब्राह्मण में देवताओं का द्वारपाल, देवताओं के हेतु जगत का राज्य बचानेवाला इत्यादि कह कर लिखा गया है।

इतिहासों में रामायण और भारत में विष्णु की महिमा स्पष्ट है, वरंच इतिहासों के समय में विष्णु के अवतारों का पृथ्वी पर माना जाना भी प्रकट है। पाणिनि के समय के बहुत पूर्व कृष्णावतार, कृष्ण पूजा और कृष्णभक्ति प्रचलित थी, यह उनके सूत्र से ही स्पष्ट है। यथा—जीविकार्थे चापण्ये वासुदेवे:।। 5।। 3।। 99।। 0 कृष्ण नमेच्चेतसुख या यात्। 3। 3। 15 ई. वासुदेवे भक्तिरस्य वासुदेवक:।। 4।। 3।। 98।। 0 और प्रद्युम्न, अनिरुद्ध और सुभद्रा नाम इत्यादि के पाणिनि के लिखने ही से सिद्ध है कि उस समय के अति पूर्व कृष्णावतार की कथा भारतवर्ष में फैल गई थी। यूनानियों के उदय के पूर्व पाणिनि का समय सभी मानते हैं। विद्वानों का मत है कि क्रम से पूजा के नियम भी बदले यथा पूर्व में यज्ञाहूति, फिर बलि और अष्टांग पूजा आदि हुई और देवविषयक ज्ञान की वृद्धि के अन्त में सब पूजन आदि से उसकी भक्ति श्रेष्ठ मानी गई।

पुराणों के समय में तो विधिपूर्वक वैष्णव मत फैला हुआ था, यह सब पर विदित ही है। वैष्णव पुराणों की कौन कहे, शाक्त और शैव पुराणों में भी उन देवताओं की स्तुति उनको विष्णु से सम्पूर्ण भिन्न करके नहीं कर सके हैं। अब जैसा वैष्णव मत माना जाता है उसके बहुत से नियम पुराणों के समय से और फिर तंत्रों के समय से चले हैं। दो हजार वर्ष की पुरानी मूर्तियाँ वाराह, राम, लक्ष्मण और वासुदेव की मिली हैं और उन पर भी खुदा हुआ है कि उन मूर्तियों की स्थापना करनेवालों का वंश भागवत अर्थात् वैष्णव या राजतरंगिणी के ही देखने से राम, केशव आदि मूर्तियों की पूजा यहाँ बहुत दिन से प्रचलित है, यह स्पष्ट हो जाता है। इससे इसकी नवीनता या प्राचीनता का झगड़ा न करके यहाँ थोड़ा-सा इस अदल-बदल का कारण निरूपण करते हैं।

मनुष्य के स्वभाव ही में यह बात है कि जब वह किसी बात पर प्रवृत्त होता है तो क्रमश: उसकी उन्नति करता जाता है और उस विषय को जब तक वह एक अन्त तक नहीं पहुँचा लेता सन्तुष्ट नहीं होता। सूर्य के मानने की ओर जब मनुष्यों की प्रवृत्ति हुई तो इस विषय को भी वे लोग ऐसी ही सूक्ष्म दृष्टि से देखते गए। प्रथमत: कर्म-मार्ग में फंसकर लोग अनेक देवी-देवों को पूजते हैं, किन्तु बुद्धि का यह प्रकृत धर्म है कि यह ज्यों-ज्यों समुज्ज्वल होती है अपने विषय मात्र को उज्ज्वल करती जाती है। थोड़ी बुद्धि बढ़ने ही से यह विचार चित्त में उत्पन्न होता है कि इतने देवी-देव इस अनंत सृष्टि के नियामक नहीं हो सकते, इन का कर्ता स्वतंत्र कोई विशेष शक्तिसम्पन्न ईश्वर है। तब उस का स्वरूप जानने की इच्छा होती है, अर्थात् मनुष्य कर्मकांड से ज्ञानकांड में आता है। ज्ञानकांड में सोचते-सोचते संगति और रुचि के अनुसार या तो मनुष्य फिर निरीश्वरवादी हो जाता है या उपासना में प्रवृत्त होता है। उस उपासना की भी विचित्र गति है। यद्यपि ज्ञानवृद्धि के कारण प्रथम मनुष्य साकार उपासना छोड़कर निराकार की ओर रुचि करता है, किन्तु उपासना

करते-करते जहाँ भक्ति का प्राबल्य हुआ वहीं अपने उस निराकार उपास्य को भक्त फिर साकार कहने लगता है। बड़े-बड़े निराकारवादियों ने भी 'प्रभो दर्श दो! अपने चरणकमलों को हमारे सिर पर स्थान दो, अपनी सुधामयी वाणी श्रवण कराओ' इत्यादि प्रयोग किया है। वैसे ही प्रथम सूर्य पृथ्वीवासियों को सब से विशेष आश्चर्य और गुणकारी वस्तु बोध हुई, उससे फिर उनमें देवबुद्धि हुई। देवबुद्धि होने ही से आधिभौतिक सूर्य मंडल के भीतर एक आधिदैविक नारायण माने गए। फिर अन्त में यह कहा गया कि नारायण एक सूर्य ही में नहीं, सर्वत्र हैं, और अनंत कोटि सूर्य, चन्द्र, तारा उन्हीं के प्रकाश से प्रकाशित हैं। अर्थात् आध्यात्मिक नारायण की उपासना में लोगों की प्रवृत्ति हुई।

इन्हीं कारणों से वैष्णवमत की प्रवृत्ति भारतवर्ष में स्वाभाविक है। जगत में उपासनामार्ग ही मुख्य धर्ममार्ग समझा जाता है। कृस्तान, मुसलमान, ब्राह्म, बौद्ध उपासना सब यहाँ मुख्य हैं। किन्तु बौद्धों में अनेक सिद्धों की उपासना और तप आदि शुभ कर्मों के प्राधान्य से वह मत हम लोगों के स्मार्त मत के सदृश है और कृस्तान, ब्राह्म, मुसलमान आदि के धर्म में भक्ति की प्रधानता से ये सब वैष्णवों के सदृश हैं। इंजील में वैष्णवों के ग्रन्थों से बहुत-सा विषय लिया है और ईसा के चरित्र में श्रीकृष्ण के चरित्र का सादृश्य बहुत है, यह विषय सविस्तार भिन्न प्रबंध में लिखा गया है। तो जब ईसाइयों के मत को ही हम वैष्णवों का अनुगामी सिद्ध कर सके हैं, फिर मुसलमान जो कृस्तानों के अनुगामी हैं वे हमारे अन्वनुगामी हो चुके।

यद्यपि यह निर्णय करना अब अति कठिन है कि अति प्राचीन काल के ध्रुव, प्रहलाद आदि, मध्यावस्था के उद्धव, आरुणि, परीक्षितादिक और नवीन काल के वैष्णवाचार्यों के खान-पान, रहन-सहन, उपासनारीति, बाह्य चिह्न आदि में कितना अन्तर पड़ा है, किन्तु इतना ही कहा जा सकता है कि विष्णु-उपासना का मूल सूत्र अति प्राचीनकाल से अनवच्छिन्न चला आता है। ध्रुव, प्रहलादादि वैष्णव तो थे, किन्तु अब के वैष्णवों की भाँति कंठी, तिलक, मुद्रा लगाते थे और मांस आदि नहीं खाते थे, इन बातों का विश्वस्त प्रमाण नहीं मिलता। ऐसे ही भारतवर्ष में जैसी धर्मरुचि अब है उससे स्पष्ट होता है कि आगे चलकर वैष्णवमत में खाने-पीने का विचार छूट कर बहुत-सा अदल-बदल अवश्य होगा। यद्यपि अनेक आचार्यों ने इसी आशा से मत प्रवृत्त किया कि इसमें सब मनुष्य समानता लाभ कर और परस्पर खानपानादि से लोगों में ऐक्य बढ़े और किसी जाति, वर्ण, देश का मनुष्य क्यों न हो वैष्णव पंक्ति में आ सके, किन्तु उन लोगों की यह उदार इच्छा भली-भाँति पूरी नहीं हुई, क्योंकि स्मार्त मत की और ब्राह्मणों की विशेष हानि के कारण इस मत के लोगों ने इस समुन्नत भाव से उन्नति को रोक दिया, जिससे अब वैष्णवों में छुआछूत सब से बढ़ गया। देवोपासकों की घृणा देने का अर्थ वैष्णवातिरिक्त और किसी का स्पर्श बचाते वहाँ तक एक बात थी, किन्तु अब तो वैष्णवों में ही ऐसा

उपद्रव फैला है कि एक सम्प्रदाय के वैष्णव दूसरे सम्प्रदाय वाले को अपने मन्दिर में और अपने खान-पान में नहीं लेते और 'सात कनौजिया नौ चूल्हे' वाली मसल हो गई है। किन्तु काल की वर्तमान गति के अनुसार यह लक्षण उनकी अवनति के हैं। इस काल में तो इसकी तभी उन्नति होगी जब इसके बाह्यव्यवहार और आडम्बर में न्यूनता होगी और एकता बढ़ाई जाएगी और आंतरिक उपासना की उन्नति की जाएगी। यह काल ऐसा है कि लोग उसी मत को विशेष मानेंगे जिसमें बाह्य देह कष्ट न्यून हो। यद्यपि वैष्णव धर्म भारतवर्ष का प्रकृत धर्म है। इस हेतु उसकी और लोगों की रुचि होगी, किन्तु उसमें अनेक संस्कारों की अतिशय आवश्यकता है। प्रथम तो गोस्वामीगण अपना रजोगुणी-तमोगुणी स्वभाव छोड़ेंगे तब काम चलेगा। गुरु लोगों में एक तो विद्या ही नहीं होती, जिसके न होने से शील, नम्रता आदि उनमें कुछ नहीं होते। दूसरे या तो वे अति रूखे क्रोधी होते हैं या अति बिलास लालस होकर स्त्रियों की भाँति सदा दर्पण ही देखा करते हैं। अब वह सब स्वभाव उनको छोड़ देना चाहिए, क्योंकि इस उन्नीसवीं शताब्दी में वह श्रद्धाजाड्य अब नहीं बाकी है। अब कुकर्मी गुरु का भी चरणामृत लिया जाए वे दिन छप्पर पर गए। जितने बूढ़े लोग अभी तक जीते हैं उन्हीं के शील, संकोच से प्राचीन धर्म इतना भी चल रहा है, बीस-पच्चीस बरस पीछे फिर कुछ नहीं है। अब तो गुरु गोसाईं का चरित्र ऐसा होना चाहिए कि जिस को देख-सुन कर लोगों में श्रद्धा से स्वयं चित्त आकृष्ट हो। स्त्रीजनों का मन्दिरों से सहवास निवृत्त किया जाए। केवल इतना ही नहीं, भगवान श्रीकृष्णचन्द्र की केलिकथा जो अतिरहस्य होने पर भी बहुत परिमाण से जगत में प्रचलित है वह केवल अन्तरंग उपासकों पर छोड़ दी जाए, उनके महात्म्य मत विशद चरित्र का महत्त्व यथार्थ रूप से व्याख्या कर के सब को समझाया जाए। रास क्या है, गोपी कौन है, यह सब रूपक अलंकार स्पष्ट कर के श्रुतिसम्मत उनका ज्ञान वैराग्य भक्तिबोधक अर्थ किया जाए। यह भी दबी जीभ से हम डरते-डरते कहते हैं कि व्रत, स्नान आदि भी वहीं तक रहें जहाँ तक शरीर को अति कष्ट न हो। जिस उत्तम उदाहरण के द्वारा स्थापक आचार्यगण ने आत्मसुख्र विसर्जन करके भक्ति सुधा से लोगों को प्लावित कर दिया था उसी उदाहरण से अब भी गुरु लोग धर्म प्रचार करें। बाह्य आग्रहों को छोड़कर केवल आंतरिक उन्नत प्रेममय भक्ति का प्रचार करें, देखे कि दिङ्क्षग्दगत से हरिनाम की कैसी ध्वनि उठती है और विधर्मीगण भी इसको सिर झुकाते हैं कि नहीं और सिख, कबीरपन्थी आदि अनेक दल के हिन्दूगण भी सब आप से आप बैर छोड़ कर इस उन्नत समाज में मिल जाते हैं कि नहीं।

जो कोई कहे कि यह तुम कैसे कहते हो कि वैष्णवमत ही भारतवर्ष का प्रकृत मत है तो उस के उत्तर में हम स्पष्ट कहेंगे कि वैष्णव मत ही भारतवर्ष का भूत है और वह भारतवर्ष के हड्डी-लहू में मिल गया है। इसके अनेक प्रमाण हैं, क्रम से सुनिए—

(1) पहले तो कबीर, दादू, सिख, बाउल आदि जितने पन्थ हैं सब वैष्णवों की शाखा-प्रशाखाएँ हैं और भारतवर्ष इन पन्थों से छाया हुआ है।

(2) अवतार और किसी देव का नहीं क्योंकि इतना उपकार ही (दस्यु, दलन आदि) और किसी से नहीं साधित हुआ है।

(3) नामों को लीजिए तो क्या स्त्री, क्या पुरुष, आधे नाम भारतवर्ष के विष्णु सम्बन्धी हैं और आधे में जगत है। कृष्णभट्ट, रामसिंह, गोपालदास, हरिदास, रामगोपाल, राधा, लक्ष्मी, रुक्मिन, गोपी, जानकी आदि। विश्वास न हो कलेक्टरी के दफ्तर से मर्दुमशुमारी के कागज निकाल कर देख लीजिए व एक दिन डाकघर में बैठकर चिट्ठियों के लिफाफों की सैर कीजिए।

(4) ग्रन्थ, काव्य, नाटक आदि के, संस्कृत या भाषा के, जो प्रचलित हैं उनको देखिए। रघुवंश, माघ, रामायण आदि ग्रन्थ विष्णुचरित्र के ही बहुत हैं।

(5) पुराण में भारत भागवत, वाल्मीकि रामायण यही बहुत प्रसिद्ध हैं और ये तीनों वैष्णव ग्रन्थ हैं।

(6) व्रतों में सब से मुख्य एकादशी है। वह वैष्णव व्रत है और भी जितने व्रत हैं उनमें आधे वैष्णव हैं।

(7) भारतवर्ष में जितने मेले हैं उनमें आधे से विशेष विष्णुलीला, विष्णुपर्व या विष्णुतीर्थों के कारण हैं।

(8) तिहवारों की भी यही दशा है। वरंच होली आदि साधारण तिहवारों में भी विष्णुचरित्र ही गाया जाता है।

(9) गीत, छन्द चौदह आना विष्णुपरत्व हैं, दो आना और देवताओं के। किसी का ब्याह हो, रामजानकी के ब्याह के गीत सुन लीजिए। किसी के बेटा हो नन्द बधाई गायी जाएगी।

(10) तीर्थों में भी विष्णुसम्बन्धी ही बहुत है। अयोध्या, हरिद्वार, मथुरा, वृंदावन, जगन्नाथ, रामनाथ, रंगनाथ, द्वारका, बदरीनाथ आदि भलीभाँति याद करके देख लीजिए।

(11) नदियों में गंगा, यमुना मुख्य हैं, सो इनका महात्म्य केवल विष्णु सम्बन्ध से है।

(12) गया में हिन्दू मात्र को पिंडदान करना होता है, वहाँ भी विष्णुपद है।

(13) मरने के पीछे 'राम-राम सत्य है' इसी की पुकार होती है और अन्त में शुद्ध-अशुद्ध तक 'प्रेतमुक्ति प्रदोभव' आदि वाक्य से केवल जनार्दन ही पूजे जाते हैं। यहाँ तक कि पितृरूपी जनार्दन ही कहलाते हैं।

(14) नाटकों और तमाशों में रामलीला, रास ही अति प्रचलित हैं।

(15) सब वेद पुस्तकों के आदि और अन्त में लिखा रहता है 'हरि: ओऽम्'

(16) संकल्प कीजिए तो विष्णु: विष्णु:।

(17) आचमन में विष्णु विष्णु।

(18) शुद्ध होना हो तो य: स्मरेत् पुण्डरीकांक्ष।

(19) सुग्गे को भी राम ही राम पढ़ाते हैं।

(20) जो कोई वृत्तांत कहे तो उसको राम कहानी कहते हैं।

(21) लड़कों को बाल गोपाल कहते हैं।

(22) छपने में जितने भागवत, रामायण, प्रेमसागर, ब्रजविलास छापी जाती हैं और देवताओं के चरित्र उतने नहीं छपते।

(23) आर्य लोगों के शिष्टाचार में राम राम, जय श्रीकृष्णा, जयगोपाल ही प्रचलित हैं।

(24) ब्राह्मणों के पीछे बैरागी ही को हाथ जोड़ते हैं और भोजन कराते हैं।

(25) विष्णु का साला होने के कारण चन्द्रमा को सभी चन्दामामा कहते हैं।

(26) गृहस्थ के घर-घर तुलसी का थाला, ठाकुर की मूर्ति, रसोई भोग लगाने को रहती है।

(27) कथा घाट-बाट में भागवत ही रामायण की होती है।

(28) नगरों के नाम में भी रामपुर, गोविन्दगढ़, रघुनाथपुर, गोपालपुर आदि ही विशेष हैं।

(29) मिठाई में गोविंदबड़ी, मोहनभोग आदि नाम हैं। अन्य देवताओं का कहीं कुछ नाम नहीं है।

(30) सूर्यचन्द्रवंशी क्षत्री लोग श्री राम कृष्ण के वंश में होने का अब तक अभिमान करते हैं।

(31) ब्राह्मणगण ब्रह्मण्य देव कह कर अब तक कहते हैं 'ब्राह्मणों मामकीतनु:'।

(32) औषधियों में भी रामबाण, नारायणचूर्ण आदि नाम मिलते हैं।

(33) कार्तिक स्नान, राधा दामोदर की पूजा, देखिए, भारतवर्ष में कैसी है।

(34) तारकमंत्र लोग श्रीरामनाम ही को कहते हैं।

(35) किसी हौस में चले जाइए तूल के थान निकलवा कर देखिए उस पर जितने चित्र विष्णुलीला सम्बन्धी मिलेंगे उतने अन्य नहीं।

(36) बारहों महीने के देवता विष्णु हैं। ऐसी ही अनेक बातें हैं। विष्णु सम्बन्धी नाम बहुत वस्तुओं के हैं, कहाँ तक लिख जाए। विष्णुपद (आकाश) विष्णु ये रात (परीक्षित) रामदाना, रामधेनु, रामजी की गैया, रामधनु (आकाश धनु) रामचन्दन, राम गंगा। हरिचन्दन, हरिसिंगार, हरिनेत्र रामफल, सीताफल, रामतोरई, श्रीफल, हरिगीती, रामकली, रामकपूर, रामगिरि, हरिनेत्र (कमल) हरिकेली (बंगल देश) हरिप्रिय (सफेद चन्दन), हरिवासर (एकादशी) हरिबीज (बागनीकूबू, हरिवर्षखंड, कृष्णकली, कृष्णकंद, कृष्णकान्ता, विष्णुक्रांता (फूल) सीतामऊ, सीतावलदी, सीताकुंड, सीतामढ़ी, सीता की

रसोई हरिपर्वत, हरि का पत्तन, रामगढ़, रामबाग, रामशिला रामजी की घोड़ी, हरिपदा (आकाशगंगा), नारायणी, कन्हैया आदि नगर-नद-नदी पर्वत फल फूल के सैकड़ों नाम हैं। (जले विष्णु: स्थले विष्णु:) सब स्थान पर विष्णु के नाम ही का सम्बन्ध विशेष है। आग्रह छोड़कर तनिक ध्यान देकर देखिए कि विष्णु से भारतवर्ष का क्या सम्बन्ध है, फिर हमारी बात स्वयं प्रमाणित होती है कि नहीं कि भारतवर्ष का प्रकृत मत वैष्णव ही है।

अब वैष्णवों से यह निवेदन है कि आप लोगों का मत कैसी दृढ़ भित्ति पर स्थापित है और कैसे सार्वजनीन उदारभाव से परिपूर्ण है, यह कुछ-कुछ हम आप लोगों को समझा चुके। उसी भाव से आप लोग भी उस में स्थिर रहिये, यही कहना है। जिस भाव से हिन्दूमत अब चलता है उस भाव से आगे नहीं चलेगा। अब हम लोगों के शरीर का बल न्यून हो गया है। विदेशी शिक्षाओं से मनोवृत्ति बदल गई, जीविका और धन के उपार्जन हेतु अब हम लोगों को पाँच-पाँच छ:-छ: पहर पसीना चुआना पड़ेगा, रेल पर इधर से उधर कलकत्ते से लाहौर और बम्बई से शिमला दौड़ना पड़ेगा, सिविल-सर्विस का, बैरिस्टरी का, इंजीनियरी का इम्तिहान देने को विलायत जाना होगा, बिना यह सब किए काम नहीं चलेगा, क्योंकि देखिए, कृस्तान, मुसलमान, पारसी यही हाकिम हुए जाते हैं, हम लोगों की दशा दिन-दिन हीन हुई जाती है। जब पेट भर खाने ही को न मिलेगा तो धर्म कहाँ बाकी रहेगा, इससे जीवमात्र के सहज धर्म उदर पूरण पर अब ध्यान दीजिए। परस्पर का बैर छोड़िये। शैव, शाक्त, सिख जो हो सब से मिलो। उपासना एक हृदय की रत्न वस्तु है उसको आर्यक्षेत्र में फैलाने की कोई आवश्यकता नहीं। वैष्णव, शैव, ब्राह्म, आर्यसमाजी सब अलग-अलग पतली-पतली डोरी हो रहे हैं। इसी से ऐश्वर्य रूपी मस्तहाथी उनसे नहीं बँधता। इन सब को एक डोरी में बाँध कर मोटा रस्सा बनाओ, तब यह हाथी दिगंदिगत भागने से रुकेगा। अर्थात् अब वह काल नहीं है कि हम लोग भिन्न-भिन्न अपनी-अपनी खिचड़ी अलग पकाया करें। अब महाघोर काल उपस्थित है। चारों ओर आग लगी हुई है। दरिद्रता के मारे देश जला जाता है। अंगरेजों से जो नौकरी बच जाती है उन पर मुसलमान आदि विधर्मी भरती होते जाते हैं। आमदनी वाणिज्य की थी ही नहीं, केवल नौकरी की थी सो भी धीरे-धीरे खसकी। तो अब कैसे काम चलेगा। कदाचित् ब्राह्मण और गोसाईं लोग कहें कि हमको तो मुफ्त का मिलता है हम को क्या? इस पर हम कहते हैं कि विशेष उन्हीं को रोना है। जो करालकाल चला आता है उसको आँख खोलकर देखो। कुछ दिन पीछे आप लोगों के मानने वाले बहुत ही थोड़े रहेंगे, अब सब लोग एकत्र हो। हिन्दू नामधारी वेद से लेकर, तंत्र, वरंच भाषा ग्रन्थ माननेवाले तक सब एक होकर अब अपना परमधर्म यह रखो कि आर्यजाति में एका हो। इसी में धर्म की रक्षा है। भीतर तुम्हारे चाहे जो भाव और जैसी उपासना हो ऊपर से सब आर्यमात्र एक रहा। धर्म सम्बन्धी उपाधियों को छोड़ कर प्रकृत धर्म की उन्नति करो।

प्रतापनारायण मिश्र

पूरा नाम पंडित प्रतापनारायण मिश्र। जन्म : 24 सितम्बर, 1856, बैजे, उन्नाव (उत्तर प्रदेश) में हुआ। पिता : पंडित संकटादीन।

निधन : 6 जुलाई, 1894

प्रतापनारायण मिश्र का जन्म 24 सितम्बर, 1856 ई. में उत्तर प्रदेश के उन्नाव ज़िले में वैजे गाँव में हुआ था। ये कात्यायन गोत्रीय और कान्यकुब्ज ब्राह्मण पंडित संकटादीन के पुत्र थे। पिता युवावस्था में ही कानपुर में आकर बस गए थे और एक ज्योतिषी के रूप में अपनी जीविका चलाते थे। मिश्र जी अक्षरारम्भ के पश्चात् अपने पिता से ही ज्योतिष पढ़ने लगे। किन्तु उधर रुचि न होने से पिता ने उन्हें अंग्रेज़ी पाठशाला में भर्ती करा दिया। तब से कई स्कूलों का चक्कर लगाने पर भी वह पिता की लालसा के विपरीत पढ़ाई-लिखाई से विरत ही रहे और पिता की मृत्यु के पश्चात् 18-19 वर्ष की अवस्था में उन्होंने स्कूली शिक्षा से अपना पिंड छुड़ा लिया। इस प्रकार मिश्र जी की शिक्षा अधूरी ही रह गई। किन्तु उन्होंने प्रतिभा और स्वाध्याय के बल से अपनी योग्यता पर्याप्त बढ़ा ली। वे हिन्दी, उर्दू और बंगला तो अच्छी जानते ही थे, इसके साथ ही फ़ारसी, अंग्रेज़ी और संस्कृत में भी उनकी अच्छी गति थी।

प्रतापनारायण मिश्र छात्रावस्था से ही 'कविवचनसुधा' के गद्य-पद्य-मय लेखों का नियमित पाठ करते थे, जिससे हिन्दी के प्रति उनका अनुराग उत्पन्न हुआ। लावनौ गायकों की टोली में आशु रचना करने तथा ललित जी की रामलीला में अभिनय करते हुए उनसे काव्य रचना की शिक्षा ग्रहण करने से वह स्वयं मौलिक रचना का अभ्यास करने लगे। इसी बीच वह भारतेन्दु हरिश्चन्द्र के सम्पर्क में आए। उनका आशीर्वाद तथा प्रोत्साहन पाकर वे हिन्दी गद्य तथा पद्य रचना करने लगे। 1882 के आस-पास 'प्रेमपुष्पावली' प्रकाशित हुआ और भारतेन्दु जी ने उसकी प्रशंसा की तो प्रतापनारायण मिश्र का उत्साह बहुत बढ़ गया। 15 मार्च, 1883 को ठीक होली के दिन अपने कई मित्रों के सहयोग से मिश्र जी ने 'ब्राह्मण' नामक मासिक पत्र निकाला। यह अपने रूप-रंग में ही नहीं, विषय और भाषा-शैली की दृष्टि से भी भारतेन्दु युग का विलक्षण पत्र था। सजीवता, सादगी, बाँकपन और फक्कड़पन के

कारण भारतेन्दु कालीन साहित्यकारों में जो स्थान प्रतापनारायण मिश्र जी का था, वही तत्कालीन हिन्दी पत्रकारिता में इस पत्र का था, किन्तु यह कभी नियत समय पर नहीं निकलता था। दो-तीन बार तो इसके बन्द होने तक की नौबत आ गई थी। इसका कारण मिश्र जी का व्याधिमन्दिर शरीर और अर्थाभाव था। किन्तु रामदीन सिंह आदि की सहायता से यह किसी-न-किसी प्रकार सम्पादक के जीवन काल तक निकलता रहा। उनकी मृत्यु के बाद भी रामदीन सिंह के सम्पादकत्व में कई वर्षों तक निकला, परन्तु पहले जैसा आकर्षण वे उसमें नहीं ला पाए थे।

आगे के समय में सन 1889 में प्रतापनारायण मिश्र 25 रुपया मासिक के वेतन पर 'हिन्दीस्थान' के सहायक सम्पादक होकर कालाकाँकर आए। उन दिनों पंडित मदनमोहन मालवीय उसके सम्पादक थे। यहाँ बालमुकुंद गुप्त ने मिश्र जी से हिन्दी सीखी। मदनमोहन मालवीय के हटने पर मिश्र जी अपनी स्वच्छन्द प्रवृत्ति के कारण वहाँ न टिक सके। कालाकाँकर से लौटने के बाद वह प्राय: रुग्ण रहने लगे। फिर भी सामाजिक, राजनीतिक, धार्मिक कार्यों में पूर्ववत् रुचि लेते और 'ब्राह्मण' के लिए लेख आदि प्रस्तुत करते रहे। 1891 में उन्होंने कानपुर में 'रसिक समाज' की स्थापना की। कांग्रेस के कार्यक्रमों के अतिरिक्त 'भारतधर्ममंडल', 'धर्मसभा', 'गोरक्षिणी सभा' और अन्य सभा समितियों के सक्रिय कार्यकर्ता और सहायक बने रहे। कानपुर की कई नाट्य सभाओं और गोरक्षिणी समितियों की स्थापना प्रतापनारायण मिश्र जी के प्रयत्नों से ही हुई थी।

रचनाएँ :

काव्य—'कानपुर माहात्म्य', 'तृप्यन्ताम्', 'तारापति पचीसी', 'दंगल खंड', 'प्रार्थना शतक', 'प्रेम पुष्पावली', 'फाल्गुन माहात्म्य', 'ब्रैडला स्वागत', 'मन की लहर', 'युवराज कुमार स्वागतन्ते', 'लोकोक्ति शतक', 'शोकाश्रु', 'शृंगार विलास', 'श्री प्रेम पुराण', 'होली है', 'दीवाने बरहमन' और 'स्फुट कविताएँ'।

उपर्युक्त रचनाओं में से 'तृप्यन्ताम्', 'तारापति पचीसी', 'प्रेम पुष्पावली', 'ब्रैडला स्वागत', 'मन की लहर', 'युवराज कुमार स्वागतन्ते', 'शोकाश्रु', 'श्री प्रेम पुराण' तथा 'होली है' 'प्रतापनारायण मिश्र कवितावली' में संग्रहीत हैं।

नाट्य-साहित्य—'कलि कौतुक' (रूपक), 'जुआरी खुआरी' (प्रहसन, अपूर्ण), 'हठी हमीर', 'संगीत शाकुन्तल' ('अभिज्ञान शाकुन्तलम्' के आधार पर रचित गीति रूपक), 'भारत दुर्दशा' (रूपक), 'कलि प्रवेश' (गीतिरूपक), 'दूध का दूध और पानी का पानी' (भाण, अपूर्ण)।

निबन्ध—'प्रतापनारायण ग्रन्थावली भाग-एक'—इसमें मिश्र जी के लगभग 200 निबन्ध संग्रहीत हैं।

आत्मकथा—'प्रताप चरित्र' (अपूर्ण)—यह प्रतापनारायण ग्रन्थावली भाग-एक में संकलित है।

उपन्यास (अनूदित)—'अमरसिंह', 'इन्दिरा', 'कपाल कुंडला', 'देवी चौधरानी', 'युगलांगुलीय' और 'राजसिंह राधारानी'—सभी उपन्यास प्रसिद्ध कथाकार बंकिम चन्द्र के उपन्यासों के अनुवाद हैं।

कहानी (अनूदित)—'कथा बाल संगीत', 'कथा माला', 'चरिताष्टक'।

संग्रहीत रचनाएँ—'मानस विनोद' (पद्य), 'रसखान शतक' (पद्य), 'रहिमन शतक' (पद्य) और 'सती चरित' (गद्य)।

समालोचना—मिश्र जी भारतेन्दु मंडल के प्रमुख लेखकों में से एक थे। उन्होंने हिन्दी साहित्य की विविध रूपों में सेवा की। वे कवि होने के अतिरिक्त उच्च कोटि के मौलिक निबन्ध लेखक और नाटककार थे। हिन्दी गद्य के विकास में मिश्र जी का बड़ा योगदान रहा है। आचार्य रामचन्द्र शुक्ल ने पंडित बालकृष्ण भट्ट के साथ मिश्र जी को भी महत्त्व देते हुए अपने हिन्दी साहित्य के इतिहास में लिखा है—"पंडित प्रतापनारायण मिश्र और पंडित बालकृष्ण भट्ट ने हिन्दी गद्य साहित्य में वही काम किया, जो अंग्रेज़ी गद्य साहित्य में एडीसन और स्टील ने किया।"

शैली—प्रतापनारायण मिश्र की शैली में वर्णनात्मक, विचारात्मक तथा हास्य विनोद शैलियों का सफल प्रयोग किया गया है। इनकी शैली को दो प्रमुख प्रकारों में बाँटा जा सकता है—

विचारात्मक शैली

व्यंग्यात्मक शैली

विचारात्मक शैली—साहित्यिक और विचारात्मक निबन्धों में मिश्र जी ने इस शैली को अपनाया है। कहीं-कहीं इस शैली में हास्य और व्यंग्य का पुट मिलता है। इस शैली की भाषा संयत और गम्भीर है। 'मनोयोग' शीर्षक निबन्ध का एक अंश इस प्रकार है—"इसी से लोगों ने कहा है कि मन शरीर रूपी नगर का राज़ा है। और स्वभाव उसका चंचल है। यदि स्वच्छ रहे तो बहुधा कुत्सित ही मार्ग में धावमान रहता है।"

व्यंग्यात्मक शैली—इस शैली में मिश्र जी ने अपने हास्य और व्यंग्यपूर्ण निबन्ध लिखे हैं। यह शैली मिश्र जी की प्रतिनिधि शैली है, जो सर्वथा उनके अनुकूल है। वे हास्य और विनोदप्रिय व्यक्ति थे। अत: प्रत्येक विषय का प्रतिपादन हास्य और विनोदपूर्ण ढंग से करते थे। हास्य और विनोद के साथ-साथ इस शैली में व्यंग्य के दर्शन होते हैं। विषय के अनुसार व्यंग्य कहीं-कहीं बड़ा तीखा और मार्मिक हो गया है। इस शैली में भाषा सरल, सरस और प्रवाहमयी है। इसमें उर्दू, फ़ारसी, अंग्रेज़ी और ग्रामीण शब्दों का प्रयोग हुआ है। लोकोक्तियों और मुहावरों के कारण यह शैली अधिक प्रभावपूर्ण हो गई है।

भाषा—खड़ी बोली के रूप में प्रचलित जनभाषा का प्रयोग प्रतापनारायण मिश्र ने अपने साहित्य में किया। प्रचलित मुहावरों, कहावतों तथा विदेशी शब्दों का

प्रयोग इनकी रचनाओं में हुआ है। भाषा की दृष्टि से मिश्र जी ने भारतेन्दु हरिश्चन्द्र का ही अनुसरण किया और जन साधारण की भाषा को अपनाया। भारतेन्दु जी के समान ही मिश्र जी भाषा कृतिमता से दूर हैं। वह स्वाभाविक हैं। पंडिताऊपन और पूर्वीपन अधिक है। उसमें ग्रामीण शब्दों का प्रयोग स्वच्छन्दतापूर्वक हुआ है। संस्कृत, अरबी, फ़ारसी, उर्दू, अंग्रेज़ी आदि के प्रचलित शब्दों को भी ग्रहण किया गया है। भाषा विषय के अनुकूल है। गम्भीर विषयों पर लिखते समय और गम्भीर हो गई है। कहावतों और मुहावरों के प्रयोग में मिश्र जी बड़े कुशल थे। मुहावरों का जितना सुन्दर प्रयोग उन्होंने किया है, वैसा बहुत कम लेखकों ने किया है। कहीं-कहीं तो उन्होंने मुहावरों की झड़ी-सी लगा दी है।

निधन : प्रतापनारायण मिश्र जितने परिहास प्रिय और जिन्दादिल व्यक्ति थे, उतने ही अनियमित, अनियंत्रित, लापरवाह और काहिल थे। रोग के कारण उनका शरीर युवावस्था में ही जर्जर हो गया था। तो भी स्वास्थ्य रक्षा के नियमों का वह सदा उल्लंघन करते रहे। इससे उनका स्वास्थ्य दिनोंदिन गिरता गया। 1892 के अन्त में वह गम्भीर रूप से बीमार पड़े और लगातार डेढ़ वर्षों तक बीमार ही रहे। अन्त में 38 वर्ष की अवस्था में 6 जुलाई, 1894 को दस बजे रात में 'भारतेन्दुमंडल' के इस नक्षत्र का अवसान हो गया।

आप

ले भला बतलाइए तो आप क्या हैं? आप कहते होंगे, वाह आप तो आप ही हैं। यह कहाँ की आपदा आई? यह भी कोई पूछने का ढंग है? पूछा होता कि आप कौन हैं तो बतला देते कि हम आपके पत्र के पाठक हैं और आप 'ब्राह्मण'-संपादक हैं अथवा आप पंडितजी हैं, आप राजा जी हैं, आप सेठ जी हैं, आप लाला जी हैं, आप बाबू साहब हैं, आप मियाँ साहब हैं, आप निरे साहब हैं। आप क्या हैं? यह तो प्रश्न की कोई रीति ही नहीं है। वाहक महाशय! यह हम भी जानते हैं कि आप आप ही हैं, और हम भी वही हैं, तथा इन साहबों की भी लंबी धोती, चमकीली पोशाक, खुंटिहई अंगरखी (मीरजई), सीधी माँग, बिलायती चाल, लंबी दाढ़ी और साहबनी हंवस ही कहे देती है कि—

"किस रोग की हैं आप दवा कुछ न पूछिए।"

अच्छा साहब, फिर हमने पूछा तो क्यों पूछा? इसीलिए कि देखें कि आप 'आप' का ज्ञान रखते हैं वा नहीं? जिस आप को आप अपने लिए तथा औरों के लिए प्रतिदिन रात मुँह पर धरे रहते हैं, वह आप क्या हैं? इसके उत्तर में आप कहिएगा कि एक सर्वनाम है। जैसे मैं, तू, हम, वह, यह आदि हैं वैसे ही आप भी हैं, और क्या है। पर इतना कह देने से न हमीं संतुष्ट होंगे न आप ही के शब्दशास्त्र ज्ञान का परिचय होगा। इससे अच्छे प्रकार से कहिए कि जैसे 'मैं' का शब्द अपनी नम्रता दिखलाने के लिए बिल्ली की बोली का अनुकरण है, 'तू' का शब्द मध्यम पुरुष की तुच्छता वा प्रीत सूचित करने के अर्थ में कुत्ते के संबोधन की नकल है। हम-तुम संस्कृत के अहं, त्वं का अपभ्रंश हैं, यह-वह निकट और दूर की वस्तु वा व्यक्ति के द्योतनार्थ स्वाभाविक उच्चारण हैं, वैसे 'आप' क्या है? किस भाषा के किस शब्द का शुद्ध वा अशुद्ध रूप है और आदर ही में बहुधा क्यों प्रयुक्त होता है?

हुजूर की मुलाजमत से अक्ल ने इस्तेअफा दे दिया हो तो दूसरी बात है नहीं तो आप यह कभी न कह सकेंगे कि "आप लफ्ज या अरबीस्त" अथवा "ओ: इटिज ऐन इंग्लिश वर्ड।" जब यह नहीं है तो खामखाह यह हिंदी शब्द है, पर कुछ सिर-पैर, मूड़-गोड़ भी है कि यों ही? आप छूटते ही सोच सकते हैं कि संस्कृत में आप कहते हैं जल को। और शास्त्रों में लिखा है कि विधाता ने सृष्टि के आदि में

उसी को बनाया था, यथा—'आप एव ससर्जादौ तासु वीर्यमवासृजत्' तथा हिंदी में पानी और फारसी में आब का अर्थ शोभा अथवा प्रतिष्ठा आदि हुआ करता है। जैसे 'पानी उतरि गा तरवारिन को उई करछुलि के मोल बिकाएँ' तथा 'पानी उतरिगा रजपूती का रुइ फिर बिसुओं ते (बेश्या से भी) बहि जाए' और फारसी में 'आवरू खाक में मिला बैठे' इत्यादि।

इस प्रकार पानी की ज्येष्ठता और श्रेष्ठता का विचार करके लोग पुरुषों को भी उसी के नाम से आप पुकारने लगे होंगे। यह आपका समझना निरर्थक तो न होगा, बड़प्पन और आदर का अर्थ अवश्य निकल आवैगा, पर खींच-खाँच कर, और साथ ही यह शंका भी कोई कर बैठे तो अयोग्य न होगी कि पानी के जल, बारि, अंबु, नीर, तोय इत्यादि और भी तो कई नाम हैं, उनका प्रयोग क्यों नहीं करते? 'आप' ही के सुर्खाब का पर कहाँ लगा है? अथवा पानी की सृष्टि सबके आदि में होने के कारण वृद्ध ही लोगों को उसके नाम से पुकारिए तो युक्तियुक्त हो सकता; पर आप तो अवस्था में छोटों को भी आप-आप कहा करते हैं, यह आपकी कौन सी विज्ञता है? या हम यों भी कह सकते हैं कि पानी में गुण चाहे जितने हों, पर गति उसकी नीच ही होती है। तो क्या हमको मुँह से आप-आप करके अधोगामी बनाया चाहते हैं? हमें निश्चय है कि आप पानीदार होंगे तो इस बात के उठते ही पानी-पानी हो जाएँगे, और फिर कभी यह शब्द मुँह पर न लावेंगे।

सहृदय सुहृद्गण आपस में आप-आप की बोली बोलते ही नहीं हैं। एक हमारे उर्दूदाँ मुलाकाती मौखिक मित्र बनने की अभिलाषा से आते जाते थे। पर जब ऊपरी व्ययवहार मित्रता का सा देखा तो हमने उनसे कहा कि बाहरी लोगों के सामने की बात न्यारी है, अकेले में अथवा अपनायत वालों के आगे आप-आप न किया करो, इसमें भिन्नता की भिनभिनाहट पाई जाती है। पर वह इस बात को न माने, हमने दो-चार बार समझाया पर वह 'आप' थे, क्यों मानने लगे। इस पर हमें झुंझलाहट छूटी तो एक दिन उनके आते ही और आप का शब्द मुँह पर लाते ही हमने कह दिया कि "आपकी ऐसी तैसी"। यह क्या बात है कि तुम मित्र बनकर हमारा कहना नहीं मानते? प्यार के साथ तू कहने में जितना स्वादु आता है उतना बनावट से आप साँप कहो तो कभी सपने में नहीं आने का। इस उपदेश को वह मान गए। सच तो यह है कि प्रेमशास्त्र में, कोई बंधन न होने पर भी, इस शब्द का प्रयोग बहुत ही कम, बरंच नहीं के बराबर होता है।

हिंदी कविता में हमने दो ही कवित्त इससे युक्त पाए हैं, एक तो 'आपको न चाहै ताकि बाप को न चाहिए।' पर यह न तो किसी प्रतिष्ठित ग्रंथ का है और न इसका आशय स्नेह संबद्ध है। किसी जले-भुने कवि ने कह मारा हो तो यह कोई नहीं कह सकता कि कविता में भी आप की पूछ है। दूसरी घनानंद जी की यह सवैया है—'आप ही तौ मन हेरि हर्यौ तिरछे करि नैनन नेह के चाव में' इत्यादि। पर यह

भी निराशापूर्ण उपालंभ है, इससे हमारे इस कथन का कोई खंडन नहीं कर सकता कि प्रेम-समाज में 'आप' का आदर नहीं है, 'तू' ही प्यारा है।

संस्कृत-फारसी के कवि भी त्वं और तू के आगे भवान् और शुमा (तू का बहुवचन) का बहुत आदर नहीं करते, पर इससे आपको क्या मतलब? आप अपनी हिंदी के 'आप' का पता लगाइए, और न लगै तो हम बतला देंगे। संस्कृत में एक आप्त शब्द है, जो सर्वथा माननीय ही अर्थ में आता है, यहाँ तक कि न्याय शास्त्र में प्रमाण चतुष्टय (प्रत्यक्ष, अनुमान, उपमान, और शब्द) के अंतर्गत शब्द-प्रमाण का लक्षण ही यह लिखा है कि 'आप्तोदेश: शब्द:' अर्थात् आप्त पुरुष का वचन प्रत्यक्षादि प्रमाणों के समान ही प्रामाणिक होता है, वा यों समझ लो कि आप्त जन प्रत्यक्ष, अनुमान और उपमान प्रमाण से सर्वथा प्रमाणित ही विषय को शब्दबद्ध करते हैं।

इससे जान पड़ता है कि जो सब प्रकार की विद्या, बुद्धि, सत्यभाषणादि सद्गुणों से संयुक्त हो वह आप्त है, और देवनागरी भाषा में आप्त शब्द उसके उच्चारण में सहजतया नहीं आ सकता। इससे उसे सरल करके आप बना लिया गया है, और मध्यम पुरुष तथा अन्य पुरुष के अत्यंत आदर का द्योतन करने के काम में आता है। 'तुम बहुत अच्छे मनुष्य हो' और 'यह सज्जन हैं'—ऐसा कहने से सच्चे मित्र, बनावट के शत्रु चाहे जैसे 'पुलक प्रफुल्लित पूरित गाता' हो जाए, पर व्यवहारकुशल लोकाचारी पुरुष तभी अपना उचित सम्मान समझेंगे जब कहा जाए कि "आपका क्या कहना है, आप तो बस सभी बातों में एक ही हैं", इत्यादि।

अब तो आप समझ गए होंगे कि आप कहाँ के हैं, कौन हैं, कैसे हैं। यदि इतने बड़े बात के बतंगड़ से भी न समझे हो तो इस छोटे से कथन में हम क्या समझ सकेंगे कि आप संस्कृत के आप्त शब्द का हिंदी रूपांतर है, और माननीय अर्थ के सूचनार्थ उन लोगों (अथवा एक ही व्यक्ति) के प्रति प्रयोग में लाया जाता है जो सामने विद्यमान हों, चाहे बातें करते हों, चाहें बात करने वालों के द्वारा पूछे बताए जा रहे हों, अथवा दो वा अधिक जनों में जिनकी चर्चा हो रही हो। कभी-कभी उत्तम पुरुष के द्वारा भी इसका प्रयोग होता है, वहाँ भी शब्द और अर्थ वही रहता है; पर विशेषता यह रहती है कि एक तो सब कोई अपने मन से आपको (अपने तईं) आप ही (आप्त ही) समझता है। और विचार कर देखिए तो आत्मा और परमात्मा की अभिन्नता या तद्रूपता कहीं लेने भी नहीं जानी पड़ती, पर बाह्य व्यवहार में अपने को आप कहने से यदि अहंकार की गंध समझिए तो यों समझ लीजिए कि जो काम अपने हाथ से किया जाता है और जो बात अपनी समझ स्वीकार कर लेती है उसमें पूर्ण निश्चय अवश्य ही हो जाता है और उसी के विदित करने को हम और आप तथा यह एवं वो कहते हैं कि 'हम आप कर लेंगे' अर्थात् कोई संदेह नहीं है

कि हमसे यह कार्य संपादित हो जाएगा। 'हम-आप जानते हैं', अर्थात् दूसरे के बतलाने की आवश्यकता नहीं है, इत्यादि।

महाराष्ट्रीय भाषा के आपा जी भी उन्नीस बिस्वा आप्त और आर्य के मिलने से इस रूप में हो गए हैं, तथा कोई माने या न माने, पर हम मना सकने का साहस रखते हैं कि अरती के अब्ब (पिता, बोलने में अब्बा) और योरोपिय भाषाओं के पापा (पिता) पोप (धर्म-पिता) आदि भी इसी आप से निकले हैं। हाँ इसके समझने-समझाने में भी जी ऊबे तो अँगरेजी के एबाट (Abbot महंत) तो इसके कई हैं, क्योंकि उस बोली में ह्रस्व और दीर्घ दोनों प्रकार का स्थानापन्न (A) है, और पकार का बकार से बदल लेना कई भाषाओं की चाल है। रही टी (T) सो वह तो 'तकार' हुई है। फिर क्या न मान लीजिएगा कि एबाट साहब हमारे 'आप' बरंच शुद्ध आप्त से बने हैं!

हमारे प्रांत में बहुत से उच्च वंश के बालक भी अपने पिता को अप्पा कहते हैं। उसे कोई-कोई लोग समझते हैं कि मुसलमानों के सहवास का फल है। पर उनकी यह समझ ठीक नहीं है। मुसलमान भाइयों के लड़के कहते हैं अब्बा और हिंदू संतान के पक्ष में 'बकार' का उच्चारण तनिक भी कठिन नहीं होता, यह अँगरेजों की तकार और फारस वालों की टकार नहीं है कि मुँह से ही न निकले, और सदा मोती का मोटी अर्थात् स्थूलांगी स्त्री और खस की टट्टी का तत्ती अर्थात् गरम ही हो जाए। फिर अब्बा को अप्पा कहना किस नियम से होगा! हाँ आप्त से आप और अप्पा तथा आपा की सृष्टि हुई है, उसी को अरबवालों ने अब्बा में रूपांतरित कर लिया होगा। क्योंकि उनकी वर्णमाला में 'पकार' (पे) नहीं होती।

सौ बिस्वा बप्पा, बाप, बापू, बब्बा, बाबू आदि भी इसी से निकले हैं क्योंकि जैसे एशिया की कई बोलियों में 'पकार' को 'बकार' व 'फकार' से बदल देते हैं, जैसे पादशाह-बादशाह और पारसी-फारसी आदि, वैसे ही कई भाषाओं में शब्द के आदि में बकार भी मिला देते हैं, जैसे वक्ते शब बवक्ते शब तथा तंग आमद-बतंग आमद इत्यादि, और शब्द के आदि को ह्रस्व अकार का कोप भी हो जाता है, जैसे अमावस का मावस (सतसई आदि ग्रंथ में देखो) ह्रस्व अकारांत शब्दों में अकार के बदले ह्रस्व वा दीर्घ उकार भी हो जाती है, जैसे एक-एकु, स्वाद-स्वादु आदि। अथच ह्रस्व को दीर्घ, दीर्घ को ह्रस्व अ, इ, उ आदि की वृद्धि वा लोप भी हुवा ही करता है, फिर हम क्यों न कहें कि जिन शब्दों में अकार और पकार का संपर्क हो, एवं अर्थ से श्रेष्ठता की ध्वनि निकलती हो वे प्राय: समस्त संसार के शब्द हमारे आप्त महाशय वा आप ही के उलट-फेर से बने हैं।

अब तो आप समझ गए न कि आप क्या हैं? अब भी न समझो तो हम नहीं कह सकते कि आप समझदारी के कौन हैं? हाँ, आप ही को उचित होगा कि दमड़ी छदाम

की समझ किसी पंसारी के यहाँ से मोल ले आइए, फिर आप ही समझने लगिएगा कि 'आप को हैं? कहाँ के हैं?' यदि यह भी न हो सके और लेख पढ़ के आपे से बाहर हो जाइए तो हमारा क्या अपराध है? हम केवल जी में कह लेंगे, "शाब! आप न समझो तो आप को के पड़ी छै।" ऐं! अब भी नहीं समझे? वाह रे आप!

धोखा

इन दो अक्षरों में भी न जाने कितनी शक्ति है कि इनकी लपेट से बचना यदि निरा असंभव न हो तो भी महा कठिन तो अवश्य है। जबकि भगवान रामचंद्र ने मारीच राक्षस को सुवर्ण-मृग समझ लिया था, तो हमारी आपकी क्या सामर्थ्य है, जो धोखा न खाएँ? वरंच ऐसी कथाओं से विदित होता है कि स्वयं ईश्वर भी केवल निराकार निर्विकार ही रहने की दशा में इससे पृथक रहता है, सो भी एक रीति से नहीं रहता,क्योंकि उसके मुख्य कार्यों में से एक काम सृष्टि का उत्पादन करना है। उसके लिए उसे अपनी माया का आश्रय लेना पड़ता है; और माया, भ्रम, छल इत्यादि धोखे ही के पर्याय हैं। इस रीति से यदि यह कहें कि ईश्वर भी धोखे से अलग नहीं, तो अयुक्त न होगा, क्योंकि ऐसी दशा में यदि वह धोखा खाता नहीं, तो धोखे से काम अवश्य लेता है; जिसे दूसरे शब्दों में कह सकते हैं कि माया का प्रपंच फैलाता है व धोखे की ट्टटी खड़ी करता है।

अतः सबसे पृथक रहने वाला ईश्वर भी ऐसा नहीं है, जिसके विषय में यह कहने का स्थान हो कि वह धोखे से अलग है; वरंच धोखे से पूर्ण उसे कह सकते हैं; क्योंकि वेदों में उसे 'आश्चर्योस्य वक्ता' 'चित्रंदेवानामुदगादनीक' इत्यादि कहा है और आश्चर्य तथा चित्रत्व को मोटी भाषा में धोखा ही कहते हैं अथवा अवतार-धारण की दशा में उसका नाम माया-वपुधारी होता है, जिसका अर्थ है —धोखे का पुतला। और सच भी यही है। जो सर्वथा निराकार होने पर भी मत्स्य, कच्छपादि रूपों में प्रकट होता है और शुद्ध निर्विकार कहलाने पर भी नाना प्रकार की लीला किया करता है, वह धोखे का पुतला नहीं है तो क्या है?हम आदर के मारे उसे भ्रम से रहित कहते हैं, पर जिसके विषय में कोई निश्चयपूर्वक 'इदमित्थं' कह नहीं सकता, जिसका सारा भेद स्पष्ट रूप से कोई जान ही नहीं सकता, वह निर्भ्रम या भ्रमरहित क्योंकर कहा जा सकता है? शुद्ध निर्भ्रम वह कहलाता है, जिसके विषय में भ्रम का आरोप भी न हो सके; पर उसके तो अस्तित्व तक में नास्तिकों को संदेह और आस्तिकों को निश्चित ज्ञान का अभाव रहता है, फिर वह निर्भ्रम कैसा? और जब वही भ्रम से पूर्ण है, तब उसके बनाए संसार में भ्रम अर्थात् धोखे का अभाव कहाँ?

वेदांती लोग जगत को मिथ्या भ्रम समझते हैं। यहाँ तक कि एक महात्मा ने किसी जिज्ञासु को भलीभाँति समझा दिया था कि विश्व में जो कुछ है और जो कुछ होता है, सब भ्रम है; किंतु यह समझने के कुछ ही दिन उपरांत उनके किसी प्रिय व्यक्ति का प्राणांत हो गया, जिसके शोक में वह फूट-फूटकर रोने लगे। इस पर शिष्य ने आश्चर्य में आकर पूछा कि आप तो सब बातों को भ्रमात्मक मानते हैं, फिर जान-बूझकर रोते क्यों हैं? इसके उत्तर में उन्होंने कहा कि रोना भी भ्रम ही है। सच है। भ्रमोत्पादक भ्रम स्वरूप भगवान के बनाए हुए भव (संसार) में जो कुछ है, भ्रम ही है। जब तक भ्रम है, तभी तक संसार है, वरंच संसार का स्वामी तभी तक है, फिर कुछ भी नहीं और कौन जाने, हो तो हमें उससे कोई काम नहीं। परमेश्वर सबका भरम बनाए रखे, इसी में सब कुछ है। जहाँ भ्रम खुल गया, वहाँ लाख की भलमंसी खाक में मिल जाती है। जो लोग पूरे ब्रह्माज्ञानी बनकर संसार को सचमुच माया की कल्पना मान बैठते हैं। वे अपनी भ्रमात्मक बुद्धि से चाहे अपने तुच्छ जीवन को साक्षात सर्वेश्वर मान के सर्वथा सुखी हो जाने का धोखा खाया करें, पर संसार के किसी काम के नहीं रह जाते हैं, वरंच निरे अकर्ता, अभोक्ता बनने की उमंग में अकर्मण्य और 'नारि-नारि सब एक हैं जस मेहरि तस माय' इत्यादि सिद्धांतों को मानकर अपना तथा दूसरों का जो अनिष्ट न कर बैठें, वही थोड़ा है; क्योंकि लोक और परलोक का मजा भी धोखे ही में पड़े रहने से प्राप्त होता है। बहुत ज्ञान छाँटना सत्यानाश की जड़ है। ज्ञान की दृष्टि से देखें, तो आपका शरीर मल-मूत्र, मांस-मज्जा, घृणास्पद पदार्थों का विकार मात्र है, पर हम उसे प्रीति का पात्र समझते हैं और दर्शन, स्पर्शनादि से आनंद लाभ करते हैं।

हमको वास्तव में इतनी जानकारी भी नहीं है कि हमारे सिर में कितने बाल हैं व एक मिट्टी के गोले का सिरा कहाँ पर है किंतु आप हमें बड़ा भारी विज्ञ और सुलेखक समझते हैं तथा हमारी लेखनी या जिह्वा की कारीगरी देख-देखकर सुख प्राप्त करते हैं। विचार कर देखिए तो धन-जन इत्यादि पर किसी का कोई स्वत्व नहीं है; इस क्षण हमारे काम आ रहे हैं, क्षण ही भर के उपरांत न जाने किसके हाथ में व किस दशा में पड़ के हमारे पक्ष में कैसे हो जाएँ, और मान भी लें कि इनका वियोग कभी न होगा, तो भी हमें क्या? आखिर एक दिन मरना है और 'मुँदि गईं आँखें तब लाखें केहि काम की।' पर यदि हम ऐसा समझ कर सबसे संबंध तोड़ दें, तो सारी पूँजी गँवा कर निरे मूर्ख कहलावें; स्त्री-पुत्रादि का प्रबंध न करके उनका जीवन नष्ट करने का पाप मुड़ियावें। 'ना हम काहू के कोऊ ना हमारा' का उदाहरण बनके सब प्रकार सुख-सुविधा, सुयश से वंचित रह जावें। इतना ही नहीं, वरंच और भी सोचकर देखिए, तो किसी को कुछ भी खबर नहीं है कि मरने के पीछे जीव की क्या दशा होगी।

बहुतेरों का सिद्धांत यह भी है कि दशा किसकी होगी, जीव तो कोई पदार्थ ही नहीं है। घड़ी के जब तक सब पुरजे दुरुस्त हैं और ठीक-ठीक लगे हुए हैं,

तभी तक उसमें खट-खट, टन-टन, की आवाज आ रही है, जहाँ उसके पुरजों का लगाव बिगड़ा, वहीं न उसकी गति, न शब्द। ऐसे ही शरीर का क्रम जब तक ठीक-ठीक बना हुआ है, मुख से शब्द और मन से भाव तथा इंद्रियों से कर्म का प्राकट्य होता रहता है। जहाँ इसके क्रम में व्यतिक्रम हुआ, वहीं सब खेल बिगड़ गया, बस फिर कुछ नहीं, कैसा जीव? कैसी आत्मा? एक रीति से यह कहना झूठ भी नहीं जान पड़ता, क्योंकि जिसके अस्तित्व का कोई प्रत्यक्ष प्रमाण नहीं है, उसके विषय में अंततोगत्वा यों ही कहा जा सकता है। इसी प्रकार स्वर्ग-नर्कादि के सुख-दुखादि का होना भी नास्तिकों ही के मत से नहीं, किंतु बड़े-बड़े आस्तिकों के सिद्धांत से भी 'अविदित सुख-दुख निर्विशेष स्वरूप' के अतिरिक्त कुछ समझ में नहीं आता।

स्कूल में हमने भी सारा भूगोल और खगोल पढ़ डाला है, पर नर्क और बैकुंठ का पता कहीं नहीं पाया। किंतु भय और लालच को छोड़ दें, तो बुरे कामों से घृणा और सत्कर्मों से रुचि न रखकर भी तो अपना अथवा पराया अनिष्ट ही करेंगे। ऐसी-ऐसी बातें सोचने से गोस्वामी तुलसीदास का 'गो गोचर जहँ लगि मन जाई, सो सब माया जानेहु भाई' और श्री सूरदासजी का 'माया मोहनी मनहन' कहना प्रत्यक्षतया सच्चा जान पड़ता है। फिर हम नहीं जानते कि धोखे को लोग क्यों बुरा समझाते हैं? धोखा खानेवाला मूर्ख और धोखा देने वाला ठग क्यों कहलाता है? जब सब कुछ धोखा-ही-धोखा है और धोखे से अलग रहना ईश्वर की भी सामर्थ्य से दूर है तथा धोखे ही के कारण संसार का चर्खा पिन्न-पिन्न चला जाता है,नहीं तो ढिच्चर-ढिच्चर होने लगे, वरंच रहा न जाए, तो फिर इस शब्द का स्मरण व श्रवण करते ही आपकी नाक-भौंह क्यों सुकड़ जाती है? इसके उत्तर में हम तो यही कहेंगे कि साधारणत: जो धोखा खाता है, वह अपना कुछ-न-कुछ गँवा बैठता है; और जो धोखा देता है उसकी एक-न-एक दिन कलई खुले बिना नहीं रहती है और हानि सहना व प्रतिष्ठा खोना दोनों बातें बुरी हैं, जो बहुधा इसके संबंध में ही हो जाया करती हैं।

इसी साधारण श्रेणी के लोग धोखे को अच्छा नहीं समझते, यद्यपि इससे बच नहीं सकते, क्योंकि जैसे काजल की कोठरी में रहने वाला बेदाग नहीं रह सकता, वैसे ही भ्रमात्मक भवसागर में रहने वाले अल्प सामर्थ्यी जीव का भ्रम से सर्वथा बचा रहना असंभव है और जो जिससे बच नहीं सकता, उसकी निंदा करना नीति विरुद्ध है। पर क्या कीजिएगा, कच्ची खोपड़ी के मनुष्य को प्राचीन प्राज्ञगण अल्पज्ञ कह गए हैं जिसका लक्षण ही है कि आगा-पीछा सोचे बिना जो मुँह पर आवे, कह डालना और जो जी में समावे कर उठना, नहीं तो कोई काम व वस्तु वास्तव में भली अथवा बुरी नहीं होती, केवल उसके व्यवहार का नियम बनने-बिगड़ने से बनाव-बिगाड़ हो जाया करता है।

परोपकार को कोई बुरा नहीं कह सकता, पर किसी को सब कुछ उठा दीजिए, तो क्या भीख माँग के प्रतिष्ठा, अथवा चोरी करके धर्म खोइएगा व भूखों मरके आत्महत्या का पापभागी होइएगा? यों ही किसी को सताना अच्छा नहीं कहा जाता है, पर यदि कोई संसार का अनिष्ट करता हो, उसे राज से दंड दिलवाइए व आप ही उसका दमन कर दीजिए तो अनेक लोगों के हित का पुण्य-लाभ होगा।

घी बड़ा पुष्टिकारक होता है, पर दो सेर पी लीजिए तो उठने-बैठने की शक्ति न रहेगी, और संखिया,सींगिया आदि प्रत्यक्ष विष हैं, किंतु उचित ढंग से शोध कर सेवन कीजिए तो बहुत से रोग-दोष दूर हो जाएँगे। यही लेखा धोखे का भी है। दो-एक बार धोखा खाके धोखेबाजों की हिकमतें सीख लो, और कुछ अपनी ओर से झपकी-फुँदनी जोड़कर 'उसी की जूती उसी का सर' कर दिखाओ, तो बड़े भारी अनुभवशील, वरंच, 'गुरु गुड़ ही रहा चेला शक्कर हो गया' का जीवित उदाहरण कहलाओगे। यदि इतना न हो सके तो उसे पास न फटकने दो तो भी भविष्य के लिए हानि और कष्ट से बच जाओगे।

यों ही किसी को धोखा देना हो, तो रीति से दो कि तुम्हारी चालबाजी कोई भाँप न सके और तुम्हारा बलि-पशु यदि किसी कारण से तुम्हारे हथकंडे ताड़ भी जाए तो किसी से प्रकाशित करने के काम का न रहे। फिर बस, अपनी चतुरता के मधुर फल को मूर्खों के आँसू या गुरुघंटालों के धन्यवाद की वर्षा के जल से धो, स्वादुपूर्वक खाओ। इन दोनों रीतियों से धोखा बुरा नहीं है। अगले लोग कह गए हें कि आदमी कुछ खो के सीखता है, अर्थात् धोखा खाए बिना अकल नहीं आती और बेईमानी तथा नीतिकुशलता में इतना ही भेद है कि जाहिर हो जाए, तो बेईमानी कहलाती है और छिपी रहे, तो बुद्धिमानी है।

बालकृष्ण भट्ट

भारतेन्दु-युग में कविता, उपन्यास एवं कहानी आदि विधाओं पर रचनाकारों ने लेखनी चलाई है परन्तु सफलता की दृष्टि से निबन्ध-विधा सर्वाधिक महत्त्वपूर्ण रही है। वास्तव में हिन्दी निबन्ध-विधा का प्रारम्भ भारतेन्दु-युग से ही माना जाता है। स्वयं भारतेन्दु के अतिरिक्त प्रतापनारायण मिश्र, बालमुकुन्द गुप्त के साथ बालकृष्ण भट्ट का निबन्ध-लेखन में ऐतिहासिक महत्त्व है। बालकृष्ण भट्ट का जन्म 3 जून, 1844 ई. को इलाहाबाद में हुआ था। उन्होंने 'हिन्दी प्रदीप' नामक पत्र के माध्यम से ब्रिटिश शासन की अत्याचारपूर्ण नीतियों की खुली आलोचना की। भट्ट जी अत्यन्त निर्भीक सूझ-बूझवाले, दृढ़निश्चयी तथा अभिव्यक्तिपूर्ण निबन्धकार थे।

परतंत्र भारत में साहित्यकारों को दो दिशाओं में अपनी लेखनी को साधना पड़ता था। प्रथम, जनता को अशिक्षा, कमजोरियों, कुरीतियों और अन्धविश्वासों की जकड़नों से बाहर निकलना। द्वितीय, अंग्रेज शासकों की लूट-खसोट, अत्याचार, उत्पीड़न तथा पक्षपातपूर्ण सोच को उधेड़कर खोलना। यही कारण है कि उनके सम्मुख निबन्धों के लिए विषयों की कमी कभी भी उपस्थित नहीं हुई। इनके द्वारा लिखे गए निबन्धों की बानगी इस तथ्य की कहानी है।

'बालविवाह', 'स्त्रियाँ और उनकी शिक्षा', 'राजा और प्रजा', 'जात-पाँत', 'हिन्दू जाति के स्वाभाविक गुण', 'भेदभाव नीति', 'राजभक्ति और देशभक्ति', 'सभ्यता और साहित्य', 'हिन्दी की वर्तमान दशा', 'कृषकों की दुरावस्था', 'महिला स्वातंत्र्य', 'देशसेवा-महत्त्व', 'हमारा दास्य भाव', 'ग्राम्य जीवन', 'आँख', 'कान', 'नाक', 'खटका', 'ईश्वर भी क्या ठठोल है', 'नए तरह का जुनून' इत्यादि।

निबन्धों में भट्ट जी ने गम्भीर विषय को तर्कसम्मत शैली द्वारा स्थापित किया है। उनके सभी निबन्धों में उनकी इस शैली और मौलिक-स्वस्थ विचार सरणि का परिचय मिलता है। वे किसी भी विषय का सूक्ष्म विश्लेषण करते हुए अपना स्त्रतंत्र मत स्थापित करते हुए निष्कर्ष की प्रतिष्ठा करते हैं। प्रत्येक तथ्य का परत-दर-परत उद्घाटन करते हुए आम जनता की भाषा में अभिव्यक्त करने की सामर्थ्य के कारण ही भट्ट जी का हिन्दी निबन्ध परम्परा में श्लाघनीय-सराहनीय योगदान है। एकसूत्रता, क्रमबद्धता, प्रभावपूर्णता, वैयक्तिकता की छाप और भाषा का प्रयोग

भट्ट जी के निबन्ध-लेखन की अन्यतम विशेषता है। आचार्य रामचन्द्र शुक्ल ने अपने 'हिन्दी साहित्य का इतिहास' में भट्ट जी को अंग्रेजी गद्य साहित्य के पुरोधा लेखक 'स्टोल' के बराबर ठहराया है। नगेन्द्र द्वारा सम्पादित इतिहास-ग्रन्थ में इस युग के निबन्ध-लेखन के विषय में कहा गया है—

"अभिव्यक्ति की ऐसी कोई भंगिमा नहीं है जिसका आरम्भ इस युग में न हुआ हो। सत्य तो यह है कि आगे चलकर द्विवेदी-युग में निबन्धों के क्षेत्र में किसी नवीन परम्परा का सूत्रपात नहीं हुआ।"

अभिव्यक्ति-सौन्दर्य की यह विशेषता भट्ट जी के निबन्धों के विषय में भी सौ फीसदी सही है। भट्ट जी संस्कृत, हिन्दी के साथ-साथ अंग्रेजी भाषा के भी श्रेष्ठ जानकार थे। भट्ट जी हिन्दी के उत्थान और विकास के लिए सचेत और चिन्तित रचनाकार थे। इसीलिए उनकी गद्य-शैली अत्यन्त सरल, सुबोध तथा बोलचाल के निकट है। मुहावरे-लोकोक्तियों के प्रयोग में उनको कुशलता प्राप्त थी। हिन्दी भाषा को समृद्ध करने के लिए उनकी भाषा में अरबी-फारसी तथा अंग्रेजी के प्रचलित शब्दों का प्रयोग मिलता है। देशज शब्दों के प्रयोग भी बहुतायत में मिलते हैं।

भट्टजी भारतेन्दु काल के निबन्धकारों में ही नहीं, हिन्दी के विशिष्ट निबन्धकारों में अपना स्थान रखते हैं। इन्होंने एक ओर सामाजिक, राष्ट्रीय और सांस्कृतिक महत्त्व के विषय पर निबन्ध लिखे, तो दूसरी ओर नाक, कान, आँख जैसे अत्यन्त सामान्य विषयों पर भी लेखनी चलाई। इन सभी प्रकार के निबन्धों में आपके गम्भीर व्यक्तित्व की छाप मुखर है। भट्टजी भारतीय समाज की तत्कालीन विसंगतिपूर्ण अवस्था का यथार्थ चित्र अंकित कर उसमें आचरण, मानवता, दृढ़ता और स्वाभिमान का भाव भरना चाहते थे। उनके निबन्धों में उनकी राष्ट्रीय और सामाजिक चेतना तथा मानवीय दृष्टि का भास्वर उभार है। भट्टजी की शैली का भी अपना एक रंग है जो उनके निबन्धों को अन्य रंग वाले निबन्धों से अलग करता है। उनकी भाषा साधारण बोलचाल की भाषा है। उन्होंने यहाँ-वहाँ उर्दू और अंग्रेजी शब्दों का भी प्रयोग किया है। इस प्रकार उनकी भाषा में बड़ी ही सजीवता और शक्ति है। रोजमर्रा की ज़िन्दगी में व्यवहृत होने वाले मुहावरों तथा कहावतों को ग्रहण करने के कारण इनकी भाषा और भी मूर्त तथा वक्र हो गई है। इनके सभी निबन्ध छोटे-छोटे, गठे हुए तथा प्रभावशाली हैं। इनमें आद्यन्त गम्भीरता के साथ आत्मीय वातावरण और ज़िन्दादिली व्याप्त है। 'मन की दृढ़ता' शीर्षक निबन्ध में लेखक ने मन की गहन शक्ति और उसकी विविध वृत्तियों की बड़ी प्रभावशाली व्याख्या प्रस्तुत कर तत्कालीन समाज में व्याप्त भाग्यवादिता और निष्क्रियता का प्रत्याख्यान किया है।

निधन : 30 जुलाई, 1914

साहित्य जनसमूह के हृदय का विकास है

प्रत्येक देश का साहित्य उस देश के मनुष्यों के हृदय का आदर्श रूप है। जो जाति जिस समय जिस भाव से परिपूर्ण या परिलुप्त रहती है, वे सब उसके भाव उस समय के साहित्य की समालोचना से अच्छी तरह प्रगट हो सकते हैं। मनुष्य का मन जब शोक-संकुल, क्रोध से उद्दीप्त, या किसी प्रकार की चिंता से दोचित्ता रहता है तब उसकी मुखच्छवि तमसाच्छन्न, उदासीन और मलिन रहती है; उस समय उसके कंठ से जो ध्वनि निकलती है, वह भी या तो फुटही ढोल समान बेसुरी, बेताल, बेलय या करुणापूर्ण, गद्गद तथा विकृत-स्वर-संयुक्त होती है। वही जब चित्त आनंद की लहरी से उद्वेलित हो नृत्य करता है और सुख की परंपरा में मग्न रहता है, उस समय मुख विकसित कमल-सा प्रफुल्लित, नेत्र मानो हँसता-सा, और अंग-अंग चुस्ती और चालाकी से फिरहरी की तरह फरका करते हैं; कंठध्वनि भी तब वसंत-मदमत्त कोकिला के कंठरव से भी अधिक मीठी और सोहावनी मन को भाती है। मनुष्य के संबंध में इस अनुलंघनीय प्राकृतिक नियम का अनुसरण प्रत्येक देश का साहित्य भी करता है, जिसमें कभी को क्रोधपूर्ण अयंगरगर्जन, कभी को प्रेम का उच्छ्वास, कभी को शोक और परितापजनित हृदय-विदारी करुणानिस्वन, कभी को वीरता गर्व से बाहुबल के दर्प में भरा हुआ सिंहनाद, कभी को भक्ति के उन्मेष से चित्त की द्रवता का परिणाम अश्रुपात आदि अनेक प्रकार के प्राकृतिक भावों का उद्गार देखा जाता है। इसलिए साहित्य यदि जनसमूह (Nation) के चित्त का चित्रपट कहा जाए तो संगत है। किसी देश का इतिहास पढ़ने से केवल बाहरी हाल हम उस देश का जान सकते हैं पर साहित्य के अनुशीलन से कौम के सब समय-समय के आभ्यंतरिक भाव हमें परिस्फुट हो सकते हैं।

हमारे पुराने आर्यों का साहित्य वेद है। उस समय आर्यों की शैशवावस्था थी, बालकों के समान जिनका भाव, भोलापन, उदार भाव, निष्कपट व्यवहार, वेद के साहित्य को एक विलक्षण तथा पवित्र माधुर्य प्रदान करता है। वेद जिन महापुरुषों के हृदय का विकास था, वे लोग मनु और याज्ञवल्क्य के समान समाज के आभ्यंतरिक भेद, वर्ण-विवेक आदि के झगड़ों में पड़ समाज की उन्नति या अवनति की तरह-तरह की चिंता में नहीं पड़े थे; कणाद या कपिल के समान अपने-अपने शास्त्र के

मूलभूत बीजसूत्रों को आगे कर प्राकृतिक पदार्थों के तत्त्व की छान में दिन-रात नहीं डूबे रहते थे; न कालिदास, भवभूति, श्रीहर्ष आदि कवियों के संप्रदाय के अनुसार वे लोग कामिनी के विभ्रम-विलास और लावण्य लीला-लहरी में गोते मार-मार प्रमत्त हुए थे। प्रात:काल उदयोन्मुख सूर्य की प्रतिभा देख उनके सीधे-सादे चित्त ने बिना कुछ विशेष छानबीन किये इसे अज्ञात और अजेय शक्ति समझ लिया। इसके द्वारा वे अनेक प्रकार का लाभ देख कानन-स्थित विहंग-कूजन समान कलकल रव से प्रकृति की प्रभात वंदना का साम गाने लगे; जल-भार-नत श्यामला मेघमाला का नवीन सौंदर्य देख पुलकित गात्र हो कृतज्ञता-सूचक उपहार की भाँति स्तोत्र का पाठ करने लगे; वायु जब प्रबल वेग से बहने लगी तो उसे भी एक ईश्वरीय शक्ति समझ उसके शांत करने को वायु की स्तुति करने लगे, इत्यादि। वे ही सब ऋक् और साम की पावन ऋचाएँ हो गईं। उस समय अब के समान राजनैतिक अत्याचार कुछ न था, इसी से उनका साहित्य राजनीति की कुटिल उक्ति युक्ति से मलिन नहीं हुआ था। नए आए हुए आर्यों के नूतन ग्रथित समाज के संस्थापन में सब तरह की अपूर्णता थी सही पर सबका निर्वाह अच्छी तरह होता जाता था; किसी को किसी कारण से किसी प्रकार का अस्वास्थ्य न था; आपस में एक-दूसरे के साथ अब का-सा बनावट का कुटिल बर्ताव न था। इसलिए उस समय के उनके साहित्य वेद में भी कृत्रिम भक्ति, कृत्रिम सौहार्द, कपट वृत्ति, बनावट और चुनाचुनी ने स्थान नहीं पाया। उन आर्यों का धर्म अबके समान गला घोटनेवाला न था। सबके साथ सब की खानपान द्वारा सहानुभूति रहती थी। उनके बीच धार्मिक मनुष्य अब के धर्मध्वजियों के समान दांभिक बन महाव्याधिक सदृश लोगों के लिए गलग्रह न थे। सिधाई, भोलापन और उदारभाव उनके साहित्य के एक-एक अक्षर से टपक रहा है। एक बार महात्मा ईसा एक सुकुमारमति बालक को अपनी गोद में बैठाकर अपने शिष्यों की ओर इशारा करके बोले कि जो कोई छोटे बालकों के समान भोला न बने उसका स्वर्ग के राज्य में कुछ अधिकार नहीं है। हम भी कहते हैं, जो सुकुमार-चित्त वेदभाषी इन आर्यों की तरह पद-पद में ईश्वर का भय रख, प्राकृतिक पदार्थों के सौंदर्य पर मोहित हो, बालकों के समान सरलमति न हो, उमका स्वर्ग के राज्य में प्रवेश करना अति दुष्कर है।

इन्हीं प्राकृतिक पदार्थों का अनुशीलन करते-करते इन आर्यों में ईश्वर के विषय में जो-जो भाव उदय हुए, वे ही सब एक नए प्रकार के साहित्य उपनिषद् के नाम से कहलाए। जब इन आर्यों का समाज अधिक बढ़ा और लोगों की रीति-नीति और बर्ताव में विभिन्नता होती गई तब सबों को एकता के सूत्र में बद्ध रखने के लिए और अपने-अपने गुण-कर्म से लोग चल-विचल हो सामाजिक नियमों को किसी प्रकार की हानि न पहुँचावें इसलिए स्मृतियों के साहित्य का जन्म हुआ। मनु, अत्रि, हारीत, याज्ञवल्क्य आदि ने अपने-अपने नाम की संहिता बना विविध प्रकार के राजनैतिक,

सामाजिक और धर्म-संबंधी विषयों का सूत्रपात किया। इन्हीं के समकालीन गौतम, कणाद, कपिल, जैमिनि, पतंजलि आदि हुए जिन्होंने अपने अपने सोचने के परिणाम रूप दर्शन शास्त्रों की बुनियाद डाली। यहाँ तक जो साहित्य हुए यद्यपि वेद की भाषा का अनुकरण उनमें होता गया परंतु नित्य नित्य उनकी भाषा अधिक अधिक सरल, कोमल और परिष्कृत होती गई। तथापि इनकी गणना वैदिक भाषा में ही की जाती है। इन स्मृतियों और आर्ष ग्रंथों की भाषा को हम वैदिक और आधुनिक संस्कृत के बीच की भाषा कह सकते हैं। अब से संस्कृत के दो खंड होते चले जो वेद तथा लोक के नाम से कहे जाते हैं। पाणिनि के सूत्रों में, जो संस्कृत पाठियों के लिए कामधेनु का काम दे रहे हैं और जिनसे वैदिक और लौकिक सब प्रयोग सिद्ध होते हैं, लोक और वेद की निरख अच्छी तरह की गई है। और इसी वेद और लोक के अलग-अलग भेद से साबित होता है कि संस्कृत किसी समय प्रचलित भाषा थी जो लोगों के बोलचाल के बर्ताव में लाई जाती थी।

वेद के उपरान्त रामायण और महाभारत साहित्य के बड़े-बड़े अंग समझे गए। रामायण के समय भारतीय सभ्यता का प्रेमोच्छ्वास-परिप्लावित नूतन यौवन था; किंतु महाभारत के समय भारतीय सभ्यता क्षतिग्रस्त हो वार्द्धक्य भाव को पहुँच गई थी। रामायण के प्रधान पुरुष रघुकुलावतंस श्रीरामचंद्र थे और भारत के प्रधान पुरुष बुद्धि को तीक्ष्णता के रूप, कूट-युद्ध विशारद, भगवान् वासुदेव श्रीकृष्ण या उनके हाथ की कठपुतली युधिष्ठिर थे। रामायण के समय से भारत के समय में लोगों के हृद्गत भाव में कितना अंतर हो गया था कि रामायण में दो प्रतिद्वंद्वी भाई इस बात के लिए विवाद कर रहे थे कि यह समस्त राज्य और राज्य-सिंहासन हमारा नहीं है, यह सब तुम्हारे ही हाथ में रहे। अंत में रामचंद्र ने भरत को विवाद में पराभूत कर समस्त साम्राज्य उनके हस्तगत कर आप आनंद-निर्भर-चित्त हो सपत्नीक वनवासी हुए। वहीं महाभारत में दो दायाद भाई इस बात के लिए कलह करने पर सन्नद्ध हुए कि जितने में सूई का अग्रभाग ढक जाए इतनी पृथ्वी भी बिना युद्ध के हम न देंगे, 'सूच्यग्रं नैव दास्यामि विना युद्धेन् केशव।' परिणाम में एक भाई दूसरे पर जय लाभ कर तथा जंघा में गदाघात और मस्तक पर पदाघात से उसका वध कर भाई के राज्यसिंहासन पर आरूढ़ हो सुख में फूल अनेक तरह के यज्ञ और दान में प्रवृत्त हुआ। रामायण और महाभारत के आचार्य क्रम से कविकुलगुरु वाल्मीकि और व्यास थे। पृथ्वी के और और देशों में इनके समान या इनसे बढ़कर कवि नहीं हुए, ऐसा नहीं है। यूनान देश में होमर, रूम देश में वरजिल, इटली में डेण्टी, इंग्लैंड में चासर और मिल्टन अपनी-अपनी असाधारण प्रतिभा से मनुष्य जाति का गौरव बढ़ाने में कुछ कम न थे। परंतु विचित्र कल्पना और प्रकृति के यथार्थ अनुकरण में चिरंतन वृद्ध वाल्मीकि के समान होमर तथा मिल्टन किसी अंश में नहीं बढ़ने पाए, जिनकी कविता के प्रधान नायक श्री रामचंद्र आर्य जाति के प्राण, दया के अमृतसागर, गांभीर्य

और पौरुष दर्प की मानो सजीव प्रतिकृति थे। वे प्रीति और समभाव से महानीच जाति चांडाल तक को गले से लगाते थे। उन्होंने लंकेश्वर-से प्रबल प्रतिद्वंद्वी शत्रु को भी कभी तृण के बराबर भी नहीं समझा। स्वर्णमंडित सिंहासन और तपोवन में पर्णकुटी उन्हें एक-सी सुखकारी हुई। उनके स्मतपूर्वाभिभाषित्व और उनकी बोलचाल की मुग्धमाधुरी पर मोहित हो दण्डकारण्य की असभ्य जाति ने भी अपने को उनका दास माना। अहा! धन्य श्री रामचंद्र का अलौकिक माहात्म्य, धन्य वाल्मीकि की कल्पना-सरसी जिसमें ऐसे ऐसे स्वर्णकमल प्रस्फुटित हुए।

काल के परिवर्तन की कैसी महिमा है जो अपने साथ ही साथ मानुषी प्रकृति के परिवर्तन पर भी बहुत कुछ असर पैदा कर देता है। वाल्मीकि ने जिन-जिन बातों को अवगुण समझ अपनी कल्पना के प्रधान नायक रामचंद्र में बरकाया था वे ही सब व्यास के समय में गुण हो गईं, जिनकी कविता का मुख्य लक्ष्य यही था कि अपना मान, अपना गौरव, अपना प्रभुत्व जहाँ तक हो सके न जाने पावे। भारत के हर एक प्रसंग का तोड़ अंत में इसी बात पर है। शत्रु संहार और निज कार्य-साधननिमित्त व्यास ने महाभारत में जो-जो उपदेश दिए हैं और राजनीति की काट ब्योंत जैसी-जैसी दिखाई है उसे सुन विस्मार्क सरीखे इस समय के राजनीति के मर्म में कुशल राजपुरुषों की अकिल भी चरने चली जाती होगी। इससे निश्चय होता है कि प्रभुत्व और स्वार्थसाधन तथा प्रवंचना परवश भारतवर्ष उस समय कहाँ तक उदार भाव, संवेदना आदि उत्तम गुणों से विमुख हो गया था। युधिष्ठिर धर्म के अवतार और सत्यवादी प्रसिद्ध हैं पर उनकी सत्यवादिता निज कार्य साधन के समय सब खुल गई। 'अश्वत्थामा हतः नरो वा कु×जरो वा' इत्यादि कितने उदाहरण इस बात के हैं, विस्तार भय से नहीं लिखते।

महाभारत के उपरांत भारत और का और ही हो गया। इसकी दशा के परिवर्तन के साथ ही साथ इसके साहित्य में भी बड़ा परिवर्तन हो गया। उपरांत बौद्धों का जोर हुआ। ये सब वेद और ब्राह्मणों के बड़े विरोधी थे। वेद की भाषा संस्कृत थी इसलिए इन्होंने संस्कृत की बिगाड़ प्राकृत भाषा जारी की। तब से संस्कृत सर्वसाधारण के बोलचाल की भाषा न रही। फिर भी संस्कृत-भाषी उस समय बहुत से लोग थे, जिन्होंने इस नई भाषा को प्राकृत नाम दिया जिसके अर्थ ही यह हैं कि प्राकृत अर्थात् नीचों की भाषा। अतएव संस्कृत नाटकों में नीच पात्र की भाषा प्राकृत और उत्तम पात्र ब्राह्मण या राजा आदि की भाषा संस्कृत रक्खी गई है। कुछ काल उपरांत यह भाषा भी बहुत उन्नति को पहुँची। शौरसेनी, महाराष्ट्रीय, मागधी, अर्धमागधी, पैशाची आदि इसके अनेक भेद हैं। इसमें भी बहुत से साहित्य के ग्रंथ बने। गुणाढ्य कवि का आर्यावद्ध लक्षश्लोक का ग्रंथ वृहत्कथा प्राकृत ही में है। सिवा इसके शालिवाहन-सप्तशती आदि कई एक उत्तम प्राकृत के ग्रंथ और भी मिलते हैं। नंद और चंद्रगुप्त के समय इस भाषा की बड़ी उन्नति की गई। जैनियों के सब ग्रंथ

प्राकृत ही में हैं; उनके स्तोत्र, पाठ आदि भी सब इसी में हैं। इससे मालूम होता है कि प्राकृत किसी समय वेद की भाषा के समान पवित्र समझी गई थी।

संस्कृत यद्यपि बोलचाल की भाषा इस समय न रह गई थी, पर हर एक विषय के ग्रंथ इसमें एक से एक बढ़-चढ़कर बनते गए और साहित्य की तो यहाँ तक तरक्की हुई कि कालिदास आदि कवियों की उक्ति-युक्ति के मुकाबिले वेद का भद्दा और रूखा साहित्य अत्यंत फीका मालूम होने लगा। कालिदास की एक-एक उपमा पर और भवभूति, भारवि, श्रीहर्ष बाण की एक-एक छटा पर वेद के उम्दा से उम्दा सूक्त, जिनमें हमारे पुराने आर्यों ने मरपच साहित्य की बड़ी भारी कारीगरी दिखलाई है, न्योछावर हैं। संस्कृत के साहित्य के लिए विक्रमादित्य का समय 'अगस्टन पीरियड' कहलाता है, अर्थात् उस समय संस्कृत, जहाँ तक उसके लिए परिष्कृत होना संभव था, अपनी पूर्ण सीमा तक पहुँच गई थी। यद्यपि भारवि, माघ, मयूर प्रभृति कई एक उत्तम कवि धाराधिपति भोजराज के समय तक और उनके उपरांत भी पंडितराज जगन्नाथ तक बराबर होते ही गए किंतु संस्कृत के परिष्कृत होने की सामग्री उस समय तक पूरी हो चुकी थी। भोज का समय तो यहाँ तक कविता की उन्नति का था कि एक एक श्लोक के लिए असंख्य इनाम राजा भोज कवियों को देते थे। वेद का साहित्य उस समय यहीं तक डूब गया था कि छांदस् मूर्ख की एक पदवी रक्खी गई थी। केवल पाठ-मात्रवेद जानने वाले छांदस् कहलाते थे और वे अब तक भी निरे मूर्ख होते आए हैं।

बौद्धों के उच्छेद के उपरांत एक ज़माना पुराण के साहित्य का भी हिन्दुस्तान में हुआ। उस समय बहुत से पुराण, उपपुराण और संहिताएँ दो ही चार सौ वर्ष के हेर-फेर में रची गईं। अब हम लोगों में जो धर्मशिक्षा, समाजशिक्षा और रीति-नीति प्रचलित है वह सब शुद्ध वैदिक एक भी नहीं है। थोड़े से ऐसे लोग हैं जो अपने को स्मार्ट मानते हैं, उनमें तो अलबत्ता अधिकांश वेदोक्त कर्म का यत्किंचित् प्रचार पाया जाता है। सो भी केवल नाममात्र को, पुराण उसमें भी बीच-बीच आ घुसा है। हमारी विद्यमान छिन्न-भिन्न दशा, जिसके कारण हज़ार-हज़ार चेष्टा करने पर भी जातीयता हमारे में आती ही नहीं, सब पुराण ही की कृपा है। जब तक शुद्ध वैदिक साहित्य हम लोगों में प्रचलित था तब तक जातीयता के दृढ़ नियमों में ज़रा भी अंतर नहीं होने पाया था। पुराणों के साहित्य के प्रचार से एक बड़ा लाभ भी हुआ कि वेद के समय की बहुत-सी घिनौनी रीतियों और रस्मों को, जिनके नाम लेने से भी हम घिना उठते हैं और उन सब महाघोर हिंसाओं को, जिनके सबब से अपने अहिंसा धर्म के प्रचार करने में बौद्धों को सुविधा हुई थी, पुराणकर्ताओं ने उठाकर शुद्ध सात्विकी धर्म को विशेष स्थापित किया। अनेक मत-मतांतरों का प्रचार भी पुराणों ही की करतूत है। पुराण वाले तो पंचायतन पूजन ही तक से संतोष करके रह गए। तंत्रों ने बड़ा संहार किया। उन्होंने अनेक क्षुद्र देवता भैरव, काली, डाकिनी, शाकिनी,

भूत, प्रेत तक के पूजन को फैला दिया। मय मांस के प्रचार को, जिसे बौद्धों ने तमोगुणी और मलिन समझ उठा दिया था, तांत्रिकों ने फिर बहाल किया। पर बल वीर्य की पुष्टता से, जो मांसाहार का प्रधान लाभ था, ये लोग फिर भी वंचित ही रहे। निःसंदेह तांत्रिकों की कृपा न होती तो हिन्दुस्तान ऐसा जल्द न डूबता। वेद के अधिकारी शुद्ध ब्राह्मण के लिए तांत्रिक दीक्षा या तंत्र-मंत्र अति निषिद्ध हैं। ब्राह्मण तंत्र के पठन-पाठन से बहुत जल्द पतित हो सकता है यह जो किसी स्मृतिकार का मत है हमें भी कुछ कुछ सयुक्तिक मालूम होता है। बहुत से पुराण तंत्रों के बाद बने उनमें भी तांत्रिकों का सिद्धांत पुष्ट किया गया है।

हम ऊपर लिख आए हैं कि हिन्दू जाति में कौमियत के छिन्न-भिन्न होने का सूत्रपात पुराणों के द्वारा हुआ और तंत्रों ने उसे बहुत ही बहुत पुष्ट किया। शैव, शाक्त, वैष्णव, जैन, बौद्ध इत्यादि अनेक जुदा-जुदा फिरके हो गए जिनमें इतना दृढ़ विरोध कायम हुआ कि एक-दूसरे का मुँह देखने के रवादार न हुए तब परस्पर का एका और सहानुभूति कहाँ रही। जब समस्त हिन्दू जाति का एक वैदिक संप्रदाय न रहा तो वही मसल चरितार्थ हुई कि 'एक नारि जब दो से फँसी जैसे सत्तर वैसे अस्सी।' हमारी एक हिन्दू जाति के असंख्य टुकड़े होते-होते यहाँ तक खंड हुए कि अब तक नए-नए धर्म और मत प्रवर्तक होते ही जाते हैं। ये टुकड़े जितने वैष्णवों में अधिक हैं उतने शैव शाक्तों में नहीं और आपस में एक का दूसरे के साथ मेल और खान-पान जितना कम इनमें है उतना औरों में नहीं। राम के उपासक कृष्ण के उपासक से लड़ते हैं, कृष्ण के उपासक रामोपासकों से इत्तिफाक नहीं रखते। कृष्णोपासकों में भी सत्यानासिन अनन्यता ऐसी आड़े आई है कि यह इनके आपस ही में बड़ा खटपट लगाए रहती है।

प्राकृत के उपरांत हमारे देश के साहित्य के दो नमूने और मिलते हैं : एक 'पद्मावत' और दूसरा 'पृथ्वीराज रायसा'। पद्मावत की कविता में तो किसी कदर कुछ थोड़ा-सा रस है भी पर पृथ्वीराज रायसा में तारीफ के लायक कौन-सी बात है यह हमारी समझ में बिलकुल नहीं आती। प्राकृत से उतरते-उतरते हमारी विद्यमान हिन्दी इस शक्ल में कैसे आई, इस बात का पता अलबत्ता रायसा से लगता है। मत-मतांतर के साथ ही साथ हमारी भाषा भी गुजराती, मरहठी, बंगाली इत्यादि के भेद से प्रत्येक प्रांत की जुदा-जुदा भाषा हो गई। इन एकदेशी भाषाओं में बंगाली सबसे अधिक कोमल, मधुर और सरस है। मरहठी महा कठोर और कर्णकटु तथा पंजाबी निहायत भद्दी, कठोर और रूखेपन में उर्दू की छोटी बहन है। अब अपनी हिन्दी की ओर आइए। इसमें संदेह नहीं विस्तार में हिन्दी अपनी बहिनों में सबसे बड़ी है। ब्रजभाषा, बुंदेलखंडी, बैसवारी तथा भोजपुरी इत्यादि इसके कई एक अवांतर भेद हैं। ब्रजभाषा में यद्यपि कुछ मिठास है पर यह इतनी जनानी बोली है कि इसमें सिवाय श्रृंगार के दूसरा रस आ ही नहीं सकता। जिस बोली को कवियों ने अपने लिए चुन

रक्खा है वह बुंदेलखंड की बोली है। इसमें सब प्रकार के काव्य और सब रस समा सकते हैं। अपनी-अपनी पसंद निराली होती है 'भिन्नरुचिहि लोक:'। हमें बैसवारे की मर्दानी बोली सबसे अधिक भली मालूम होती है। दूसरी भाषाएँ जैसे—मरहठी, गुजराती, बंगला की अपेक्षा कविता के अंश में हिन्दी का साहित्य बहुत चढ़ा हुआ है तथा संस्कृत से कुछ ही न्यून है। किंतु गद्यरचना 'प्रोज' हिन्दी का बहुत ही कम और पोच है। सिवाय एक 'प्रेमसागर' सी दरिद्र रचना के इसमें और कुछ है नहीं जिसे हम इसके साहित्य के भंडार में शामिल करते। दूसरे उर्दू इसकी ऐसी रेढ़ मारे हुए है कि शुद्ध हिन्दी तुलसी, सूर इत्यादि कवियों की पद्य रचना के अतिरिक्त और कहीं मिलती ही नहीं। प्रसंग प्राप्त अब हमें यहाँ उर्दू के साहित्य की समालोचना का भी अवसर प्राप्त हुआ है किंतु यह विषय अत्यंत ऊब पैदा करने वाला हो गया, इससे इसे यहीं समाप्त करते हैं। उर्दू की समालोचना फिर कभी करेंगे।

[जुलाई, 1881 ई.]

बालमुकुन्द गुप्त

बालमुकुन्द गुप्त का जन्म 1865 में रोहतक जिले के गुरुयानी नामक ग्राम में हुआ। इनकी प्रारम्भिक शिक्षा उर्दू-फारसी में हुई। कुछ बड़े होने पर इनके हृदय में हिन्दी के प्रति प्रेम जाग्रत हुआ और अपने अध्यवसाय से इन्होंने उसमें दक्षता प्राप्त की। इनकी विशेष रुचि पत्रकारिता की ओर थी। उर्दू में इनके लेख मुरादाबाद के 'गहवद' और लखनऊ के 'अवध पंच' में प्राय: निकलते रहते थे। अपने जीवन में इन्होंने उर्दू-हिन्दी के कई पत्रों का सम्पादन किया। गुप्त जी ने बहुत कम ग्रन्थों की रचना की। अनुवाद के रूप में इनकी 'रत्नावली नाटिका' और 'मंडल भगिनी' का ही नाम लिया जाता है। इनकी सबसे प्रसिद्ध कृति 'शिवशम्भु के चिट्ठे' है। इस छोटी-सी पुस्तिका में आठ पत्र हैं, जो तत्कालीन वायसराय लॉर्ड कर्जन को सम्बोधित करके 11 अप्रैल, 1903 से लेकर 21 अक्टूबर, 1905 के बीच लिखे गए और पुस्तकाकार छपने के पूर्व 'भारत मित्र' में प्रकाशित हुए। श्री बालमुकुन्द गुप्त की गणना अपने समय के यशस्वी पत्रकारों में होती है। वे हिन्दी के सच्चे हितैषियों में थे। सन् 1907 में उनकी मृत्यु हो गई।

बालमुकुन्द गुप्त जी द्वारा लिखित 'शिवशम्भु के चिट्ठे' ऐतिहासिक महत्त्व के राजनीतिक पत्र हैं। इनमें गुप्त जी की निर्भीकता और पत्रकारिता कला को देखा जा सकता है। इनमें व्यंग्य शैली का प्रयोग हुआ है, और लेखक ने लार्ड कर्जन को प्रजा का शासक यथा अपने-आपको प्रजा का प्रतिनिधि और हितैषी बनाकर प्रस्तुत किया है।

गुप्त जी के निबन्धों में इनकी अभिव्यक्ति क्षमता चरम कलात्मक उत्कर्ष पर पहुँची दिखाई देती है। इनमें व्यंग्योक्तियों और कटूक्तियों के विदग्ध प्रयोग मिलते हैं। भाषा पर गुप्त जी का असाधारण अधिकार है। "उनकी भाषा बहुत चलती, सजीव और विनोदपूर्ण होती थी। किसी प्रकार का विषय हो, गुप्त जी की लेखनी उस पर विनोद का रंग चढ़ा देती थी।" (आचार्य रामचन्द्र शुक्ल)। कल्पना का सुन्दर प्रयोग वे करते थे। उनकी गम्भीर शैली में एक प्रकार की कविता है, जिससे गद्य भी कविता की भाँति सरल हो उठा है। देशभक्ति, निर्भीकता, कर्तव्यनिष्ठता, लोक हितैषी भावों से वे सदा परिचालित रहे।

'बनाम लार्ड कर्जन' निबन्ध में गुप्त जी ने लार्ड कर्जन की हृदयहीनता को स्पष्ट किया है। अंग्रेज शोषक थे, उन्होंने इस देश की जनता को कभी आत्मीयता से नहीं देखा। जितने वाइसराय आए उनमें सबसे क्रूर लार्ड कर्जन थे। इस देश में वाइसराय के रूप में आने के बाद लार्ड कर्जन ने यहाँ की जनता के प्रति अपना कर्तव्य नहीं निभाया। सारी सुविधा, साधन, सम्पत्ति, विकास के सारे स्रोत उनके पास होने पर भी इस देश के प्रति, यहाँ की जनता के प्रति उन्होंने अपना कर्तव्य पूरा नहीं किया।

भारत की धरती पर पहला कदम रखने के बाद लार्ड कर्जन ने कहा था कि "मैं इस देश में इतना परिवर्तन लाऊँगा, इस देश का इतना विकास होगा कि मेरे बाद आनेवाले व्यक्ति को कोई काम करने की आवश्यकता नहीं होगी।"

किन्तु बालमुकुन्द गुप्त जी लिखते हैं, 'लार्ड कर्जन ने इस देश और समाज के विकास के लिए कुछ नहीं किया बल्कि जनता पर अत्याचार ही किए।'

गुप्त जी bl निबन्ध में शिवशम्भु की कथा के माध्यम से लार्ड कर्जन पर व्यंग्य करते हैं। केवल प्रदर्शन ही राजा का दायित्व नहीं है। यदि जनता के प्रति अपना दायित्व निभाए तो राजा की मूर्ति को जनता अपने हृदय में अधिष्ठित करती है। अत: प्रदर्शन तथा कर्तव्य को लार्ड कर्जन समझे अन्यथा शिवशम्भु के समान लार्ड कर्जन का भी स्वप्न भंग होता।

निधन : 1907 ई.।

शिवशम्भु के चिट्ठे

बनाम लार्ड कर्जन

माई लार्ड! लड़कपन में इस बूढ़े भंगड़ को बुलबुल का बड़ा चाव था। गाँव में कितने ही शौकीन बुलबुलबाज थे। वे बुलबुलें पकड़ते थे, पालते थे और लड़ाते थे। बालक शिवशम्भु शर्मा बुलबुलें लड़ाने का चाव नहीं रखता था। केवल एक बुलबुल को हाथ पर बिठाकर ही प्रसन्न होना चाहता था। पर ब्राह्मण कुमार को बुलबुल कैसे मिले? पिता को यह भय कि बालक को बुलबुल दी तो वह मार देगा, हत्या होगी। अथवा उसके हाथ से बिल्ली छीन लेगी तो पाप होगा। बहुत अनुरोध से यदि पिता ने किसी मित्र की बुलबुल किसी दिन ला भी दी तो वह एक घंटे से अधिक नहीं रहने पाती थी। वह भी पिता की निगरानी में।

सराय के भटियारे बुलबुलें पकड़ा करते थे। गाँव के लड़के उनसे दो-दो-तीन-तीन पैसे में खरीद लाते थे। पर बालक शिवशम्भु तो ऐसा नहीं कर सकता था। पिता की आज्ञा बिना वह बुलबुल कैसे लावे और कहाँ रखे? उधर मन में अपार इच्छा थी कि बुलबुल जरूर हाथ पर हो। इसी से जंगल में उड़ती बुलबुल को देखकर जी फड़क उठता था। बुलबुल की बोली सुनकर आनन्द से हृदय नृत्य करने लगता था। कैसी-कैसी कल्पनाएँ हृदय में उठती थीं। उन सब बातों का अनुभव दूसरों को नहीं हो सकता। दूसरों को क्या होगा? आज यह वही शिवशम्भु है, स्वयं इसी को उस बालकाल के अनिर्वचनीय चाव और आनन्द का अनुभव नहीं हो सकता।

बुलबुल पकड़ने की नाना प्रकार की कल्पनाएँ मन ही मन में करता हुआ बालक शिवशम्भु सो गया। उसने देखा कि संसार बुलबुलमय है। सारे गाँव में बुलबुलें उड़ रही हैं। अपने घर के सामने खेलने का जो मैदान है, उसमें सैकड़ों बुलबुल उड़ती फिरती हैं। फिर वे सब ऊँची नहीं उड़तीं। बहुत नीची-नीची उड़ती हैं। उनके बैठने के अड्डे भी नीचे-नीचे हैं। वे कभी उड़ कर इधर जाती हैं और कभी उधर, कभी यहाँ बैठती हैं और कभी वहाँ, कभी स्वयं उड़कर बालक शिवशम्भु के हाथ की उँगलियों पर आ बैठती हैं। शिवशम्भु आनन्द में मस्त होकर इधर-उधर दौड़ रहा है। उसके दो-तीन साथी भी उसी प्रकार बुलबुलें पकड़ते और छोड़ते इधर-उधर कूदते फिरते हैं।

आज शिवशम्भु की मनोवांछा पूर्ण हुई। आज उसे बुलबुलों की कमी नहीं है। आज उसके खेलने का मैदान बुलबुलिस्तान बन रहा है। आज शिवशम्भु बुलबुलों का राजा ही नहीं, महाराजा है। आनन्द का सिलसिला यहीं नहीं टूटा। शिवशम्भु ने देखा कि सामने एक सुन्दर बाग है। वहीं से सब बुलबुलें उड़कर आती हैं। बालक कूदता हुआ दौड़कर उसमें पहुँचा। देखा, सोने के पेड़ पत्ते और सोने ही के नाना रंग के फूल हैं। उन पर सोने की बुलबुलें बैठी गाती हैं और उड़ती फिरती हैं। वहीं एक सोने का महल है। उस पर सैकड़ों सुनहरे कलश हैं। उन पर भी बुलबुलें बैठी हैं। बालक दो-तीन साथियों सहित महल पर चढ़ गया। उस समय वह सोने के बगीचे, सोने के महल और बुलबुलों सहित एक बार उड़ा। सब कुछ आनन्द से उड़ता था, बालक शिवशम्भु भी दूसरे बालकों सहित उड़ रहा था। पर यह आमोद बहुत देर तक सुखदायी न हुआ। बुलबुलों का खयाल अब बालक के मस्तिष्क से हटने लगा। उसने सोचा—हैं! मैं कहाँ उड़ा जाता हूँ? माता-पिता कहाँ? मेरा घर कहाँ? इस विचार के आते ही सुख स्वप्न भंग हुआ। बालक कुलबुलाकर उठ बैठा। देखा और कुछ नहीं, अपना ही घर और अपनी ही चारपाई है। मनोराज्य समाप्त हो गया।

आपने माई लार्ड! जब से भारतवर्ष में पधारे हैं, बुलबुलों का स्वप्न ही देखा है या सचमुच कोई करने के योग्य काम भी किया है? खाली अपना खयाल ही पूरा किया है या यहाँ की प्रजा के लिए भी कुछ कर्तव्य पालन किया? एक बार ये बातें बड़ी धीरता से मन में विचारिये। आपकी भारत में स्थिति की अवधि के पाँच वर्ष पूरे हो गए अब यदि आप कुछ दिन रहेंगे तो सूद में, मूलधन समाप्त हो चुका। हिसाब कीजिये। नुमाइशी कामों के सिवा काम की बात आप कौन सी कर चले हैं और भड़कबाजी के सिवा ड्यूटी और कर्तव्य की ओर आपका इस देश में आकर कब ध्यान रहा है? इस बार के बजट की वक्तृता ही आपके कर्तव्य काल की अन्तिम वक्तृता थी। जरा उसे पढ़ तो जाइये फिर उसमें आपकी पाँच साल की किस अच्छी करतूत का वर्णन है। आप बारम्बार अपने दो अति तुमतराक से भरे कामों का वर्णन करते हैं। एक विक्टोरिया मेमोरियल हॉल और दूसरा दिल्ली-दरबार। पर जरा विचारिये तो यह दोनों काम 'शो' हुए या 'ड्यूटी? विक्टोरिया मेमोरियल हॉल चन्द पेट भरे अमीरों के एक-दो बार देख आने की चीज होगा उससे दरिद्रों का कुछ दुख घट जावेगा या भारतीय प्रजा की कुछ दशा उन्नत हो जावेगी, ऐसा तो आप भी न समझते होंगे।

अब दरबार की बात सुनिये कि क्या था? आप के खयाल से वह बहुत बड़ी चीज थी। पर भारतवासियों की दृष्टि में वह बुलबुलों के स्वप्न से बढ़कर कुछ न था। जहाँ-जहाँ से वे जुलूस के हाथी आए, वहीं-वहीं सब लौट गए। जिस हाथी पर आप सुनहरी झूलें और सोने का हौदा लगवाकर छत्र-धारण-पूर्वक सवार हुए थे, वह अपने कीमती असबाब सहित जिसका था, उसके पास चला गया। आप भी

जानते थे कि वह आपका नहीं और दर्शक भी जानते थे कि आपका नहीं। दरबार में जिस सुनहरे सिंहासन पर विराजमान होकर आपने भारत के सब राजा-महाराजाओं की सलामी ली थी, वह भी वहीं तक था और आप स्वयं भलीभाँति जानते हैं कि वह आपका न था। वह भी जहाँ से आया था वहीं चला गया। ये सब चीजें खाली नुमाइशी थीं। भारतवर्ष में वे पहले ही से मौजूद थीं। क्या इन सबसे आपका कुछ गुण प्रकट हुआ? लोग विक्रम को याद करते हैं या उसके सिंहासन को, अकबर को या उसके तख्त को? शाहजहाँ की इज्जत उसके गुणों से थी या तख्तेताऊस से? आप जैसे बुद्धिमान पुरुष के लिए यह सब बातें विचारने की हैं।

चीज वह बननी चाहिए जिसका कुछ देर काम हो। माता-पिता की याद आते ही बालक शिवशम्भु का सुखस्वप्न भंग हो गया। दरबार समाप्त होते ही वह दरबार-भवन, वह एम्फीथियेटर तोड़कर रख देने की वस्तु हो गया। उधर बनाना, इधर उखाड़ना पड़ा। नुमाइशी चीजों का यही परिणाम है। उनका तितलियों का सा जीवन होता है। माई लार्ड! आपने कछाड़ के चायवाले साहबों की दावत खाकर कहा था कि ये लोग यहाँ नित्य हैं और हम लोग कुछ दिन के लिए। आपके वे 'कुछ दिन' बीत गए। अवधि पूरी हो गई। अब यदि कुछ दिन और मिलें तो वह किसी पुराने पुण्य के बल से समझिये। उन्हीं की आशा पर शिवशम्भु शर्मा यह चिट्ठा आपके नाम भेज रहा है, जिससे इन माँगे दिनों में तो एक बार आपको अपने कर्तव्य का खयाल हो।

जिस पद पर आप आरूढ़ हुए वह आपका मौरूसी नहीं—नदी-नाव संयोग की भाँति है। आगे भी कुछ आशा नहीं कि इस बार छोड़ने के बाद आपका इससे कुछ सम्बन्ध रहे। किन्तु जितने दिन आपके हाथ में शक्ति है, उतने दिन कुछ करने की शक्ति भी है। जो कुछ आपने दिल्ली आदि में कर दिखाया उसमें आपका कुछ भी न था, पर वह सब कर दिखाने की शक्ति आप में थी। उसी प्रकार जाने से पहले, इस देश के लिए कोई असली काम कर जाने की शक्ति आप में है। इस देश की प्रजा के हृदय में कोई स्मृति-मन्दिर बना जाने की शक्ति आप में है। पर यह सब तब हो सकता है, कि वैसी स्मृति की कुछ कदर आपके हृदय में भी हो। स्मरण रहे धातु की मूर्तियों के स्मृति चिह्न से एक दिन किले का मैदान भर जाएगा। महारानी का स्मृति-मन्दिर मैदान की हवा रोकता था या न रोकता था, पर दूसरों की मूर्तियाँ इतनी हो जावेंगी कि पचास-पचास हाथ पर हवा को टकराकर चलना पड़ेगा। जिस देश में लार्ड लैंसडौन की मूर्ति बन सकती है, उसमें और किस-किस की मूर्ति नहीं बन सकती? माई लार्ड! क्या आप भी चाहते हैं कि उसके आसपास आपकी एक वैसी ही मूर्ति खड़ी हो?

ये मूर्तियाँ किस प्रकार की स्मृति चिह्न है? इस दरिद्र देश के बहुत-से धन की एक ढेरी है, जो किसी काम नहीं आ सकती। एक बार जाकर देखने से ही विदित

होता है कि वह कुछ विशेष पक्षियों के कुछ देर विश्राम लेने के अड्डे से बढ़कर कुछ नहीं है। माई लार्ड! आपकी मूर्ति की वहाँ क्या शोभा होगी? आइये मूर्तियाँ दिखावें। वह देखिये एक मूर्ति है, जो किले के मैदान में नहीं है, पर भारतवासियों के हृदय में बनी हुई है। पहचानिये, इस वीर पुरुष ने मैदान की मूर्ति से इस देश के करोड़ों गरीबों के हृदय में मूर्ति बनवाना अच्छा समझा। यह लार्ड रिपन की मूर्ति है। और देखिये एक स्मृति मन्दिर, यह आपके पचास लाख के संगमरमर वाले से अधिक मजबूत और सैकड़ों गुना कीमती है। यह स्वर्गीया विक्टोरिया महारानी का सन् 1858 ई. का घोषणा-पत्र है। आपकी यादगार भी यहीं बन सकती है, यदि इन दो यादगारों की आपके जी में कुछ इज्जत हो।

मतलब समाप्त हो गया। जो लिखना था, वह लिखा गया। अब खुलासा बात यह है कि एक बार 'शो' और 'ड्यूटी' का मुकाबिला कीजिए। 'शो' को 'शो' ही समझिये। 'शो' ड्यूटी नहीं है! माई लार्ड! आपके दिल्ली दरबार की याद कुछ दिन बाद उतनी ही रह जावेगी जितनी शिवशम्भु शर्मा के सिर में बालकपन के उस सुख स्वप्न की है।

[11 अप्रैल, 1903 में 'भारत मित्र' में प्रकाशित]

श्रीमान् का स्वागत

जो अटल है, वह टल नहीं सकता। जो होनहार है, वह होकर रहती है। इसी से फिर दो वर्ष के लिए भारत के वैसराय और गवर्नर जनरल होकर लार्ड कर्जन आते हैं। बहुत से विघ्नों को हटाते और बाधाओं को भगाते फिर एक बार भारत भूमि में आपका पदार्पण होता है। इस शुभयात्रा के लिए वह गत नवम्बर को सम्राट् एडवर्ड से भी विदा ले चुके हैं। दर्शन में अब अधिक विलम्ब नहीं है।

इस समय भारतवासी यह सोच रहे हैं कि आप क्यों आते हैं और आप यह जानते भी हैं कि आप क्यों आते हैं। यदि भारतवासियों का बस चलता तो आपको न आने देते और आपका बस चलता तो और भी कई सप्ताह पहले आ विराजते। पर दोनों ओर की बाग किसी और ही के हाथ में है। निरे बेबस भारतवासियों का कुछ बस नहीं है और बहुत बातों पर बस रखने वाले लार्ड कर्जन को भी बहुत बातों में बेबस होना पड़ता है। इसी से भारतवासियों को लार्ड कर्जन का आना देखना पड़ता है और उक्त श्रीमान को अपने चलने में विलम्ब देखना पड़ा। कवि कहता है—

'जो कुछ खुदा दिखाये, सो लाचार देखना'।

अभी भारतवासियों को बहुत कुछ देखना है और लार्ड कर्जन को भी बहुत कुछ। श्रीमान को न शासन काल के ये दो वर्ष निस्सन्देह देखने की वस्तु होंगे।

अभी से भारतवासियों की दृष्टियाँ सिमटकर उस ओर जा पड़ी हैं। यह जबरदस्त द्रष्टा लोग अब बहुत काल से केवल निर्लिप्त निराकार तटस्थ द्रष्टा अवस्था में अतृप्त लोचन से देख रहे हैं और न जाने कब तक देखे जावेंगे। अथक ऐसे हैं कि कितने ही तमाशे देख गए, पर दृष्टि नहीं हटाते हैं। उन्होंने पृथ्वीराज, जयचन्द की तबाही देखी, मुसलमानों की बादशाही देखी। अकबर, बीरबल, खानखाना और तानसेन देखे, शाहजहानी तख्तेताऊस और शाही जुलूस देखें फिर वही तख्त नादिर को उठाकर ले जाते देखा। शिवाजी और औरंगजेब देखे, क्लाइव हेस्टिंग्स से वीर अंग्रेज देखे। देखते-देखते बड़े शौक से लार्ड कर्जन का हाथियों का जुलूस और दिल्ली-दरबार देखा। अब गोरे पहलवान मिस्टर सेण्डो का छाती पर कितने ही मन बोझ उठाना देखने को टूट पड़ते हैं। कोई दिखाने वाला चाहिए भारतवासी देखने को सदा प्रस्तुत हैं। इस गुण में वे मोंछ मरोड़कर कह सकते हैं कि संसार में कोई उनका सानी नहीं। लार्ड कर्जन भी अपनी शासित प्रजा का यह गुण जान गए थे, इसी से श्रीमान् ने लीलामय रूप धारण करके कितनी ही लीलाएँ दिखाईं।

इसी से लोग बहुत कुछ सोच-विचार कर रहे हैं कि इन दो वर्षों में भारत प्रभु लार्ड कर्जन और क्या करेंगे। पिछले पाँच साल से अधिक समय में श्रीमान् ने जो कुछ किया, उसमें भारतवासी इतना समझने लगे हैं कि श्रीमान् की रुचि कैसी है और कितनी बातों को पसन्द करते हैं। यदि वह चाहें तो फिर हाथियों का एक बड़ा भारी जुलूस निकलवा सकते हैं। पर उसकी वैसी कुछ जरूरत नहीं जान पड़ती। क्योंकि जो जुलूस वह दिल्ली में निकलवा चुके हैं, उसमें सबसे ऊँचे हाथी पर बैठ चुके हैं, उससे ऊँचा हाथी यदि सारी पृथ्वी में नहीं तो भारतवर्ष में तो और नहीं है। इसी से फिर किसी हाथी पर बैठने का श्रीमान् को और क्या चाव हो सकता है? उससे ऊँचा हाथी और नहीं है। ऐरावत का केवल नाम है, देखा किसी ने नहीं है। मेमथ की हड्डियाँ किसी-किसी अजायबखाने में उसी भाँति आश्चर्य की दृष्टि से देखी जाती हैं, जैसे श्रीमान् के स्वदेश के अजायबखाने में कोई छोटा मोटा हाथी। बहुत लोग कह सकते हैं कि हाथी की छोटाई-बड़ाई पर बात नहीं, जुलूस निकले तो फिर भी निकल सकता है। दिल्ली नहीं तो कहीं और सही। क्योंकि दिल्ली में आतिशबाजी खूब चल चुकी थी, कलकत्ते में फिर चलाई गई। दिल्ली में हाथियों की सवारी हो चुकने पर भी कलकत्ते में रोशनी और घोड़ा गाड़ी का तार जमा था। कुछ लोग कहते हैं कि जिस काम को लार्ड कर्जन पकड़ते हैं, पूरा करके छोड़ते हैं। दिल्ली दरबार में कुछ बातों की कसर रह गई थी। उदयपुर के महाराणा न तो हाथियों के जुलूस में साथ चल सके न दरबार में हाजिर होकर सलामी देने का मौका उनको मिला। इसी प्रकार बड़ौदा नरेश हाथियों के जुलूस में शामिल न थे। वह दरबार में भी आए तो बड़ी सीधी-सादी पोशाक में। इतनी सीधी-सादी में जितनी में आज कलकत्ते में फिरते हैं। वह ऐसा तुमतराक और ठाठ-बाठ का समय था कि

स्वयं श्रीमान् वैसराय को पतलून तक कारचोबी की पहनना और राजा-महाराजों को काठ की तथा ड्यूक ऑफ कनॉट को चाँदी की कुरसी पर बिठाकर स्वयं सोने के सिंहासन पर बैठना पड़ा था। उस मौके पर बड़ौदा नरेश का इतनी सफाई और सादगी से निकल जाना एक नई आन था। इसके सिवा उन्होंने झुक के सलाम नहीं किया था, बड़ी सादगी से हाथ मिलाकर चल दिये थे। ये कई एक कसरें ऐसी हैं, जिनके मिटाने को फिर दरबार हो सकता है। फिर हाथियों का जुलूस निकल सकता है।

इन लोगों के विचार में कलाम नहीं। पर समय कम है, काम बहुत होंगे। इसके सिवा कई राजा-महाराजा पहले दरबार ही में खर्च से इतने दब चुके हैं कि श्रीमान् लार्ड कर्जन के बाद यदि दो वैसराय और आवें और पाँच-पाँच की जगह सात-सात साल तक शासन करें, तब तक भी उनका सिर उठाना कठिन है। इससे दरबार या हाथियों के जुलूस की फिर आशा रखना व्यर्थ है। पर सुना है कि अबके विद्या का उद्धार श्रीमान् जरूर करेंगे। उपकार का बदला देना महत् पुरुषों का काम है। विद्या ने आपको धनी किया है, इससे आप विद्या को धनी करना चाहते हैं। इसी से कंगालों से छीनकर आप धनियों को विद्या देना चाहते हैं। इससे विद्या का वह कष्ट मिट जावेगा जो उसे कंगाल को धनी बनाने में होता है। नींव पड़ चुकी है, नमूना कायम होने में देर नहीं। अब तक गरीब पढ़ते थे, इससे धनियों की निन्दा होती थी कि वे पढ़ते नहीं। अब गरीब न पढ़ सकेंगे, इससे धनी पढ़े न पढ़े उनकी निन्दा न होगी। इस तरह लार्ड कर्जन की कृपा उन्हें बेपढ़े भी शिक्षित कर देगी।

और कई काम हैं, कई कमीशनों के काम का फैसला करना है, कितनी ही मिशनों की कार्रवाई का नतीजा देखना है। काबुल है, काश्मीर है, काबुल में रेल चल सकती है, काश्मीर में अंग्रेजी बस्ती बस सकती है। चाय के प्रचार की भाँति मोटर गाड़ी के प्रचार की इस देश में बहुत जरूरत है। बंगदेश का पार्टीशन भी एक बहुत जरूरी काम है। सबसे जरूरी काम विक्टोरिया मेमोरियल हॉल है। सन् 1858 ई. की घोषणा अब भारतवासियों को अधिक स्मरण रखने की जरूरत न पड़ेगी। श्रीमान् स्मृति मन्दिर बनवाकर स्वर्गीया महारानी विक्टोरिया का ऐसा स्मारक बनवा देंगे, जिसको देखते ही लोग जान जावेंगे कि महारानी वह थीं जिनका यह स्मारक है।

बहुत बातें हैं। सबको भारतवासी अपने छोटे दिमागों में नहीं ला सकते। कौन जानता है कि श्रीमान् लार्ड कर्जन के दिमाग में कैसे-कैसे आली खयाल भरे हुए हैं। आपने स्वयं फरमाया था कि बहुत बातों में हिंदुस्थानी अंग्रेजों का मुकाबला नहीं कर सकते। फिर लार्ड कर्जन तो इंग्लैण्ड के रत्न हैं। उनके दिमाग की बराबरी कर गुस्ताखी करने की यहाँ के लोगों को यह बूढ़ा भंगड़ कभी सलाह नहीं दे सकता। श्रीमान् कैसे आलो दिमाग शासक हैं, यह बात उनके उन लगातार कई व्याख्यानों से टपक पड़ती हैं, जो श्रीमान् ने विलायत में दिये थे और जिनमें विलायतवासियों को यह समझाने की चेष्टा की थी कि हिंदुस्थान क्या वस्तु है? आपने साफ दिखा

दिया था कि विलायतवासी यह नहीं समझ सकते कि हिंदुस्थान क्या है। हिंदुस्थान को श्रीमान् स्वयं ही समझे हैं। विलायत वाले समझते तो क्या समझते? विलायत में उतना बड़ा हाथी कहाँ जिस पर वह चंवर छत्र लगाकर चढ़े थे? फिर कैसे समझा सकते कि वह किस उच्च श्रेणी के शासक हैं? यदि कोई ऐसा उपाय निकल सकता, जिससे वह एक बार भारत को विलायत तक खींच ले जा सकते तो विलायत वालों को समझा सकते कि भारत क्या है और श्रीमान् का शासन क्या? आश्चर्य नहीं, भविष्य में ऐसा कुछ उपाय निकल आवे। क्योंकि विज्ञान अभी बहुत कुछ करेगा।

भारतवासी जरा भय न करें, उन्हें लार्ड कर्जन के शासन में कुछ करना न पड़ेगा। आनन्द ही आनन्द है। चैन से भंग पियो और मौज उड़ाओ। नजीर खूब कह गया है—

कुंडी के नकारे पे खुतके का लगा डंका।
नित भंग पीके प्यारे दिन-रात बजा डंका।।
पर एक प्याला इस बूढ़े ब्राह्मण को देना भूल न जाना।

[26 नवम्बर, 1904 में 'भारत मित्र' में प्रकाशित]

वैसराय का कर्तव्य

माई लार्ड! आपने इस देश में फिर पदार्पण किया, इससे यह भूमि कृतार्थ हुई। विद्वान, बुद्धिमान और विचारशील पुरुषों के चरण जिस भूमि पर पड़ते हैं, वह तीर्थ बन जाती है। आप में उक्त तीन गुणों के सिवा चौथा गुण राजशक्ति का है। अत: आपके श्रीचरण-स्पर्श से भारतभूमि तीर्थ से भी कुछ बढ़कर बन गई। आप गत मंगलवार को फिर से भारत के राजसिंहासन पर सम्राट के प्रतिनिधि बनकर विराजमान हुए। भगवान आपका मंगल करे और इस पतित देश के मंगल की इच्छा आपके हृदय में उत्पन्न करे।

बम्बई में पाँव रखते ही आपने अपने मन की कुछ बात कह डाली है। यद्यपि बम्बई की म्युनिसिपैलिटी ने वे बातें सुनने की इच्छा अपने अभिनन्दन पत्र में प्रकाशित नहीं की थी, तथापि आपने बेपूछे ही कह डालीं। ठीक उसी प्रकार बिना बुलाये यह दीन भंगड़ ब्राह्मण शिवशम्भु शर्मा तीसरी बार अपना चिट्ठा लेकर आपकी सेवा में उपस्थित है। इसे भी प्रजा का प्रतिनिधि होने का दावा है। इसी से यह राज प्रतिनिधि के सम्मुख प्रजा का कच्चा चिट्ठा सुनाने आया है। आप सुनिये न सुनिये, यह सुनाकर ही जावेगा। अवश्य ही इस देश की प्रजा ने इस दीन ब्राह्मण को अपनी सभा में बुलाकर कभी अपने प्रतिनिधि होने का टीका नहीं किया और न कोई पट्टा लिख दिया है। आप जैसे बाजाब्ता राज प्रतिनिधि हैं वैसा बाजाब्ता

शिवशम्भु प्रजा का प्रतिनिधि नहीं है। फिर भी आपको बुलाकर अपना वैसराय फिर से बनाया। विलायती गजट में खबर निकली। वही खबर तार द्वारा भारत में पहुँची। मार्ग में जगह-जगह स्वागत हुआ। बम्बई में स्वागत हुआ, कलकत्ते में कई बार गजट हुआ। रेल से उतरते और राजसिंहासन पर बैठते समय दो बार सलामी की तोपें सर हुईं। कितने ही राजा, नवाब, बेगम आपके दर्शनार्थ बम्बई पहुँचे। बाजे बजते रहे, फौजें सलामी देती रहीं। ऐसी एक भी सनद प्रजा-प्रतिनिधि होने की शिवशम्भु के पास नहीं है। तथापि वह इस देश की प्रजा का यहाँ के चिथड़ा-पोश कंगालों का प्रतिनिधि होने का दावा रखता है क्योंकि उसने इस भूमि में जन्म लिया है। उसका शरीर भारत की मिट्टी से बना है और उसी मिट्टी में अपने शरीर की मिट्टी को एक दिन मिला देने का इरादा रखता है। बचपन में इसी देश की धूल में लोटकर बड़ा हुआ, इसी भूमि के अन्न-जल से उसकी प्राणरक्षा होती है। इसी भूमि से कुछ आनन्द हासिल करने को उसे भंग की चन्द पत्तियाँ मिल जाती हैं। गाँव में उसका कोई झोंपड़ा नहीं है। जंगल में खेत नहीं है। एक पत्ती पर भी उसका अधिकार नहीं है। पर इस भूमि को छोड़कर उसका संसार में कहीं ठिकाना भी नहीं है। इस भूमि पर उसका जरा सा भी स्वत्व न होने पर भी इसे वह अपनी समझता है।

शिवशम्भु को कोई नहीं जानता। जो जानते हैं, वे संसार में एकदम अनजान हैं। उन्हें कोई जानकर भी जानना नहीं चाहता। जानने की चीज शिवशम्भु के पास कुछ नहीं है। उसकी कोई उपाधि नहीं, राजदरबार में उसकी पूछ नहीं। हाकिमों से हाथ मिलाने की उसकी हैसियत नहीं, उनकी हाँ में हाँ मिलाने की उसे ताब नहीं। वह एक कपर्दक-शून्य घमंडी ब्राह्मण है। हे राजप्रतिनिधि! क्या उसकी दो-चार बातें सुनियेगा?

आपने बम्बई में कहा है कि भारत भूमि को मैं किस्सा-कहानी की भूमि नहीं, कर्तव्य भूमि समझता हूँ। उसी कर्तव्य के पालन के लिए आपको ऐसे कठिन समय में भी दूसरी बार भारत में आना पड़ा। माई लार्ड! इस कर्तव्यभूमि को हमलोग कर्मभूमि कहते हैं। आप कर्तव्य-पालन करने आए हैं और हम कर्मों का भोग भोगने। आपके कर्तव्य-पालन की अवधि है, हमारे कर्मभोग की अवधि नहीं। आप कर्तव्य-पालन करके कुछ दिन पीछे चले जावेंगे। हमें कर्म के भोग भोगते-भोगते यहीं समाप्त होना होगा और न जाने फिर भी कब तक वह भोग समाप्त होगा। जब थोड़े दिन के लिए आपका इस भूमि से स्नेह है तो हम लोगों का कितना भारी स्नेह होना चाहिए, यह अनुमान कीजिए। क्योंकि हमारा इस भूमि से जीने-मरने का साथ है।

माई लार्ड! यद्यपि आपको इस बात का बड़ा अभिमान है कि अंग्रेजों में आपकी भाँति भारतवर्ष के विषय में शासन नीति समझने वाला और शासन करने वाला नहीं है। यह बात विलायत में भी आपने कई बार हेर-फेर लगाकर कही और इस बार बम्बई में उतरते ही फिर कही। आप इस देश में रहकर 72 महीने तक जिन बातों

की नींव डालते रहे, अब उन्हें 24 मास या उससे कम में पूरा कर जाना चाहते हैं। सरहदों पर फौलादी दीवार बना देना चाहते हैं, जिससे इस देश की भूमि को कोई बाहरी शत्रु उठाकर अपने घर में न ले जावे। अथवा जो शान्ति आपके कथनानुसार धीरे-धीरे यहाँ संचित हुई है, उसे इतना पक्का कर देना चाहते हैं कि आपके बाद जो वैसराय आपके राज सिंहासन पर बैठे उसे शौकीनी और खेल-तमाशे के सिवा दिन में और नाच, बॉल या निद्रा के सिवा रात को कुछ करना न पड़ेगा। पर सच जानिये कि आपने इस देश को कुछ नहीं समझा, खाली समझने की शेखी में रहे और आशा नहीं कि इन अगले कई महीनों में भी कुछ समझें। किन्तु इस देश ने आपको खूब समझ लिया और अधिक समझने की जरूरत नहीं रही। यद्यपि आप कहते हैं, कि यह कहानी का देश नहीं कर्तव्य का देश है, तथापि यहाँ की प्रजा ने समझ लिया है कि आपका कर्तव्य ही कहानी है। एक बड़ा सुन्दर मेल हुआ था, अर्थात् आप बड़े घमंडी शासक हैं और यहाँ की प्रजा के लोग भी बड़े भारी घमंडी। पर कठिनाई इसी बात की है कि दोनों का घमंड दो तरह का है। आपको जिन बातों का घमंड है, उन पर यहाँ के लोग हँस पड़ते हैं। यहाँ के लोगों को जो घमंड है, उसे आप समझते नहीं और शायद समझेंगे भी नहीं।

जिन आडम्बरों को करके आप अपने मन में बहुत प्रसन्न होते हैं या यह समझ बैठते हैं कि बड़ा कर्तव्य-पालन किया, वह इस देश की प्रजा की दृष्टि में कुछ भी नहीं है। वह इतने आडम्बर देख-सुन चुकी और कल्पना कर चुकी है कि और किसी आडम्बर का असर उस पर नहीं हो सकता। आप सरहद को लोहे की दीवार से मजबूत करते हैं। यहाँ की प्रजा ने पढ़ा है कि एक राजा ने पृथ्वी को काबू में करके स्वर्ग में सीढ़ी लगानी चाही थी। आप और लार्ड किचनर मिलकर जो फौलादी दीवार बनाते हैं, उससे बहुत मजबूत एक दीवार लार्ड केनिंग बना गए थे। आपने भी बम्बई की स्पीच में केनिंग का नाम लिया है। आज 46 साल हो गए, वह दीवार अटल अचल खड़ी हुई है। वह स्वर्गीया महाराणी का घोषणा पत्र है, जो 1 नवम्बर 1858 ई. को केनिंग महोदय ने सुनाया था। वही भारतवर्ष के लिए फौलादी दीवार है। वही दीवार भारत की रक्षा करती है। उसी दीवार को भारतवासी अपना रक्षक समझते हैं। उस दीवार के होते आपको या लार्ड कर्जन को कोई दीवार बनाने की जरूरत नहीं है। उसकी आड़ में आप जो चाहें, जितनी मजबूत चाहें, वैसी दीवारों की कल्पना कर सकते हैं। आडम्बर से इस देश का शासन नहीं हो सकता। आडम्बर का आदर इस देश की कंगाल प्रजा नहीं कर सकती। आपने अपनी समझ में बहुत-कुछ किया, पर फल यह हुआ कि विलायत जाकर वह सब अपने ही मुँह से सुनाना पड़ा। कारण यह कि करने से कहीं अधिक कहने का आपका स्वभाव है। इससे आपका करना भी कहे बिना प्रकाशित नहीं होता। यहाँ की अधिक प्रजा ऐसी है जो अब तक भी नहीं जानती कि आप यहाँ के

वैसराय और राज प्रतिनिधि हैं और आप एक बार विलायत जाकर फिर से भारत में आए हैं। आपने गरीब प्रजा की ओर न कभी दृष्टि खोलकर देखा, न गरीबों ने आपको जाना। अब भी आपकी बातों से आपकी वह चेष्टा नहीं पाई जाती। इससे स्मरण रहे कि जब अपने पद को त्यागकर आप फिर स्वदेश में जावेंगे तो चाहे आपको अपने कितने ही गुण कीर्तन करने का अवसर मिले, यह तो कभी न कह सकेंगे कि कभी भारत की प्रजा का मन भी अपने हाथ में किया था।

यह वह देश है, जहाँ की प्रजा एक दिन पहले रामचन्द्र के राजतिलक पाने के आनन्द में मस्त थी और अगले दिन अचानक रामचन्द्र वन को चले तो रोती-रोती उनके पीछे जाती थी। भरत को उस प्रजा का मन प्रसन्न करने के लिए कोई भारी दरबार नहीं करना पड़ा, हाथियों का जुलूस नहीं निकालना पड़ा, वरंच दौड़कर वन में जाना पड़ा और रामचन्द्र को फिर अयोध्या में लाने का यत्न करना पड़ा। जब वह न आए तो उनकी खड़ाऊं को सिर पर धरकर अयोध्या तक आए और खड़ाउओं को राज सिंहासन पर रखकर स्वयं चौदह साल तक वल्कल धारण करके उनकी सेवा करते रहे। तब प्रजा ने समझा कि भरत अयोध्या का शासन करने के योग्य हैं।

माई लार्ड! आप वक्तृता देने में बड़े दक्ष हैं। पर यहाँ वक्तृता का कुछ और ही वजन है। सत्यवादी युधिष्ठिर के मुख से जो निकल जाता था, वही होता था। आयु भर में उसने एक बार बहुत भारी पॉलिटिकल जरूरत पड़ने से कुछ सहज सा झूठ बोलने की चेष्टा की थी। वही बात महाभारत में लिखी हुई है। जब तक महाभारत है, वह बात भी रहेगी। एक बार अपनी वक्तृताओं से इस विषय को मिलाइये और फिर विचारिये कि इस देश की प्रजा के साथ आप किस प्रकार अपना कर्तव्य पालन करेंगे। साथ ही इस समय इस अधेड़ भंगड़ ब्राह्मण को अपनी भाँग बूटी की फिकर करने के लिए आज्ञा दीजिये।

[17 सितम्बर, 1904 में 'भारत मित्र' में प्रकाशित]

पीछे मत फेंकिए

माई लार्ड! सौ साल पूरे होने में अभी कई महीनों की कसर है। उस समय ईस्ट इंडिया कम्पनी ने लार्ड कार्नवालिस को दूसरी बार इस देश का गवर्नर-जनरल बनाकर भेजा था। तब से अब तक आप ही को भारतवर्ष का फिर से शासक बनकर आने का अवसर मिला है। सौ वर्ष पहले के उस समय की ओर एक बार दृष्टि कीजिए। तब में और अब में कितना अन्तर हो गया है, क्या से क्या हो गया है? जागता हुआ रंक अति चिन्ता का मारा सो जावे और स्वप्न में अपने को राजा देखे, द्वार पर हाथी झूमते देखे अथवा अलिफलैला के अबुलहसन की भाँति कोई तरल

युवक प्याले पर प्याला उड़ाता घर में बेहोश हो और जागने पर आँखें मलते-मलते अपने को बगदाद का खलीफा देखे, आलीशान सजे महल की शोभा उसे चक्कर में डाल दे, सुन्दरी दासियों के जेवर और कामदार वस्त्रों की चमक उसकी आँखों में चकाचौंध लगा दे तथा सुन्दर बाजों और गीतों की मधुर ध्वनि उसके कानों में अमृत ढालने लगे, तब भी उसे शायद आश्चर्य न हो जितना सौ साल पहले की भारत में अंगरेजी राज्य की दशा को आजकल की दशा के साथ मिलाने से हो सकता है।

जुलाई सन् 1805 ई. में लार्ड कार्नवालिस दूसरी बार भारत के गवर्नर जनरल होकर कलकत्ते में पधारे थे। उस समय ईस्ट इंडिया कम्पनी की सरकार पर चारों ओर से चिन्ताओं की भरमार हो रही थी, आशंकाएँ उसे दम नहीं लेने देती थीं। होलकर से एक नई लड़ाई होने को थी, सिन्धिया से लड़ाई चलती थी। खजाने में बरकत ही बरकत थी। जमीन का कर वसूल होने में बहुत देर थी। युद्धस्थल में लड़ने वाली सेनाओं को पाँच-पाँच महीने से तनख्वाह नहीं मिली थी। विलायत के धनियों में कम्पनी का कुछ विश्वास न था। सत्तर साल का बूढ़ा गवर्नर जनरल ये सब बातें देखकर घबराया हुआ था। उससे केवल यही बन पड़ा कि दूसरी बार पदारूढ़ होने के तीन ही मास पीछे गाजीपुर में जाकर प्राण दे दिया। कई दिन तक इस बात की खबर भी लोगों ने नहीं जानी। आज विलायत से भारत तक दिन में कई बार तार दौड़ जाता है। कई एक घंटों में शिमले से कलकत्ते तक स्पेशल ट्रेन पार हो जाती है। उस समय कलकत्ते से गाजीपुर तक जाने में बड़े लाट को कितने ही दिन लगे थे। गाजीपुर में उनके लिए कलकत्ते से जल्द किसी प्रकार की सहायता पहुँचने का कुछ उपाय न था।

किन्तु अब कुछ और ही समय है। माई लार्ड! लार्ड कार्नवालिस के दूसरी बार गवर्नर जनरल होकर भारत में आने और आपके दूसरी बार आने में बड़ा अन्तर है। प्रताप आपके साथ-साथ है। अंग्रेजी राज्य के भाग्य का सूर्य मध्याह्न में है। उस समय के बड़े लाट को जितने दिन कलकत्ते से गाजीपुर जाने में लगे होंगे, आप उनसे कम दिनों में विलायत से भारत में पहुँच गए। लार्ड कार्नवालिस को आते ही दो-एक देशी रईसों के साथ लड़ाई करने की चिन्ता थी, आपके स्वागत के लिए कोड़ियों राजा, रईस बम्बई दौड़े गए और जहाज से उतरते ही उन्होंने आपका स्वागत करके अपने भाग्य को धन्य समझा। कितने ही बधाई देने कलकत्ते पहुँचे और कितने और चले आ रहे हैं। प्रजा की चाहे कैसी ही दशा हो, पर खजाने में रुपये उबले पड़ते हैं। इसके लिए चारों ओर से आपकी बड़ाई होती है। साख इस समय की गवर्नमेंट की इतनी है कि विलायत में या भारत में एक बार 'हूँ' करते ही रुपये की वर्षा होने लगती है। विलायती मंत्री आपकी मुट्ठी में हैं। विलायत की जिस कन्जरवेटिव गवर्नमेंट ने आपको इस देश का वैसराय किया, वह अभी तक बराबर शासन की मालिक है। लिबरल निर्जीव हैं। जान ब्राइट, ग्लाडस्टोन,

ब्राडले, जैसे लोगों से विलायत शून्य है, इससे आप परम स्वतंत्र हैं। इंडिया आफिस आपके हाथ की पुतली है। विलायत के प्रधानमंत्री आपके प्रिय मित्र हैं। जो कुछ आपको करना है, वह विलायत में कई मास रहकर पहले ही वहाँ के शासकों से निश्चय कर चुके हैं। अभी आपकी चढ़ती उमर है। चिन्ता कुछ नहीं है। जो कुछ चिन्ता थी, वह भी जल्द मिट गई। स्वयं आपकी विलायत के बड़े भारी बुद्धिमानों और राजनीति-विशारदों में गिनती है, वरंच कह सकते हैं कि विलायत के मंत्री लोग आपके मुँह की ओर ताकते हैं। सम्राट का आप पर बहुत भारी विश्वास है। विलायत के प्रधान समाचार-पत्र मानो आपके बन्दीजन हैं। बीच-बीच में आपका गुणगान सुनाना पुण्य कार्य समझते हैं। सारांश यह कि लार्ड कार्नवालिस के समय और आपके समय में बड़ा ही भेद हो गया है।

संसार में अब अंग्रेजी प्रताप अखंड है। भारत के राजा अब आपके हुक्म के बन्दे हैं। उनको लेकर चाहे जुलूस निकालिए, चाहे दरबार बनाकर सलाम कराइये, उन्हें चाहे विलायत भिजवाइये, चाहे कलकत्ते बुलवाइये, जो चाहे सो कीजिये। वे हाजिर हैं। आपके हुक्म की तेजी तिब्बत के पहाड़ों की बरफ को पिघलाती है, फारस की खाड़ी का जल सुखाती है, काबुल के पहाड़ों को नर्म करती है। जल, स्थल, वायु, और आकाश मंडल में सर्वत्र आपकी विजय है। इस धराधाम में अब अंग्रेजी प्रताप के आगे कोई उँगली उठाने वाला नहीं है। इस देश में एक महाप्रतापी राजा के प्रताप का वर्णन इस प्रकार किया जाता था कि इन्द्र उसके यहाँ जल भरता था, पवन उसके यहाँ चक्की चलाता था, चाँद-सूरज उसके यहाँ रोशनी करते थे, इत्यादि। पर अंग्रजी प्रताप उससे भी बढ़ गया है। समुद्र अंग्रेजी राज्य का मल्लाह है, पहाड़ों की उपत्यकाएँ बैठने के लिए कुर्सी ढूँढ़ें। बिजली कलें चलाने वाली दासी और हजारों मील में खबर लेकर उड़ने वाली दूती, इत्यादि-इत्यादि।

आश्चर्य है माई लार्ड! एक सौ साल में अंग्रेजी राज्य और अंग्रेजी प्रताप की तो इतनी उन्नति हुई पर उसी प्रतापी ब्रिटिश राज्य के अधीन रहकर भारत अपनी रही-सही हैसियत भी खो दे। इस अपार उन्नति के समय में आप जैसे शासक के जी में भारतवासियों को आगे बढ़ाने की जगह पीछे धकेलने की इच्छा उत्पन्न हो। उनका हौसला बढ़ाने की जगह उनकी हिम्मत तोड़ने में आप अपनी बुद्धि का अपव्यय करें। जिस जाति से पुरानी कोई जाति इस धराधाम पर मौजूद नहीं, जो हजार साल से अधिक की घोर पराधीनता सहकर भी लुप्त नहीं हुई, जीती है, जिसकी पुरानी सभ्यता और विद्या की आलोचना करके विद्वान् और बुद्धिमान लोग आज भी मुग्ध होते हैं, जिसने सदियों इस पृथ्वी पर अखंड-शासन करके सभ्यता और मनुष्यत्व का प्रचार किया, वह जाति क्या पीछे हटाने और धूल में मिला देने के योग्य है? आप जैसे उच्च श्रेणी के विद्वान् के जी में यह बात कैसे समाई कि भारतवासी बहुत-से काम करने के योग्य नहीं और उनको आपके सजातीय ही कर सकते हैं? आप परीक्षा

करके देखिये कि भारतवासी सचमुच उन ऊँचे से ऊँचे कामों को कर सकते हैं या नहीं, जिनको आपके सजातीय कर सकते हैं। श्रम में, बुद्धि में, विद्या में, काम में, वक्तृता में, सहिष्णुता में, किसी बात में इस देश के निवासी संसार में किसी जाति के आदमियों से पीछे रहने वाले नहीं हैं। वरंच दो-एक गुण भारतवासियों में ऐसे हैं कि संसार भर में किसी जाति के लोग उनका अनुकरण नहीं कर सकते। हिंदुस्थानी फारसी पढ़ के ठीक फारिस वालों की भाँति बोल सकते हैं, कविता कर सकते हैं। अंग्रेजी बोलने में वे अंग्रेजों की पूरी नकल कर सकते हैं, कंठ तालु को अंग्रेजों के सदृश बना सकते हैं। पर एक भी अंग्रेज ऐसा नहीं है, जो हिंदुस्थानियों की भाँति साफ हिंदी बोल सकता हो। किसी बात में हिंदुस्थानी पीछे रहने वाले नहीं हैं। हाँ, दो बातों में वे अंग्रेजों की नकल या बराबरी नहीं कर सकते हैं। एक तो अपने शरीर के काले रंग को अंग्रेजों की भाँति गोरा नहीं बना सकते और दूसरे अपने भाग्य को उनके भाग्य में रगड़कर बराबर नहीं कर सकते।

किन्तु इस संसार के आरम्भ में बड़ा भारी पार्थक्य होने पर भी अन्त में बड़ी भारी एकता है। समय अन्त में सबको अपने मार्ग पर ले आता है। देशपति राजा और भिक्षा माँगकर पेट भरने वाले कंगाल का परिणाम एक ही होता है। मिट्टी मिट्टी में मिल जाती है और यह जीते जी लुभाने वाली दुनिया यहीं रह जाती है। कितने ही शासक और कितने ही नरेश इस पृथ्वी पर हो गए, आज उनका कहीं पता निशान नहीं है। थोड़े-थोड़े दिन अपनी-अपनी नौबत बजा कर चले गए। बड़ी तलाश से इतिहास के पन्नों अथवा टूटे-फूटे खंडहरों में उनके दो-चार चिह्न मिल जाते हैं। माई लार्ड! बीते हुए समय को फिर लौटा लेने की शक्ति किसी में नहीं है, आप में भी नहीं है। दूर की बात दूर रहे, इन पिछले सौ साल ही में कितने बड़े लाट आए और चले गए। क्या उनका समय फिर लौट सकता है? कदापि नहीं। विचारिये तो मानो कल आप आए थे, किन्तु छह साल बीत गए। अब दूसरी बार आने के बाद भी कितने ही दिन बीत गए तथा बीत जाते हैं। इसी प्रकार उमरें बीत जावेंगी, युग बीत जावेंगे। समय के महासमुद्र में मनुष्य की आयु एक छोटी-सी बूँद की भी बराबरी नहीं कर सकती। आप में शक्ति नहीं है कि पिछले छह वर्षों को लौटा सकें या उनमें जो कुछ हुआ है उसे अन्यथा कर सकें। दो साल आपके हाथ में अवश्य हैं। इनमें जो चाहें कर सकते हैं। चाहें तो इस देश की 30 करोड़ प्रजा को अपना अनुरक्त बना सकते हैं और इस देश के इतिहास में अच्छे वैसरायों में अपना नाम छोड़ जा सकते हैं। नहीं तो यह समय भी बीत जावेगा और फिर आपका करने-धरने का अधिकार ही कुछ न रहेगा।

विक्रम, अशोक, अकबर के साथ यह भूमि नहीं गई। औरंगजेब, अलाउद्दीन इसे मुट्ठी में दबा कर नहीं रख सके। महमूद, तैमूर और नादिर, इसे लूट के माल के साथ ऊँटों और हाथियों पर लाद कर न ले जा सके। आगे भी यह किसी के

साथ न जावेगी, चाहे कोई कितनी ही मजबूती क्यों न करे। इस समय भगवान ने इसे एक और ही जाति के हाथ में अर्पण किया है, जिसकी बुद्धि विद्या और प्रताप का संसार भर में डंका बज रहा है। माई लार्ड! उसी जाति की ओर से आप इस देश की 30 करोड़ प्रजा के शासक हैं।

अब यह विचारना आप ही के जिम्मे है कि इस देश की प्रजा के साथ आपका क्या कर्तव्य है। हजार साल से यह प्रजा गिरी दशा में है। क्या आप चाहते हैं कि यह और भी सौ-पचास साल गिरती चली जावे? इसके गिराने में बड़े से बड़ा इतना ही लाभ है कि कुछ संकीर्ण हृदय शासकों की यथेच्छाचारिता कुछ दिन और चल सकती है। किन्तु इसके उठाने और सम्हालने में जो लाभ है, उनकी तुलना नहीं हो सकती है। इतिहास में सदा नाम रहेगा कि अंग्रेजों ने एक गिरी जाति के तीस करोड़ आदमियों को उठाया था। माई लार्ड! दोनों में जो बात पसन्द हो, वह कर सकते हैं। कहिये क्या पसन्द है? पीछे हटाना या आगे बढ़ाना?

[17 दिसम्बर, 1904 में 'भारत मित्र' में प्रकाशित]

आशा का अन्त

माई लार्ड! अबकी आपके भाषण ने नशा किरकिरा कर दिया। संसार के सब दुखों और समस्त चिन्ताओं को जो शिवशम्भु शर्मा दो चुल्लू बूटी पीकर भुला देता था, आज उसका उस प्यारी विजया पर भी मन नहीं है। आशा से बँधा हुआ यह संसार चलता है। रोगी को रोग से, कैदी को कैद से, ऋणी को ऋण से, कंगाल को दरिद्रता से—इसी प्रकार हरेक क्लेशित पुरुष को एक दिन अपने क्लेश से मुक्त होने की आशा होती है। चाहे उसे इस जीवन में क्लेश से मुक्ति न मिले, पर आशा के सहारे इतना होता है कि वह धीरे-धीरे अपने क्लेशों को झेलता हुआ एक दिन इस क्लेशमय जीवन से तो मुक्त हो जाता है। पर हाय! जब उसकी यह आशा भी भंग हो जाए, उस समय उसके कष्ट का क्या ठिकाना!

'किस्मत पे उस मुसाफिरे खस्ता के रोइये।
जो थक गया हो बैठ के मंजिल के सामने।'

बड़े लाट होकर आपके भारत में पदार्पण करने के समय इस देश के लोग श्रीमान् से जो-जो आशाएँ करते और सुखस्वप्न देखते थे, वे सब उड़न छू हो गए। इस कलकत्ता महानगरी के समाचार-पत्र कुछ दिन चौंक-चौंक पड़ते थे कि आज बड़े लाट अमुक मोड़ पर वेश बदले एक गरीब काले आदमी से बातें कर रहे थे, परसों अमुक आफिस में जाकर काम की चक्की में पिसते हुए क्लर्कों की दशा देख रहे थे और उनसे कितनी ही बातें पूछते जाते थे। इससे हिंदू समझने लगे कि

फिर से विक्रमादित्य का आविर्भाव हुआ या अकबर का अमल हो गया। मुसलमान खयाल करने लगे, खलीफा हारूँ रशीद का जमाना आ गया। पारसियों ने आपको नौशीरवाँ समझने की मोहलत पाई थी या नहीं, ठीक नहीं कहा जा सकता। क्योंकि श्रीमान् ने जल्द अपने कामों से ऐसे जल्दबाज लोगों को कष्ट-कल्पना करने के कष्ट से मुक्त कर दिया था। वे लोग थोड़े ही दिनों में इस बात के समझने के योग्य हो गए थे कि हमारा प्रधान शासक न विक्रम के रंग-ढंग का है, न हारूँ या अकबर के, उसका रंग ही निराला है। किसी से नहीं मिलता।

माई लार्ड! इस देश की दो चीजों में अजब तासीर है। एक यहाँ की जलवायु में और दूसरे यहाँ के नमक में, जो उसी जलवायु से उत्पन्न होता है। नीरस से नीरस शरीर में यहाँ की जलवायु नमकीनी ला देती है। मजा यह कि उसे उस नमकीनी की खबर तक नहीं होती। एक फारस का कवि कहता है कि हिंदुस्थान में एक हरी पत्ती तक बेनमक नहीं है, मानो यह देश नमक से सींचा गया है। किन्तु शिवशम्भु शर्मा का विचार इस कवि से भी कुछ आगे है। वह समझता है कि यह देश नमक की एक महाखानि है, इसमें जो पड़ गया, वही नमक बन गया। श्रीमान् कभी चाहें तो सांभर-झील के तट पर खड़े होकर देख सकते हैं, जो कुछ उसमें गिर जाता है, वही नमक बन जाता है। यहाँ की जलवायु से अलग खड़े होकर कितनों ही ने बड़ी-बड़ी अटकलें लगाई और लम्बे-चौड़े मनसूबे बाँधे पर यहाँ की जलवायु का असर होते ही वह सब काफूर हो गए।

अफसोस माई लार्ड! यहाँ की जलवायु की तासीर ने आप में अपनी पिछली दशा के स्मरण रखने की शक्ति नहीं रहने दी। नहीं तो अपनी छह साल पहले की दशा से अब की दशा का मिलान करके चकित होते। घबरा के कहते कि ऐं! मैं क्या हो गया? क्या मैं वही हूँ, जो विलायत से भारत की ओर चलने से पहले था? बम्बई में जहाज से उतरकर भूमि पर पाँव रखते ही यहाँ की जलवायु का प्रभाव आप पर आरम्भ हो गया था। उसके प्रथम फलस्वरूप कलकत्ते में पदार्पण करते ही आपने यहाँ के म्यूनिसिपल कारपोरेशन की स्वाधीनता की समाप्ति की। जब वह प्रभाव कुछ और बढ़ा तो अकाल पीड़ितों की सहायता करते समय आपकी समझ में आने लगा कि इस देश के कितने ही अभागे सचमुच अभागे नहीं, वरंच अच्छी मजदूरी के लालच से जबरदस्ती अकाल पीड़ितों में मिलकर दयालु सरकार को हैरान करते हैं। इससे मजदूरी कड़ी की गई।

इसी प्रकार जब प्रभाव तेज हुआ तो आपने अकाल की तरफ से आँखों पर पट्टी बाँधकर दिल्ली-दरबार किया।

अन्त को गत वर्ष आपने यह भी साफ कह दिया कि बहुत से पद ऐसे हैं जिनको पैदाइशी तौर से अंग्रेज ही पाने के योग्य हैं। भारतवासियों की सरकार जो देती है, वह भी उनकी हैसियत से बढ़कर है। तब इस देश के लोगों ने सबक

लिया था कि अब श्रीमान् पर यहाँ की जलवायु का पूरा सिक्का जम गया। उसी समय आपको स्वदेश दर्शन की लालसा हुई। लोग समझते चलो अच्छा हुआ, जो हो चुका, वह हो चुका, आगे की तासीर की अधिक उन्नति से पीछा छूटा। किन्तु आप कुछ न समझे। कोरिया में जब श्रीमान् की आयु अचानक सात साल बढ़कर चालीस हो गई, उस समय भी श्रीमान् की समझ में आ गया था कि वहीं की सुन्दर आबो-हवा के प्रताप से आप चालीस साल के होने पर भी बत्तीस-तैतीस के दिखाई देते हैं। पर इस देश की आबो-हवा की तासीर आपके कुछ समझ में न आई। वह विलायत में भी श्रीमान् के साथ लग गई और जब तक वहाँ रहे, अपना जोर दिखाती रही। यहाँ तक कि फिर आपको एक बार इस देश में उठा लाई, किसी विघ्न-बाधा की परवा न की।

माई लार्ड! इस देश का नमक यहाँ की जलवायु का साथ देता है, क्योंकि उसी जलवायु से उसका जन्म है। उसकी तासीर भी साथ-साथ होती रही। वह पहले विचार-बुद्धि खोता है। पीछे दया और सहृदयता को भगाता है और उदारता को हजम कर जाता है। अन्त को आँखों पर पट्टी बाँधकर, कानों में ठीठे ठोंककर, नाक में नकेल डालकर, आदमी को जिधर-तिधर घसीटे फिरता है और उसके मुँह से खुल्लम-खुल्ला इस देश की निन्दा कराता है। आदमी के मन में वह यही जमा देता है कि जहाँ का खाना वहाँ की खूब निन्दा करना और अपनी शेखी मारते जाना। हम लोग उस नमक की तासीर से बेअसर नहीं हैं। पर हमारी हड्डियाँ उसी से बनी हैं, इस कारण हमें इतना ज्ञान रहता है कि हमारे देश के नमक की क्या तासीर है। हम लोग खूब जानते थे कि यदि श्रीमान् कहीं दूसरी बार भारत में आ गए तो एकदम नमक की खानि में जाकर नमक हो जावेंगे। इसी से चाहते थे कि दोबारा आप न आवें। पर हमारा पेश न गया। आप आए और आते ही उस नमक की तासीर का फल अपने कौंसिल और कनवोकेशन में प्रगट कर डाला।

इतने दिन आप सरकारी भेदों के जानने से, अच्छे पद पाने से, उन्नति की बातें सोचने से, सुगमता से शिक्षा लाभ करने से, अपने स्वत्वों के लिए पार्लियामेंट आदि में पुकारने से, इस देश के लोगों को रोकते रहे। आपकी शक्ति में जो कुछ था, वह करते रहे। पर उस पर भी सन्तोष न हुआ, तो भगवान की शक्ति पर भी हाथ चलाने लगे। जो सत्यप्रियता इस देश को सृष्टि के आदि से मिली है, जिस देश का ईश्वर 'सत्यंज्ञानमनन्तम्ब्रह्म' है, वहाँ के लोगों को सभा में बुला के ज्ञानी और विद्वान् का चोला पहनकर उनके मुँह पर झूठा और मक्कार कहने लगे। विचारिये तो यह कैसे अध:पतन की बात है? जिस स्वदेश को श्रीमान ने आदर्श सत्य का देश और वहाँ के लोगों को सत्यवादी कहा है, उसका आला नमूना क्या श्रीमान् ही हैं? यदि सचमुच विलायत वैसा ही देश हो, जैसा आप फरमाते हैं और भारत भी आपके कथनानुसार मिथ्यावादी और धूर्त देश हो, तो भी तो क्या कोई इस प्रकार कहता है? गिरा के ठोकर

मारना क्या सज्जन और सत्यवादी का काम है? अपनी सत्यवादिता प्रकाश करने के लिए दूसरे को मिथ्यावादी कहना ही क्या सत्यवादिता का सबूत है?

माई लार्ड! जब आपने अपने शासक होने के विचार को भूलकर इस देश की प्रजा के हृदय में चोट पहुँचाई है तो दो-एक बातें पूछ लेने में शायद कुछ गुस्ताखी न होगी। सुनिये, विजित और विजेता में बड़ा अन्तर है। जो भारतवर्ष हजार साल से विदेशीय विजेताओं के पाँवों में लोट रहा है, क्या उसकी प्रजा की सत्यप्रियता विजेता इंगलैंड के लोगों की सत्यप्रियता का मुकबिला कर सकती है? यह देश भी यदि विलायत की भाँति स्वाधीन होता और यहाँ के लोग ही यहाँ के राजा होते तब यदि अपने देश के लोगों को यहाँ के लोगों से अधिक सच्चा साबित कर सकते तो आपकी अवश्य कुछ बहादुरी होती। स्मरण करिये उन दिनों की जब अंग्रेजों के देश पर विदेशियों का अधिकार था। उस समय आपके स्वदेशियों की नैतिक दशा कैसी थी, उसका विचार तो कीजिये। यह वह देश है कि हज़ार साल पराये पाँव के नीचे रहकर भी एकदम सत्यता से च्युत नहीं हुआ है। यदि आपका यूरोप या इंग्लैंड दस साल भी पराधीन हो जाता तो आपको मालूम पड़ता कि श्रीमान् के स्वदेशीय कैसे सत्यवादी और नीति-परायण हैं। जो देश कर्मवादी है, वह क्या कभी असत्यवादी हो सकता है? आपके स्वदेशीय यहाँ बड़ी-बड़ी इमारतों में रहते हैं, जैसी रुचि हो, वैसे पदार्थ भोग सकते हैं। भारत आपके लिए भोग्यभूमि है। किन्तु इस देश के लाखों आदमी, इसी देश में पैदा होकर आवारा कुत्तों की भाँति भटक-भटककर मरते हैं। उनको दो हाथ भूमि बैठने को नहीं, पेट भरकर खाने को नहीं, मैले-चिथड़े पहनकर उमरें बिता देते हैं और एक दिन कहीं पड़कर चुपचाप प्राण दे देते हैं। हाल की इस सर्दी में कितनों ही के प्राण जहाँ-तहाँ निकल गए। इस प्रकार क्लेश पाकर मरने पर भी क्या कभी वे लोग यह करते हैं कि पापी राजा है, इससे हमारी यह दुर्गति है? माई लार्ड! वे कर्मवादी हैं, वे यही समझते हैं कि किसी का कुछ दोष नहीं है—सब हमारे पूर्व कर्मों का दोष है। हाय! हाय! ऐसी प्रजा को आप धूर्त कहे हैं।

कभी इस देश में आकर आपने गरीबों की ओर ध्यान न दिया। कभी यहाँ की दीन भूखी प्रजा की दशा का विचार न किया। कभी दस मीठे शब्द सुनाकर यहाँ के लोगों को उत्साहित नहीं किया—फिर विचारिये तो गालियाँ यहाँ के लोगों को आपने किस कृपा के बदले में दीं? पराधीनता की सबके जी में बड़ी भारी चोट होती है। पर महारानी विक्टोरिया के सदय बरताव ने यहाँ के लोगों के जी से वह दुख भुला दिया था। इस देश के लोग सदा उनको माता तुल्य समझते रहे, अब उनके पुत्र महाराज एडवर्ड पर भी इस देश के लोगों की वैसी ही भक्ति है। किन्तु आप उन्हीं सम्राट् एडवर्ड के प्रतिनिधि होकर इस देश की प्रजा के अत्यन्त अप्रिय बने हैं। यह इस देश के बड़े ही दुर्भाग्य की बात है। माई-माई लार्ड! इस देश की प्रजा को आप नहीं चाहते और वह प्रजा आपको नहीं चाहती, फिर भी आप इस देश के

शासक हैं और एक बार नहीं दूसरी बार शासक हुए हैं, यही विचार-विचारकर इस अधबूढ़े भंगड़ ब्राह्मण का नशा किरकिरा हो-हो जाता है।

[25 फरवरी, 1905 में 'भारत मित्र' में प्रकाशित]

एक दुराशा

नारंगी के रस में जाफरानी वसन्ती बूटी छानकर शिवशम्भु शर्मा खटिया पर पड़े मौजों का आनन्द ले रहे थे। खयाली घोड़े की बागें ढीली कर दी थीं। वह मनमानी जकन्दें भर रहा था। हाथ-पाँवों को भी स्वाधीनता दी गई थी। वह खटिया के तूल अरज की सीमा उल्लंघन करके इधर-उधर निकल गए थे। कुछ देर इसी प्रकार शर्माजी का शरीर खटिया पर था और खयाल दूसरी दुनिया में।

अचानक एक सुरीली गाने की आवाज ने चौंका दिया। कन-रसिया शिवशम्भु खटिया पर उठ बैठे। कान लगाकर सुनने लगे। कानों में यह मधुर गीत बार-बार अमृत ढालने लगा—

चलो-चलो आज, खेलें होली कन्हैया घर।

कमरे से निकल कर बरामदे में खड़े हुए। मालूम हुआ कि पड़ोस में किसी अमीर के यहाँ गाने-बजाने की महफिल हो रही है। कोई सुरीली लय से उक्त होली गा रहा है। साथ ही देखा बादल घिरे हुए हैं, बिजली चमक रही है, रिमझिम झड़ी लगी हुई है। वसन्त में सावन देखकर अकल जरा चक्कर में पड़ी। विचारने लगे कि गाने वाले को मलार गाना चाहिए था, न कि होली। साथ ही खयाल आया कि फागुन सुदी है, वसन्त के विकास का समय है, वह होली क्यों न गावे? इसमें तो गाने वाले की नहीं, विधि की भूल है, जिसने वसन्त में सावन बना दिया है। कहाँ तो चाँदनी छिटकी होती, निर्मल वायु बहती, कोयल की कूक सुनाई देती। कहाँ भादों की-सी अँधियारी है वर्षा की झड़ी लगी हुई है। ओह! कैसा ऋतु विपर्यजन्य है।

इस विचार को छोड़कर गीत के अर्थ का विचार जी में आया। होली खिलैया कहते हैं कि चलो आज कन्हैया के घर होली खेलेंगे। कन्हैया कौन? ब्रज के राजकुमार और खेलने वाले कौन? उनकी प्रजा—ग्वाल बाल। इस विचार ने शिवशम्भु शर्मा को और भी चौंका दिया कि ऐं! क्या भारत में ऐसा समय भी था, जब प्रजा के लोग राजा के घर जाकर होली खेलते थे और राजा-प्रजा मिलकर आनन्द मनाते थे? क्या इसी भारत में राजा लोग प्रजा के आनन्द को किसी समय अपना आनन्द समझते थे? अच्छा यदि आज शिवशम्भू शर्मा अपने मित्रवर्ग सहित अबीर-गुलाल की झोलियाँ, भूरे रंग की पिचकारियाँ लिए अपने राजा के घर होली खेलने जाए तो कहाँ जाए? राजा दूर सात समुद्र पार है। राजा का केवल नाम सुना है। न राजा को

शिवशम्भु ने देखा, न राजा ने शिवशम्भु को। खैर राजा नहीं, उसने अपना प्रतिनिधि भारत में भेजा है, कृष्ण द्वारिका में हैं, पर ऊधव को प्रतिनिधि बनाकर ब्रजवासियों को सन्तोष देने के लिए ब्रज में भेजा है। क्या उस राजा-प्रतिनिधि के घर जाकर शिवशम्भु होली नहीं खेल सकता?

ओफ! यह विचार वैसा ही बेतुका है, जैसे अभी वर्षा में होली गाई जाती थी। पर इसमें गाने वाले का क्या दोष है? वह तो समय समझकर ही गा रहा था। यदि वसन्त में वर्षा की झड़ी लगे तो गाने वालों को क्या मलार गाना चाहिए? सचमुच बड़ी कठिन समस्या है। कृष्ण है, ऊधव है, पर ब्रजवासी उनके निकट भी नहीं फटकने पाते। राजा है, राजप्रतिनिधि है, पर प्रजा की उन तक रसाई नहीं। सूर्य है, धूप नहीं। चन्द्र है, चाँदनी नहीं। माई लार्ड नगर ही में है, पर शिवशम्भु उसके द्वार तक नहीं फटक सकता है, उसके घर चलकर होली खेलना तो विचार ही दूसरा है। माई लार्ड के घर तक प्रजा की बात नहीं पहुँच सकती, बात की हवा नहीं पहुँच सकती। जहाँगीर की भाँति उसने अपने शयनागार तक ऐसा कोई घंटा नहीं लगाया, जिसकी जंजीर बाहर से हिलाकर प्रजा अपनी फरियाद उसे सुना सके। न आगे को लगाने की आशा है। प्रजा की बोली वह नहीं समझता, उसकी बोली प्रजा नहीं समझती। प्रजा के मन का भाव वह न समझता है, न समझना चाहता है। उसके मन का भाव न प्रजा समझ सकती है, न समझने का कोई उपाय है। उसका दर्शन दुर्लभ है। द्वितीया के चन्द्र की भाँति कभी-कभी बहुत देर तक नजर गड़ाने से उसका चन्द्रानन दिख जाता है, तो दिख जाता है। लोग उँगलियों से इशारे करते हैं कि वह है। किन्तु दूज के चाँद के उदय का भी एक समय है। लोग उसे जान सकते हैं। माई लार्ड के मुखचन्द्र के उदय के लिए कोई समय भी नियत नहीं। अच्छा, जिस प्रकार इस देश के निवासी माई लार्ड का चन्द्रानन देखने को टकटकी लगाये रहते हैं, या जैसे शिवशम्भु शर्मा के जी में अपने देश के माई लार्ड से होली खेलने की बात आई इस प्रकार कभी माई लार्ड को भी इस देश के लोगों की सुध आती होगी? क्या कभी श्रीमान् का जी होता होगा कि अपनी प्रजा में जिसके दंड-मुंड के विधाता होकर आए हैं किसी एक आदमी से मिलकर उसके मन की बात पूछें या कुछ आमोद-प्रमोद की बातें करके उसके मन को टटोलें? माई लार्ड को ड्यूटी का ध्यान दिलाना सूर्य को दीपक दिखाना है। वह स्वयं श्रीमुख से कह चुके हैं कि ड्यूटी में बँधा हुआ मैं इस देश में फिर आया। यह देश मुझे बहुत ही प्यारा है। इससे ड्यूटी और प्यार की बात श्रीमान् के कथन से ही तय हो जाती है। उसमें किसी प्रकार की हुज्जत उठाने की जरूरत नहीं। तथापि यह प्रश्न आपसे आप जी में उठता है कि इस देश की प्रजा से प्रजा के माई लार्ड का निकट होना और प्रजा के लोगों की बात जानना भी उस ड्यूटी की सीमा तक पहुँचता है या नहीं? यदि पहुँचता है तो क्या श्रीमान् बता सकते हैं कि अपने छह साल के लम्बे

शासन में इस देश की प्रजा को क्या जाना और उससे क्या सम्बन्ध उत्पन्न किया? जो पहरेदार सिर पर फेंटा बाँधे हाथ में संगीनदार बन्दूक लिए काठ के पुतलों की भाँति गवर्नमेंट हौस के द्वार पर दण्डायमान रहते हैं, या छाया की मूर्ति की भाँति जरा इधर-उधर हिलते-डुलते दिखाई देते हैं, कभी उनसे भूले-भटके आपने पूछा है कि कैसी गुजरती है? किसी काले प्यादे चपरासी या खानसामा आदि से कभी आपने पूछा कि कैसे रहते हो? तुम्हारे देश की क्या चाल-ढाल है? तुम्हारे देश के लोग हमारे राज्य को कैसा समझते हैं? क्या इन नीचे दरजे के नौकर-चाकरों को कभी माई लार्ड के श्रीमुख से निकले हुए अमृत रूपी वचनों के सुनने का सौभाग्य प्राप्त हुआ या खाली पेड़ों पर बैठी चिड़ियों का शब्द ही उनके कानों तक पहुँचकर रह गया? क्या कभी सैर तमाशे में टहलने के समय या किसी एकान्त स्थान में इस देश के किसी आदमी से कुछ बातें करने का अवसर मिला? अथवा इस देश के प्रतिष्ठित बेगरज आदमी को अपने घर पर बुलाकर इस देश के लोगों के सच्चे विचार जानने की चेष्टा की? अथवा कभी विदेश या रियासतों के दौर में उन लोगों के सिवा जो झुक-झुक कर लम्बी सलामी करने आए हों, किसी सच्चे और बेपरवा आदमी से कुछ पूछने या कहने का कष्ट किया? सुनते हैं कि कलकत्ते में श्रीमान् ने कोना-कोना देख डाला। भारत में क्या भीतर और क्या सीमाओं पर कोई जगह देखे बिना नहीं छोड़ी। बहुतों का ऐसा ही विचार था। पर कलकत्ता यूनिवर्सिटी के परीक्षोत्तीर्ण छात्रों की सभा में चांसलर का जामा पहनकर माई लार्ड ने जो अभिज्ञता प्रगट की, उससे स्पष्ट हो गया कि जिन आँखों से श्रीमान् ने देखा, उनमें इस देश की बातें ठीक देखने की शक्ति न थी।

सारे भारत की बात की जाए, तो इस कलकत्ते ही में देखने की इतनी बातें हैं कि केवल उनको भलीभाँति देख लेने से भारतवर्ष की बहुत सी बातों का ज्ञान हो सकता है। माई लार्ड के शासन के छह साल हालवेल के स्मारक में लाठ बनाने, ब्लैक-हाल का पता लगाने, अख्तरलोनी की लाठ को मैदान से उठवाकर वहाँ विक्टोरिया मेमोरियल हॉल बनवाने, गवर्नमेंट हौस के आस-पास अच्छी रोशनी, अच्छे फुटपाथ और अच्छी सड़कों का प्रबंध कराने में बीत गए। दूसरा दौर भी वैसे ही कामों में बीत रहा है। सम्भव है कि उसमें भी श्रीमान् के दिलपसन्द अंग्रेजी मुहल्लों में कुछ और भी बड़ी-बड़ी सड़कें निकल जाएँ और गवर्नमेंट हौस की तरफ के स्वर्ग की सीमा और बढ़ जावे। पर नगर जैसा अन्धेरे में था, वैसा ही रहा, क्योंकि उसकी असली दशा देखने के लिए और ही प्रकार की आँखों की जरूरत है। जब तक वे आँखें न होंगी, यह अँधेर यों ही चला जावेगा। यदि किसी दिन शिवशम्भु शर्मा के साथ माई लार्ड नगर की दशा देखने चलते तो वह देखते कि इस महानगर की लाखों प्रजा भेड़ों और सूअरों की भाँति सड़े-गन्दे झोंपड़ों में पड़ी लोटती है। उनके आसपास सड़ी बदबू और मैले सड़े पानी के नाले बहते

हैं, कीचड़ और कूड़े के ढेर चारों ओर लगे हुए हैं। उनके शरीरों पर मैले-कुचैले फटे-चिथड़े लिपटे हुए हैं। उनमें से बहुतों को आजीवन पेट भर अन्न और शरीर ढाँकने को कपड़ा नहीं मिलता। जाड़ों में सर्दी से अकड़ कर रह जाते हैं और गर्मी में सड़कों पर घूमते तथा जहाँ-तहाँ पड़ते-फ़िरते हैं। बरसात में सड़े सीले घरों में भीगे पड़े रहते हैं। सारांश यह कि हरेक ऋतु की तीव्रता में सबसे आगे मृत्यु के पथ का वही अनुगमन करते हैं। मौत ही एक है, जो उनकी दशा पर दया करके जल्द-जल्द उन्हें जीवन रूपी रोग के कष्ट से छुड़ाती है।

परन्तु क्या इनसे भी बढ़ कर और दृश्य नहीं हैं? हाँ हैं, पर जरा और स्थिरता से देखने के हैं। बालू में बिखरी हुई चीनी को हाथी अपने सूँड़ से नहीं उठा सकता, उसके लिए चिंवटी की जिह्वा दरकार है। इसी कलकत्ते में, इसी इमारतों के नगर में माई लार्ड की प्रजा में हजारों आदमी ऐसे हैं, जिनको रहने को सड़ा झोंपड़ा भी नहीं है। गलियों और सड़कों पर घूमते-घूमते जहाँ जगह देखते हैं, वहीं पड़ रहते हैं। पहरेवाला आकर डंडा लगाता है तो सरक कर दूसरी जगह जा पड़ते हैं। बीमार होते हैं तो सड़कों ही पर पड़े पाँव पीटकर मर जाते हैं। कभी आग जलाकर खुले मैदान में पड़े रहते हैं। कभी-कभी हलवाइयों की भट्टियों से चमट कर रात काट देते हैं। नित्य इनकी दो-चार लाशें, जहाँ-तहाँ से पड़ी हुई, पुलिस उठाती है। भला माई लार्ड तक उनकी बात कौन पहुँचावे? दिल्ली दरबार में भी जहाँ सारे भारत का वैभव एकत्र था, सैकड़ों ऐसे लोग दिल्ली की सड़कों पर पड़े दिखाई देते थे, परन्तु उनकी ओर देखने वाला कोई न था। यदि माई लार्ड एक बार इन लोगों को देख पाते तो पूछने को जगह हो जाती कि वे लोग भी ब्रिटिश राज्य के सिटिजन हैं या नहीं? यदि हैं तो कृपापूर्वक पता लगाइये कि उनके रहने के स्थान कहाँ हैं और ब्रिटिश राज्य से उनका क्या नाता है? क्या कहकर वे अपने राजा और उसके प्रतिनिधि को सम्बोधन करें? किन शब्दों में ब्रिटिश राज्य को असीस दें? क्या यों कहें कि जिस ब्रिटिश राज्य में हम अपनी जन्मभूमि में एक उंगल भूमि के अधिकारी नहीं, जिसमें हमारे शरीर से फटे-चिथड़े भी नहीं जुड़े और न कभी पापी पेट को पूरा अन्न मिला, उस राज्य की जय हो। उसका राजप्रतिनिधि हाथियों का जुलूस निकालकर सबसे बड़े हाथी पर चंवर छत्र लगा कर निकले और स्वदेश में जाकर प्रजा के सुखी होने का डंका बजावे?

इस देश में करोड़ों प्रजा ऐसी है, जिसके लोग जब संध्या-सवेरे किसी स्थान पर एकत्र होते हैं तो महाराज विक्रम की चर्चा करते हैं और उन राजा-महाराजों की गुणावली वर्णन करते हैं, जो प्रजा का दुख मिटाने और उनके अभावों का पता लगाने के लिए रातों को वेश बदलकर निकला करते थे। अकबर के प्रजापालन की और बीरबल के लोकरंजन की कहानियाँ कहकर वे जी बहलाते हैं और समझते हैं कि न्याय और सुख का समय बीत गया। अब वे राजा संसार में उत्पन्न नहीं

होते, जो प्रजा के सुख-दुख की बात उनके घरों में आकर पूछ जाते थे। महारानी विक्टोरिया को वे अवश्य जानते हैं कि वह महारानी थीं और अब उनके पुत्र उनकी जगह राजा और इस देश के प्रभु हुए हैं। उनको इस बात की खबर तक भी नहीं कि उनके प्रभु के कोई प्रतिनिधि होते हैं और वही इस देश के शासन के मालिक होते हैं तथा कभी-कभी इस देश की तीस करोड़ प्रजा का शासन करने का घमंड भी करते हैं। अथवा मन चाहे तो इस देश के साथ बिना कोई अच्छा बरताव किए भी यहाँ के लोगों को झूठा, मक्कार आदि कहकर अपनी बड़ाई करते हैं। इन सब विचारों ने इतनी बात तो शिवशम्भु के जी में भी पक्की कर दी कि अब राजा-प्रजा के मिलकर होली खेलने का समय गया। जो बाकी था, वह काश्मीर-नरेश महाराज रणवीर सिंह के साथ समाप्त हो गया। इस देश में उस समय के फिर लौटने की जल्द आशा नहीं। इस देश की प्रजा का अब वह भाग्य नहीं है। साथ ही किसी राजपुरुष का भी ऐसा सौभाग्य नहीं है, जो यहाँ की प्रजा के अकिंचन प्रेम को प्राप्त करने की परवाह करे। माई लार्ड अपने शासन-काल का सुन्दर से सुन्दर सचित्र इतिहास स्वयं लिखवा सकते हैं, वह प्रजा के प्रेम की क्या परवाह करेंगे? तो भी इतना सन्देश भंगड़ शिवशम्भु शर्मा अपने प्रभु तक पहुँचा देना चाहता है कि आपके द्वार पर होली खेलने की आशा करने वाले एक ब्राह्मण को कुछ नहीं तो कभी-कभी पागल समझकर ही स्मरण कर लेना। वह आपकी गूँगी प्रजा का एक वकील है, जिसके शिक्षित होकर मुँह खोलने तक आप कुछ करना नहीं चाहते।

बमुलाजिमाने सुलतां कै रसानद, ई दुआरा?
कि बशुक्रे बादशाही जे नजर मरां गदारा।

[18 मार्च, 1905 में 'भारत मित्र' में प्रकाशित]

विदाई सम्भाषण

माई लार्ड! अन्त में आपके शासन काल का इस देश में अन्त हो गया। अब आप इस देश से अलग होते हैं। इस संसार में सब बातों का अन्त है। इससे आपके शासन काल का भी अन्त होता, चाहे आपकी एक बार की कल्पना के अनुसार आप यहाँ के चिरस्थायी वैसराय भी हो जाते। किन्तु इतनी जल्दी वह समय पूरा हो जाएगा ऐसा विचार न आप ही का था, न इस देश के निवासियों का। इससे जान पड़ता है कि आपके और यहाँ के निवासियों के बीच में कोई तीसरी शक्ति और भी है, जिस पर यहाँ वालों का तो क्या आपका भी काबू नहीं है।

बिछड़न-समय बड़ा करुणोत्पादक होता है। आपको बिछड़ता देखकर आज हृदय में बड़ा दुख है। माई-माई लार्ड! आपके दूसरी बार इस देश में आने से भारतवासी

किसी प्रकार प्रसन्न न थे। वे यही चाहते थे कि आप फिर न आवें। पर आप आए और उससे यहाँ के लोग बहुत ही दुखित हुए। वे दिन-रात यही मनाते थे कि जल्द श्रीमान् यहाँ से पधारें। पर अहो! आज आपके जाने पर हर्ष की जगह विषाद होता है। इसी से जाना कि बिछड़न-समय बड़ा करुणोत्पादक होता है। बड़ा पवित्र, बड़ा निर्मल और कोमल होता है। बैर-भाव छूटकर शान्त रस का आविर्भाव उस समय होता है। माई लार्ड का देश देखने का इस दीन भंगड़ ब्राह्मण को कभी इस जन्म में सौभाग्य नहीं हुआ। इससे नहीं जानता कि वहाँ बिछड़ने के समय लोगों का क्या भाव होता है। पर इस देश के पशु-पक्षियों को भी बिछड़ने के समय उदास देखा है। एक बार शिवशम्भु की दो गाय थीं। उनमें एक अधिक बलवाली थी। वह कभी-कभी अपने सींगों की टक्कर से दूसरी कमजोर गाय को गिरा देती थी। एक दिन वह टक्कर मारने वाली गाय पुरोहित को दे दी गई। देखा कि दुर्बल गाय उसके चले जाने से प्रसन्न नहीं हुई, वरंच उस दिन वह भूखी खड़ी रही, चारा छुआ तक नहीं। माई लार्ड! जिस देश के पशुओं की बिछड़ते समय यह दशा होती है, वहाँ के मनुष्यों की कैसी दशा हो सकती है, इसका अन्दाजा लगाना कठिन नहीं है।

आगे भी इस देश में जो प्रधान शासक आए अन्त में उनको जाना पड़ा। इससे आपका जाना भी परम्परा की चाल से कुछ अलग नहीं है, तथापि आपके शासन काल का नाटक घोर दुखान्त है और अधिक आश्चर्य की बात यह है कि दर्शक तो क्या स्वयं सूत्रधार भी नहीं जानता था कि उसने जो खेल सुखान्त समझकर खेलना आरम्भ किया था, वह दुखान्त हो जावेगा। जिसके आदि में सुख था, मध्य में सीमा से बाहर सुख था, उसका अन्त ऐसे घोर दुख के साथ कैसे हुआ। आह! घमंडी खिलाड़ी समझता है कि दूसरों को अपनी लीला दिखाता हूँ, किन्तु परदे के पीछे एक और ही लीलामय की लीला हो रही है, यह उसे खबर नहीं।

इस बार बम्बई में उतरकर, माई लार्ड! आपने जो-जो इरादे जाहिर किए थे, जरा देखिये तो उनमें से कौन-कौन पूरे हुए। आपने कहा था कि यहाँ से जाते समय भारतवर्ष को ऐसा कर जाऊँगा कि मेरे बाद आने वाले बड़े लाटों को वर्षों तक कुछ करना न पड़ेगा, वे कितने ही वर्षों सुख की नींद सोते रहेंगे। किन्तु बात उल्टी हुई। आपको स्वयं इस बार बेचैनी उठानी पड़ी है और इस देश में जैसी अशान्ति आप फैला चले हैं, उसके मिटाने में आपके पद पर आने वालों को न जाने कब तक नींद और भूख हराम करनी पड़ेगी। इस बार आपने अपना बिस्तर गर्म राख पर रखा है और भारतवासियों को गर्म तवे पर पानी की बूँदों की भाँति नचाया है। आप स्वयं भी सुखी न हो सके और यहाँ की प्रजा को सुखी न होने दिया, इसका लोगों के चित्त पर बड़ा ही दुख है।

विचारिये तो क्या शान आपकी इस देश में थी और अब क्या हो गई। कितने ऊँचे होकर आप कितने नीचे गिरे। अलिफलैला के अलहदीन ने चिराग रगड़कर और

अबुलहसन ने बगदाद के खलीफा की गद्दी पर आँख खोलकर वह शान न देखी, जो दिल्ली दरबार में आपने देखी। आपकी और आपकी लेडी की कुरसी सोने की थी और आपके प्रभु महाराज के छोटे भाई और उनकी पत्नी की चाँदी की। आप दायें थे वह बायें, आप प्रथम थे वह दूसरे। इस देश के सब राजा रईसों ने आपको सलाम पहले किया और बादशाह के भाई को पीछे। जुलूस में आपका हाथी सबसे आगे और सबसे ऊँचा था, हौदा और चँवर छत्र आदि सामान सबसे बढ़-चढ़कर थे। सारांश यह कि ईश्वर और महाराज एडवर्ड के बाद इस देश में आप ही का दरजा था। किन्तु अब देखते हैं कि जंगीलाट के मुकाबले में आपने पटखनी खाई, सिर के बल नीचे आ रहे। आपके स्वदेश में वही ऊँचे माने गए, आपको साफ नीचा देखना पड़ा। पद त्याग की धमकी से भी ऊँचे न हो सके।

आप बहुत धीर-गम्भीर प्रसिद्ध थे। उस सारी धीरता-गम्भीरता का आपने इस बार कौंसिल में बेकानूनी कानून पास करते और कनवोकेशन में वक्तृता देते समय दीवाला निकाल दिया। यह दीवाला तो इस देश में हुआ। उधर विलायत में आपके बार-बार इस्तीफा देने की धमकी ने प्रकाश कर दिया कि जड़ हिल गई है। अन्त में वहाँ भी आपको दिवालिया होना पड़ा और धीरता-गम्भीरता के साथ दृढ़ता को भी जलांजलि देनी पड़ी। इस देश के हाकिम आपकी ताल पर नाचते थे, राजा-महाराजा डोरी हिलाने से सामने हाथ बाँधे हाजिर होते थे। आपके एक इशारे में प्रलय होती थी। कितने ही राजों को मट्टी के खिलौने की भाँति आपने तोड़-फोड़ डाला। कितने ही मट्टी काठ के खिलौने आपकी कृपा के जादू से बड़े-बड़े पदाधिकारी बन गए। आपके एक इशारे में इस देश की शिक्षा पायमाल हो गई, स्वाधीनता उड़ गई। बंग देश के सिर पर आरा रखा गया। ओह! इतने बड़े माई लार्ड का यह दरजा हुआ कि एक फौजी अफसर उनके इच्छित पद पर नियत न हो सका। और उनको इसी गुस्से के मारे इस्तीफा दाखिल करना पड़ा, वह भी मंजूर हो गया। उनका रखाया एक आदमी नौकर न रखा गया, उल्टा उन्हीं के निकल जाने का हुक्म मिला।

जिस प्रकार आपका बहुत ऊँचे चढ़कर गिरना यहाँ के निवासियों को दुखित कर रहा है, गिरकर पड़ा रहना उससे भी अधिक दुखित करता है। आपका पद छूट गया, तथापि आपका पीछा नहीं छूटा है। एक अदना क्लर्क जिसे नौकरी छोड़ने के लिए एक महीने का नोटिस मिल गया हो नोटिस की अवधि को बड़ी घृणा से काटता है। आपको इस समय अपने पद पर रहना कहाँ तक पसन्द है, यह आप ही जानते होंगे। अपनी दशा पर आपको कैसी घृणा आती है, इस बात के जान लेने का इस देश के वासियों को अवसर नहीं मिला। पर पतन के पीछे इतनी उलझन में पड़ते उन्होंने किसी को नहीं देखा।

माई लार्ड! एक बार अपने कामों की ओर ध्यान दीजिये। आप किस काम को आए थे और क्या कर चले? शासक का प्रजा के प्रति कुछ तो कर्तव्य होता

है, यह बात आप निश्चय ही मानते होंगे। सो कृपा करके बतलाइये क्या कर्तव्य आप इस देश की प्रजा के साथ पालन कर चले? क्या आँख बन्द करके मनमाने हुक्म चलाना और किसी की कुछ न सुनने का नाम ही शासन है? क्या प्रजा की बात पर कभी कान न देना और उसको दबाकर उसकी मर्जी के विरुद्ध जिद्द से सब काम किए चले जाना ही शासन कहलाता है? एक काम ऐसा बताइये, जिसमें आपने जिद्द छोड़कर प्रजा की बात पर ध्यान दिया हो। कैसर और जार भी घेरने-घसोटने से प्रजा की बात सुन लेते हैं, पर आप एक मौका तो ऐसा बताइये जिसमें किसी अनुरोध या प्रार्थना सुनने के लिए प्रजा के लोगों को आपने अपने निकट फटकने दिया हो और उनकी बात सुनी हो। नादिरशाह ने जब दिल्ली में कत्ले-आम किया तो आसिफजाह के तलवार गले में डालकर प्रार्थना करने पर उसने कत्ले-आम उसी दम रोक दिया। पर आठ करोड़ प्रजा के गिड़गिड़ा कर बंग विच्छेद न करने की प्रार्थना पर आपने वहाँ भी ध्यान नहीं दिया। इस समय आपकी शासन अवधि पूरी हो गई है, तथापि बंग विच्छेद किए बिना घर जाना आपको पसन्द नहीं है। नादिर से भी बढ़कर आपकी जिद्द है। क्या आप समझते हैं कि आपकी जिद्द से प्रजा के जी में दुख नहीं होता? आप विचारिये तो एक आदमी को आपके कहने पर पद न देने से आप नौकरी छोड़े जाते हैं, इस देश की प्रजा को भी यदि कहीं जाने की जगह होती तो क्या वह नाराज होकर इस देश को छोड़ न जाती?

यहाँ की प्रजा ने आपकी जिद्द का फल यहीं देख लिया। उसने देख लिया कि आपकी जिस जिद्द ने इस देश की प्रजा को पीड़ित किया, आपको भी उसने कम पीड़ा न दी, यहाँ तक कि आप स्वयं उसके शिकार हुए। यहाँ की प्रजा वह प्रजा है, जो अपने दुख और कष्टों की अपेक्षा परिणाम का अधिक ध्यान रखती है। वह जानती है कि संसार में सब चीजों का अन्त है। दुख का समय भी एक दिन निकल जावेगा। इसी से सब दुखों को झेलकर पराधीनता सहकर भी वह जीती है। माई लार्ड! इस कृतज्ञता की भूमि की महिमा आपने कुछ न समझी और न यहाँ की दीन प्रजा की श्रद्धा भक्ति अपने साथ ले जा सके, इसका बड़ा दुख है।

इस देश के शिक्षितों को तो देखने की आपकी आँखों को ताब नहीं। अनपढ़ गूँगी प्रजा का नाम कभी-कभी आपके मुँह से निकल जाया करता है। उसी अनपढ़ प्रजा में नर सुलतान नाम के एक राजकुमार का गीत गाया जाता है। एक बार अपनी विपद के कई साल सुलतान ने नरवरगढ़ नाम के एक स्थान में काटे थे। वहाँ चौकीदारी से लेकर उसे एक ऊँचे पद तक काम करना पड़ा था। जिस दिन घोड़े पर सवार होकर वह उस नगर से विदा हुआ, नगरद्वार से बाहर आकर उस नगर को जिस रीति से उसने अभिवादन किया था, वह सुनिये। उसने आँखों में आँसू भरकर कहा—"प्यारे नरवरगढ़। मेरा प्रणाम ले, आज मैं तुझसे जुदा होता हूँ। तू मेरा

अन्नदाता है। अपनी विपद के दिन मैंने तुझमें काटे हैं, तेरे ऋण का बदला मैं गरीब सिपाही नहीं दे सकता। भाई नरवरगढ़। यदि मैंने जान-बूझकर एक दिन भी अपनी सेवा में चूक की हो, यहाँ की प्रजा की शुभचिन्ता न की हो, यहाँ की स्त्रियों को माता और बहन की दृष्टि से न देखा हो तो मेरा प्रणाम न ले, नहीं तो प्रसन्न होकर एक बार मेरा प्रणाम ले और मुझे जाने की आज्ञा दे।" माई-माई लार्ड! जिस प्रजा में ऐसे राजकुमार का गीत गाया जाता है, उसके देश से क्या आप भी चलते समय कुछ सम्भाषण करेंगे? क्या आप कह सकेंगे—"अभागे। मैंने तुझसे सब प्रकार का लाभ उठाया और तेरी बदौलत वह शान देखी जो इस जीवन में असम्भव है। तूने मेरा कुछ नहीं बिगाड़ा, पर मैंने तेरे बिगाड़ने में कुछ कमी न की। संसार के सबसे पुराने देश। जब तक मेरे हाथ में शक्ति थी, तेरी भलाई की इच्छा मेरे जी में न थी। अब कुछ शक्ति नहीं है, जो तेरे लिए कुछ कर सकूँ, पर आशीर्वाद करता हूँ कि तू फिर उठे और अपने प्राचीन गौरव और यश का फिर से लाभ करे। मेरे बाद आने वाले तेरे गौरव को समझें।" आप कर सकते हैं और यह देश आपकी पिछली सब बातें भूल सकता है, पर इतनी उदारता माई लार्ड में कहाँ?

[2 सितम्बर, 1905 में 'भारत मित्र' में प्रकाशित]

बंग विच्छेद

16 अक्टूबर को बंग विच्छेद या बंगाल का पार्टीशन हो गया। पूर्व बंगाल और आसाम का नया प्रान्त बनकर हमारे महाप्रभु माई लार्ड इंग्लैंड के महान राजप्रतिनिधि का तुगलकाबाद आबाद हो गया। भंगड़ लोगों के पिछले रगड़े की भाँति यही माई लार्ड की सबसे पिछली प्यारी इच्छा थी। खूब अच्छी तरह भंग घुटकर तैयार हो जाने पर भंगड़ आनन्द से उस पर एक और रगड़ लगाता है। भंगड़-जीवन में उससे बढ़कर और कुछ आनन्द नहीं होता। माई लार्ड के भारत शासन जीवन में भी इससे अधिक आनन्द की बात कदाचित् कोई न होगी, जिसे पूरी होते देखने के लिए आप इस देश का सम्बन्ध-जाल छिन्न कर डालने पर भी उससे अटके रहे।

माई लार्ड को इस देश में जो कुछ करना था, वह पूरा कर चुके थे। यहाँ तक कि अपने सब इरादों को पूरा करते-करते अपने शासन काल की इतिश्री भी अपने ही कर कमल से कर चुके थे। जो कुछ करना बाकी था, वह यही बंग विच्छेद था। वह भी हो गया। आप अपनी अन्तिम कीर्ति की ध्वजा अपने ही हाथों से उड़ा चले और अपनी आँखों को उसके प्रियदर्शन से सुखी कर चले, यह बड़े सौभाग्य की बात है। अपने शासन काल की रकाबी में बहुत सी कड़वी कसैली चीजें चख जाने पर भी आप अपने लिये 'मधुरेण समापयेत्' कर चले यही गनीमत है।

अब कुछ करना रह भी गया हो तो उसके पूरा करने की शक्ति माई लार्ड में नहीं है। आपके हाथों से इस देश का जो बुरा-भला होना था, वह हो चुका। एक ही तीर आपके तर्कश में और बाकी था, उससे आप बंग भूमि का वक्ष स्थल छेद चले। बस, यहाँ आकर आपकी शक्ति समाप्त हो गई। इस देश की भलाई की ओर तो आपने उस समय भी दृष्टि न की, जब कुछ भला करने की शक्ति आपमें थी। पर अब कुछ बुराई करने की शक्ति भी आपमें नहीं रही, इससे यहाँ के लोगों को बहुत ढाड़स मिला है। अब आप हमारा कुछ नहीं कर सकते।

आपके शासन काल में बंग विच्छेद इस देश के लिए अन्तिम विषाद और आपके लिए अन्तिम हर्ष है। इस प्रकार के विषाद और हर्ष, इस पृथिवी के सबसे पुराने देश की प्रजा ने बारम्बार देखे हैं। महाभारत में सबका संहार हो जाने पर भी घायल पड़े हुए दुर्मद दुर्योधन को अश्वत्थामा की यह वाणी सुनकर अपार हर्ष हुआ था कि मैं पाँचों पांडवों के सिर काट कर आपके पास लाया हूँ। इसी प्रकार सेना सुधार रूपी महाभारत में जंगीलाट किचनर रूपी भीम की विजय-गदा से जर्जरित होकर पदच्युति-ह्रद में पड़े इस देश के माई लार्ड को इस खबर ने बड़ा हर्ष पहुँचाया कि अपने हाथों से श्रीमान् को बंग विच्छेद का अवसर मिला। इसी महा हर्ष को लेकर माई लार्ड इस देश से विदा होते हैं, यह बड़े सन्तोष की बात है। अपनों से लड़कर श्रीमान्‌की इज्जत गई या श्रीमान्‌ही गए, उसका कुछ खयाल नहीं है, भारतीय प्रजा के सामने आपकी इज्जत बनी रही, यही बड़ी बात है। इसके सहारे स्वदेश तक श्रीमान् मोछों पर ताव देते चले जा सकते हैं।

श्रीमान् के खयाल के शासक इस देश ने कई बार देखे हैं। पाँच सौ से अधिक वर्ष हुए तुगलक वंश के एक बादशाह ने दिल्ली को उजाड़ कर दौलताबाद बसाया था। पहले उसने दिल्ली की प्रजा को हुक्म दिया कि दौलताबाद में जाकर बसो। जब प्रजा बड़े कष्ट से दिल्ली को छोड़कर वहाँ जाकर बसी तो उसे फिर दिल्ली लौट आने का हुक्म दिया। इस प्रकार दो-तीन बार प्रजा को दिल्ली से देवगिरि और देवगिरि से दिल्ली अर्थात् श्रीमान् मुहम्मद तुगलक को दौलताबाद और अपने वतन के बीच में चकराना और तबाह होना पड़ा। हमारे इस समय के माई लार्ड ने केवल इतना ही किया है कि बंगाल के कुछ जिले आसाम में मिलाकर एक नया प्रान्त बना दिया है। कलकत्ते की प्रजा को कलकत्ता छोड़कर चटगाँव में आबाद होने का हुक्म तो नहीं दिया। जो प्रजा तुगलक जैसे शासकों का खयाल बरदाश्त कर गई, वह क्या आजकल के माई लार्ड के एक खयाल को बरदाश्त नहीं कर सकती है?

सब ज्यों-का-त्यों है। बंगदेश की भूमि जहाँ थी वहीं है और उसका हर एक नगर और गाँव जहाँ था वहीं है। कलकत्ता उठा कर चीरापूँजी के पहाड़ पर नहीं रख दिया गया और शिलांग उड़कर हुगली के पुल पर नहीं आ बैठा। पूर्व और पश्चिम बंगाल बीच में कोई नहर नहीं खुद गई और दोनों को अलग-अलग करने के

लिये बीच में कोई चीन की सी दीवार नहीं बन गई है। पूर्व बंगाल, पश्चिम बंगाल से अलग हो जाने पर भी अंग्रेजी शासन ही में बना हुआ है और पश्चिम बंगाल भी पहले की भाँति उसी शासन में है। किसी बात में कुछ फर्क नहीं पड़ा। खाली खयाली लड़ाई है। बंग विच्छेद करके माई लार्ड ने अपना एक खयाल पूरा किया है। इस्तीफा देकर भी एक खयाल ही पूरा किया और इस्तीफा मंजूर हो जाने पर इस देश में पड़े रहकर भी श्रीमान्—का प्रिन्स आफ वेल्स के स्वागत तक ठहरना एक खयाल मात्र है।

कितने ही खयाली इस देश में अपना खयाल पूरा करके चले गए। दो सवा दो सौ साल पहले एक शासक ने इस बंगदेश में एक रुपये के आठ मन धान बिकवाकर कहा था कि जो इससे सस्ता धान इस देश में बिकवाकर इस देश के धनधान्य-पूर्ण होने का परिचय देगा, उसको मैं अपने से अच्छा शासक समझूँगा। वह शासक भी नहीं है, उसका समय भी नहीं है। कई एक शताब्दियों के भीतर इस भूमि ने कितने ही रंग पलटे हैं, कितने ही इसकी सीमाएं हो चुकी हैं। कितने ही नगर इसकी राजधानी बनकर उजड़ गए। गौड़ के जिन खँडहरों में अब उल्लू बोलते और गीदड़ चिल्लाते हैं, वहाँ कभी बांके महल खड़े थे और वहीं बंगदेश का शासक रहता था। मुर्शिदाबाद जो आज एक लुटा हुआ सा शहर दिखाई देता है, कुछ दिन पहले इसी बंगदेश की राजधानी था और उसकी चहल-पहल का कुछ ठिकाना न था। जहाँ घसियारे घास खोदा करते थे, वहाँ आज कलकत्ता जैसा महानगर बसा हुआ है, जिसके जोड़ का एशिया में एकआध नगर ही निकल सकता है। अब माई लार्ड के बंग विच्छेद से ढाका, शिलांग और चटगाँव में से हरेक राजधानी का सेहरा बंधवाने के लिये सिर आगे बढ़ाता है। कौन जाने इनमें से किसके नसीब में क्या लिखा है और भविष्य क्या क्या दिखायेगा।

दो हजार वर्ष नहीं हुए इस देश का एक शासक कह गया है—

"सैकड़ों राजा जिसे अपनी-अपनी समझकर चले गए, परन्तु वह किसी के भी साथ नहीं गई, ऐसी पृथिवी के पाने से क्या राजाओं को अभिमान करना चाहिए? अब तो लोग इसके अंश के अंश को पाकर भी अपने को भूपति मानते हैं। ओहो। जिसपर पश्चात्ताप करना चाहिए उसके लिये मूर्ख उल्टा आनन्द करते है।" वही राजा और कहता है—"यह पृथिवी मट्टी का एक छोटा-सा ढेला है जो चारों तरफ से समुद्ररूपी पानी की रेखा से घिरा हुआ है। राजा लोग आपस में लड़-भिड़कर इस छोटे से ढेले के छोटे-छोटे अंशों पर अपना अधिकार जमाकर राज्य करते हैं। ऐसे क्षुद्र और दरिद्री राजाओं को लोग दानी कह कर जाँचने जाते हैं। ऐसे नीचों से धन की आशा करनेवाले अधम पुरुषों को धिक्कार है।" यह वह शासक था कि इस देश का चक्रवर्ती अधीश्वर होने पर भी एक दिन राजपाट को लात मारकर जंगलों और वनों में चला गया था। आज वही भारत एक ऐसे शासक का शासन काल

देख रहा है जो यहाँ का अधीश्वर नहीं है, कुछ नियत समय के लिये उसके हाथ में यहाँ का शासन भार दिया गया था, तो भी इतना मोह में डूबा हुआ है कि स्वयं इस देश को त्यागकर भी इसे कुछ दिन और न त्यागने का लोभ संवरण न कर सका।

यह बंग विच्छेद बंग का विच्छेद नहीं है। बंगनिवासी इससे विच्छिन्न नहीं हुए, वरंच और युक्त हो गए। जिन्होंने गत 16 अक्टूबर का दृश्य देखा है, वे समझ सकते हैं कि बंगदेश या भारतवर्ष में नहीं, पृथिवी भर में वह अपूर्व दृश्य था। आर्य सन्तान उस दिन अपने प्राचीन वेश में विचरण करती थी। बंगभूमि ऋषि-मुनियों के समय की आर्यभूमि बनी हुई थी। किसी अपूर्व शक्ति ने उसको उस दिन एक राखी से बांध दिया था। बहुत काल के पश्चात् भारत सन्तान को होश हुआ कि भारत की मट्टी वन्दना के योग्य है। इसी से वे एक स्वर से 'वन्दे मातरम्' कहकर चिल्ला उठे। बंगाल के टुकड़े नहीं हुए, वरंच भारत के अन्यान्य टुकड़े भी बंगदेश से आकर चिमटे जाते हैं।

हाँ, एक बड़े ही पवित्र मेल को हमारे माई लार्ड विच्छिन्न किये जाते हैं। वह इस देश के राजा-प्रजा का मेल है। स्वर्गीया विक्टोरिया महारानी के घोषणापत्र और शासन काल ने इस देश की प्रजा के जी में यह बात जमा दी थी कि अंग्रेज, प्रजा की बात सुनकर और उसका मन रखकर शासन करना जानते हैं और वह रंग के नहीं, योग्यता के पक्षपाती हैं। केनिंग और रिपन आदि उदार हृदय शासकों ने अपने सुशासन से इस भाव की पुष्टि की थी। इस समय के महाप्रभु ने दिखा दिया कि वह पवित्र घोषणापत्र समय पड़े की चाल मात्र था। अंग्रेज अपने खयाल के सामने किसी की नहीं सुनते। विशेषकर दुर्बल भारतवासियों की चिल्लाहट का उनके जी में कुछ भी वजन नहीं है। इससे आठ करोड़ बंगालियों के एक स्वर होकर दिन-रात महीनों रोने-गाने पर भी अंग्रेजी सरकार ने कुछ न सुना। बंगाल के दो टुकड़े कर डाले। उसी माई लार्ड के हाथ से दो टुकड़े कराये, जिसके कहने से उसने केवल एक मिलिटरी मेम्बर रखना भी मंजूर नहीं किया और उसके लिये माई लार्ड को नौकरी से अलग करना भी पसन्द किया। भारतवासियों के जी में यह बात जम गई कि अंग्रेजों से भक्तिभाव करना वृथा है, प्रार्थना करना वृथा है और उनके आगे रोना-गाना वृथा है। दुर्बल की वह नहीं सुनते।

बंग विच्छेद से हमारे महाप्रभु सरदस्त राजा-प्रजा में यही भाव उत्पन्न करा चले हैं। किन्तु हाय। इस समय इस पर महाप्रभु के देश में कोई ध्यान देनेवाला तक नहीं है, महाप्रभु तो ध्यान देने के योग्य ही कहाँ?

[21 अक्तूबर, 1905 ई. में 'भारत मित्र' में प्रकाशित]

लार्ड मिन्टो का स्वागत

भगवान करे श्रीमान् इस विनय से प्रसन्न हों—मैं इस भारत देश की मट्टी से उत्पन्न होनेवाला, इसका अन्न-फल-मूल आदि खाकर प्राण धारण करनेवाला, मिल जाए तो कुछ भोजन करनेवाला, नहीं तो उपवास कर जानेवाला, यदि कभी कुछ भंग प्राप्त हो जाए तो उसे पीकर प्रसन्न होनेवाला, जवानी बिताकर बुढ़ापे की ओर फुर्ती से कदम बढ़ानेवाला और एक दिन प्राण विसर्जन करके इस मातृभूमि की वन्दनीय मट्टी में मिलकर चिर शान्ति लाभ करने की आशा रखनेवाला शिवशम्भु शर्मा इस देश की प्रजा का अभिनन्दन पत्र ले के श्रीमान् की सेवा में उपस्थित हुआ हूँ। इस देश की प्रजा श्रीमान्—का हृदय से स्वागत करती है। आप उसके राजा के प्रतिनिधि होकर आए हैं। पाँच साल तक इस देश की 30 करोड़ प्रजा के रक्षण, पालन और शासन का भार राजा ने आपको सौंपा। इससे यहाँ की प्रजा आपको राजा के तुल्य मानकर आपका स्वागत करती है और आपके इस महान् पद पर प्रतिष्ठित होने के लिये हर्ष प्रकाश करती है।

भाग्य से आप इस देश की प्रजा के शासक हुए हैं। अर्थात् यहाँ की प्रजा की इच्छा से आप यहाँ के शासक नियत नहीं हुए। न यहाँ की प्रजा उस समय तक आपके विषय में कुछ जानती थी, जबकि उसने श्रीमान् के इस नियोग की खबर सुनी। किसी को श्रीमान् की ओर का कुछ भी गुमान न था। आपके नियोग की खबर इस देश में बिना मेघ की वर्षा की भाँति अचानक आ गिरी। अब भी यहाँ की प्रजा श्रीमान्—के विषय में कुछ नहीं समझी है, तथापि उसे आपके नियोग से हर्ष हुआ। आपको पाकर वह वैसी ही प्रसन्न हुई है, जैसे डूबता थाह पाकर प्रसन्न होता है। उसने सोचा है कि आप तक पहुँच जाने से उसकी सब विपदों की इति हो जाएगी।

भाग्यवानों से कुछ न कुछ सम्बन्ध निकाल लेना संसार की चाल है। जो लोग श्रीमान् तक पहुँच सके हैं, उन्होंने श्रीमान् से भी एक गहरा सम्बन्ध निकाल लिया है। वे लोग कहते हैं कि सौ साल पहले आपके बड़ों में से एक महानुभाव यहाँ का शासन कर गए हैं, इससे भारत का शासक होना आपके लिये कोई नई बात नहीं है। वे लोग साथ ही यह भी कहते हैं कि सौ साल पहलेवाले लार्ड मिन्टो बड़े प्रजापालक थे। प्रजा को प्रसन्न रखकर शासन करना चाहते थे। यह कहकर वह श्रीमान् से भी अच्छे शासन और प्रजा-रंजन की आशा जानते हैं। पर यह सम्बन्ध बहुत दूर का है। सौ साल पहले की बात का कितना प्रभाव हो सकता है, नहीं कहा जा सकता। उस समय की प्रजा में से एक आदमी जीवित नहीं, जो कुछ उस समय की आँखों देखी कह सके। फिर यह भी कुछ निश्चय नहीं कि श्रीमान् अपने उस बड़े के शासन के विषय में वैसा ही विचार रखते हों, जैसा यहाँ के लोग कहते हैं। यह भी निश्चय नहीं कि श्रीमान् को सौ साल पहले की शासन नीति पसन्द होगी

या नहीं तथा उसका कैसा प्रभाव श्रीमान् के चित्त पर है। हाँ, एक प्रभाव देखा कि श्रीमान् के पूर्ववर्ती शासक ने अपने से सौ साल पहले के शासक की बात स्मरण करके उस समय की पोशाक में गवर्नमेन्ट हौस के भीतर एक नाच, नाच डाला था।

सारांश यह है कि लोग जिस ढंग से श्रीमान् की बड़ाई करते हैं वह एक प्रकार की शिष्टाचार की रीति पूरी कर रहे हैं। आपकी असली बड़ाई का मौका अभी नहीं आया, पर वह मौका आपके हाथ में विलक्षण रूप से है। श्रीमान् इस देश में अभी यदि अज्ञातकुल नहीं तो अज्ञातशील अवश्य हैं। यहाँ के कुछ लोगों की समझ में आपके पूर्ववर्ती शासक ने प्रजा को बहुत सताया है और वह उसके हाथ से बहुत तंग हुई। वह समझते हैं कि आप उन पीड़ाओं को दूर कर देंगे, जो आपका पूर्ववर्ती शासक यहाँ फैला गया है। इसी से वह दौड़ कर आपके द्वार पर जाते हैं। यह कदापि न समझिये कि आपके किसी गुण पर मोहित होकर जाते हैं। वह जैसे आँखों पर पट्टी बाँधे जाते हैं, वैसे ही चले आते हैं, जिस अँधेरे में हैं, उसी में रहते हैं।

अब यह कैसे मालूम हो कि जिन बातों को कष्ट मानते हैं, उन्हें श्रीमान् भी कष्ट ही मानते हों? अथवा आपके पूर्ववर्ती शासक ने जो काम किये, आप भी उन्हें अन्याय भरे काम मानते हों? साथ ही एक और बात है। प्रजा के लोगों की पहुँच श्रीमान् तक बहुत कठिन है। पर आपका पूर्ववर्ती शासक आपसे पहले ही मिल चुका और जो कहना था वह कह गया। कैसे जाना जाए कि आप उसकी बात पर ध्यान न देकर प्रजा की बात पर ध्यान देंगे? इस देश में पदार्पण करने के बाद जहाँ आपको जरा भी खड़ा होना पड़ा है, वहीं उन लोगों से घिर हुए रहे हैं, जिन्हें आपके पूर्ववर्ती शासक का शासन पसन्द है। उसकी बात बनाई रखने को अपनी इज्जत समझते हैं। अब भी श्रीमान् चारों ओर से उन्हीं लोगों के घेरे में हैं। कुछ करने धरने की बात तो अलग रहे, श्रीमान्—के विचारों को भी इतनी स्वाधीनता नहीं है कि उन लोगों के बिठाये चौकी पहरे को जरा भी उल्लंघन कर सकें। तिस पर गजब यह कि श्रीमान् को इतनी भी खबर नहीं कि श्रीमान्—की स्वाधीनता पर इतने पहरे बैठे हुए हैं। हाँ, यह खबर हो जाए तो वह हट सकते हैं।

जिस दिन श्रीमान् ने इस राजधानी में पदार्पण करके इसका सौभाग्य बढ़ाया, उस दिन प्रजा के कुछ लोगों का समूह सड़क के किनारों पर खड़ा होकर श्रीमान् को बड़ी कठिनाई से एक दृष्टि देख पाया। इसके लिये पुलिस पहरेवालों की गली में घुसे और धक्के भी बरदाश्त किये। बस, उन लोगों ने श्रीमान् के श्रीमुख की एक झलक देख ली। कुछ कहने-सुनने का अवसर उन्हें न मिला, न सहज में मिल सकता था। हुजूर ने किसी को बुलाकर कुछ पूछताछ न की न सही, उसका कुछ अरमान नहीं, पर जो लोग दौड़कर कुछ कहने-सुनने की आशा से हुजूर के द्वार तक गए थे, उन्हें भी उल्टे पाँव लौट आना पड़ा। ऐसी आशा

अन्तत: प्रजा को आपसे न थी। इस समय वह अपनी आशा के खड़े होने के लिये स्थान नहीं पाती है।

एक बार एक छोटा-सा लड़का अपनी सौतेली माता से खाने को रोटी माँग रहा था। सौतेली माँ कुछ काम में लगी थी, लड़के के चिल्लाने से तंग होकर उसने उसे एक बहुत ऊँचे ताक में बिठा दिया। बेचारा भूख और रोटी दोनों को भूल नीचे उतार लेने के लिये रो-रो कर प्रार्थना करने लगा, क्योंकि उसे ऊँचे ताक से गिरकर मरने का भय हो रहा था। इतने में उस लड़के का पिता आ गया। उसने पिता से बहुत गिड़गिड़ाकर नीचे उतार लेने की प्रार्थना की। पर सौतेली माता ने पति को डाँटकर कहा, कि खबरदार! इस शरीर लड़के को वहीं टँगे रहने दो, इसने मुझे बड़ा दिक किया है। इस बालक की सी दशा इस समय इस देश की प्रजा की है। श्रीमान् से वह इस समय ताक से उतार लेने की प्रार्थना करती है, रोटी नहीं माँगती। जो अत्याचार उस पर श्रीमान् के पधारने के कुछ दिन पहले से आरम्भ हुआ है, उसे दूर करने के लिये गिड़गिड़ाती है, रोटी नहीं माँगती। बस, इतने ही में श्रीमान् प्रजा को प्रसन्न कर सकते हैं। सुनाम पाने का यह बहुत ही अच्छा अवसर है, यदि श्रीमान् को उसकी कुछ परवा हो।

आशा मनुष्य को बहुत लुभाती है, विशेषकर दुर्बल को परम कष्ट देती है। श्रीमान् ने इस देश में पदार्पण करके बम्बई में कहा और यहाँ भी एक बार कहा कि अपने शासन काल में श्रीमान् इस देश में सुख-शान्ति चाहते हैं। इससे यहाँ की प्रजा को बड़ी आशा हुई थी कि वह ताक से नीचे उतार ली जाएगी, पर श्रीमान् के दो-एक कामों तथा कौंसिल के उत्तर ने उस आशा को ढीला कर डाला है, उसे ताक से उतरने का भरोसा भी नहीं रहा।

अभी कुछ दिन हुए आपके एक लफटंट ने कहा था कि मेरी दशा उस आदमी की सी है, जिसकी एक हिंदू और एक मुसलमान दो जोरू हों, हिंदू जोरू नाराज रहती हो और मुसलमान जोरू प्रसन्न। इससे वह हिंदू जोरू को हटाकर मुसलमान बीबी से खूब प्रेम करने लगे। श्रीमान् के उस लफटंट की ठीक वैसी दशा है या नहीं, कहा नहीं जा सकता। पर श्रीमान् की दशा ठीक उस लड़के के पिता की सी है, जिसकी कहानी ऊपर कही गई है। उधर उसका लड़का ताक में बैठा नीचे उतरने के लिये रोता है और इधर उसकी नवीन सुन्दरी स्त्री लड़के को खूब डराने के लिये पति पर आँखें लाल करती है। प्रजा और 'प्रेस्टीज' दो खयालों में श्रीमान फँसे हैं। प्रजा ताक का बालक है और 'प्रेस्टीज' नवीन सुन्दरी पत्नी—किसकी बात रखेंगे? यदि दया और वात्सल्य भाव श्रीमान् के हृदय में प्रबल हो तो प्रजा की ओर ध्यान होगा, नहीं तो 'प्रेस्टीज' की ओर ढुलकना ही स्वाभाविक है।

अब यह विषय श्रीमान् ही के विचारने के योग्य है कि प्रजा की ओर देखना कर्तव्य है या 'प्रेस्टीज' की ओर। आप प्रजा की रक्षा के लिये आए हैं या 'प्रेस्टीज'

की? यदि आपके खयाल में प्रजारूपी लड़का ताक में बैठा रोया करे और 'उतारो, उतारो' पुकारा करे, इसी में उसका सुख और शान्ति है तो उसे ताक में टंगा रहने दीजिये, जैसाकि इस समय रहने दिया है। यदि उसे वहाँ से उतारकर कुछ खाने- पीने को देने में सुख है तो वैसा किया जा सकता है। यह भी हो सकता है कि उसकी विमाता को प्रसन्न करके उसे उतरवा लिया जाए, इसमें प्रजा और 'प्रेस्टीज' दोनों की रक्षा है।

जो बात आपको भली लगे वही कीजिये—जिसे कर्तव्य समझिये वही कीजिये। इस देश की प्रजा को अब कुछ कहने-सुनने का साहस नहीं रहा। अपने भाग्य पर उसे भरोसा नहीं, अपनी प्रार्थना के स्वीकार होने का विश्वास नहीं। उसने अपने को निराशा के हवाले कर दिया है। एक विनय और भी साथ-साथ किया जाता है कि इस देश में श्रीमान् जो चाहें बेखटके कर सकते हैं, किसी बात के लिये विचारने या सोच में जाने की जरूरत नहीं। प्रशंसा करनेवाले अब और चलते समय बराबर आपको घेरे रहेंगे। आप देख ही रहे हैं कि कैसे सुन्दर बास्केटों में रखकर, लम्बी-चौड़ी प्रशंसा भरे एड्रेस लेकर लोग आपकी सेवा में उपस्थित होते हैं। श्रीमान् उन्हें बुलाते भी नहीं, किसी प्रकार की आशा भी नहीं दिलाते, पर वे आते हैं। इसी प्रकार हुजूर जब इस देश को छोड़ जाएँगे तो हुजूर वाला को बहुत से एड्रेस उन लोगों से मिलेंगे, जिनका हुजूर ने कभी कुछ भला नहीं किया। बहुत लोग हुजूर की एक मूर्ति के लिये खनाखन रुपये गिन देंगे, जैसे कि हुजूर के पूर्ववर्ती वैसराय की मूर्ति कि लिये गिने जा रहे हैं। प्रजा उस शासक की कड़ाई के लिये लाख रोती है, पर इसी देश के धन से उसकी मूर्ति बनती है।

विनय हो चुका, अब भगवान से प्रार्थना है कि श्रीमान् का प्रताप बढ़े यश बढ़े और जब तक यहाँ रहें, आनन्द से रहें। यहाँ की प्रजा के लिये जैसा उचित समझें करें। यद्यपि इस देश के लोगों की प्रार्थना कुछ प्रार्थना नहीं है, पर प्रार्थना की रीति है, इससे की जाती है।

[23 सितम्बर, 1905 ई. में 'भारत मित्र' में प्रकाशित]

चन्द्रधर शर्मा 'गुलेरी'

चन्द्रधर शर्मा 'गुलेरी' का जन्म सन् 1883 ई. में जयपुर (राजस्थान) के एक विद्या-सम्पन्न परिवार में हुआ था। इनके पूर्वज काँगड़ा के 'गुलेर' नामक स्थान के रहने वाले थे, अत: 'गुलेरी' कहलाते थे। इनकी बुद्धि बहुत ही कुशाग्र थी और पढ़ने-लिखने में गहरी रुचि थी। अपनी परीक्षाओं में ये सदा स्पृहणीय सफलताएँ प्राप्त करते रहे। सन् 1899 ई. में इलाहाबाद विश्वविद्यालय की एंट्रेंस परीक्षा में सर्वप्रथम आए तथा वहीं से 1903 ई. में बी.ए. की परीक्षा में भी प्रथम श्रेणी में उत्तीर्ण हुए।

बी.ए. पास करने के बाद गुलेरी जी अजमेर मेयो कॉलेज में संस्कृत के प्रधानाध्यापक हो गए। 1920 ई. में ये हिन्दू विश्वविद्यालय, वाराणसी के ओरियंटल कॉलेज के प्रिंसिपल हो गए। सन् 1922 ई. में इनकी मृत्यु हो गई।

अपनी थोड़ी-सी आयु में ही गुलेरी जी की प्रतिभा ने बहुत काम किया है। एक ओर पुरातत्त्व एवं भाषा-विज्ञान पर गम्भीर गवेषणात्मक निबन्ध लिखे और दूसरी ओर बड़ी ही ओजस्वी कविताएँ भी रचीं। बीस-इक्कीस वर्ष की आयु में ही इन्होंने जयपुर से 'समालोचना' नामक पत्र भी सम्पादित किया था और उसके माध्यम से हिन्दी आलोचना को आगे बढ़ाया। व्यंग्यपूर्ण शैली में इन्होंने कलात्मक निबन्ध भी लिखे थे। गम्भीर-से-गम्भीर विषयों के भीतर भी वे हास्य-व्यंग्य के लिए स्थान ढूँढ़ लेते थे। कहानियों के क्षेत्र में यद्यपि गुलेरी जी ने 'सुखमय जीवन', 'बुद्धू का काँटा' और 'उसने कहा था'—केवल तीन कहानियाँ लिखीं, पर अपनी अन्तिम कहानी के लिए वे कहानी-साहित्य में सदा अमर रहेंगे। अपनी भावात्मकता, वातावरण की सजीवता, नाटकीयता तथा शैली-शिल्प की प्रौढ़ता के लिए यह कहानी अमर रहेगी। यह देखकर आश्चर्य होता है कि हिन्दी कहानी के प्रारम्भिक युग में ऐसी प्रौढ़ कहानी लिखी गई।

गुलेरी जी की कहानियों में इनके निबन्धों वाली व्यंग्य-विनोद की विशेषता तो है ही, भाषा भी वैसी ही प्रवाहपूर्ण एवं शक्तिशालिनी है। इनकी भाषा में वातावरण निर्वाह की बड़ी क्षमता मिलती है। उर्दू और पंजाबी शब्दों का उन्होंने इसीलिए खूब प्रयोग किया है। संस्कृत के प्रकांड पंडित होते हुए भी उनकी शैली में सरलता, सहजता एवं मुहावरेदारी का गुण मिलता है।

गुलेरी जी की कुछ रचनाएँ 'गुलेरी ग्रन्थावली' के नाम से नागरी प्रचारिणी सभा, काशी द्वारा प्रकाशित की गई हैं।

गुलेरी जी को कई भाषाओं का ज्ञान था। उन भाषाओं में संस्कृत, पाली, प्राकृत, हिन्दी, बांग्ला, मराठी तो भारतीय भाषाएँ हैं, उन्हें लैटिन, फ्रेंच और जर्मन जैसी दूसरी भाषाओं की भी पूर्ण जानकारी थी। पुरातत्त्व, दर्शन और इतिहास गुलेरी जी के प्रिय विषय थे। कुछ निबन्धों में उनके इस ज्ञान का प्रतिफलन देखने को मिलता है। 'पुरानी हिन्दी' नामक गुलेरी जी का निबन्ध ऐतिहासिक दृष्टि से स्मरणीय माना जाता है।

धर्म और समाज

समाज के लिए धर्म की आवश्यकता है या नहीं? इस प्रश्न पर कुछ अपने विचार प्रकट करना ही आज इस लेख का उद्देश्य है। प्राचीन और नवीन अथवा पूर्व और पश्चिम इन दोनों के संघर्ष से यह प्रश्न उत्पन्न हुआ है। पूर्वी सभ्यता सदा से धर्म की पक्षपातिनी रही है और उसने धर्म को समाज में सबसे ऊँचा स्थान दिया है। पश्चिमी सभ्यता इस समय चाहे उसकी विरोधिनी न हो, पर उससे उदासीन अवश्य है और कम-से-कम समाज की उन्नति के लिए वह उसे आवश्यक नहीं समझती। उसकी सम्मति में बिना धर्म का आश्रय लिये भी नैतिक बल के सहारे मनुष्य अपनी वैयक्तिक और सामाजिक उन्नति कर सकते हैं।

यद्यपि पहले पश्चिम भी धर्म का ऐसा ही अनन्य भक्त था जैसा कि इस समय भारतवर्ष। पर मध्यकाल में कई शताब्द तक वहाँ धर्म के कारण बड़ी अशान्ति मची रही। धर्ममद से उन्मत्त होकर समाज ने बड़े-बड़े विद्वानों और सशोधकों के साथ वह सलूक किया जो लुटेरे मालदारों के साथ करते हैं। 50 वर्ष तक लगातार जारी रहने वाला यूरोप का धर्म युद्ध प्रसिद्ध ही है। इस्लाम ने जो सलूक ईसाइयों के साथ किया उसको जाने दीजिए, क्योंकि वह एक भिन्न धर्म था। ईसाई धर्म को ही दो शाखाओं ने, जिनका नाम कैथलिक और प्रोटेस्टेंट है, एक-दूसरे के साथ जैसे-जैसे अत्याचार और अमानुषिक वर्ताव किये हैं, उन पर अब तक यूरोप का इतिहास रुधिर के आँसू बहा रहा है। इसलिए अब इस सभ्यता और उन्नति के युग में पश्चिम निवासियों को यदि धर्म पर वह श्रद्धा नहीं है जो उनके पूर्वजों की थी तो वह सकारण है। यद्यपि पूर्वापेक्षा अब उनके धर्म का भी बहुत कुछ संस्कार हो गया है और शिक्षा की उन्नति के साथ-साथ, जिसमें यूरोप और अमेरिका ने सबसे अधिक भाग लिया है, उनके धर्म में भी सहिष्णुता, स्वतंत्रता और उदारता की मात्रा बढ़ गई है। तथापि धर्मवाद के परिणामस्वरूप जो कड़वे फल उनको चखने पड़े हैं, उन्होंने उनको धर्म की सीमा नियत कर देने के लिए बाधित किया, तदनुसार उन्होंने धर्म की अबाध सत्ता से अपने समाज को मुक्त कर दिया। अब वहाँ यही नहीं कि समाज और शासन सत्ता में धर्म कुछ विक्षेप नहीं डाल सकता, बल्कि व्यक्ति-स्वातंत्र्य और सामाजिक प्रबन्ध में भी कुछ हस्तक्षेप नहीं कर सकता और

बहुत-सी बातों के समान धर्म भी एक व्यक्तिगत बात मानी जाती है, जिसका जी चाहे, किसी धर्म को माने, न चाहे न माने। मानने से कोई विशेष स्वत्व पैदा नहीं होते, न मानने से कोई हानि नहीं होती।

यह तो रही पश्चिम की धार्मिक अवस्था, अब रहा पूर्व। यद्यपि पूर्व में सर्वत्र ही धर्म का प्राधान्य है तथापि भारतवर्ष में तो उसका एकाधिपत्य राज्य है। यद्यपि वहाँ की शासनसत्ता पश्चिमी लोगों के हाथ में होने से अब उसमें वह हस्तक्षेप नहीं कर सकता। तथापि भारतीय समाजों में और उनकी विविध शाखाओं में उसका अप्रतिबन्ध अधिकार है। हम जन्म से लेकर मृत्युपर्यन्त चाहे किसी दशा में रहें, कुछ करें, धार्मिक बन्धन से मुक्त नहीं हो सकते।

हमको केवल अपने पूजा-पाठ या संस्कारों में ही धर्म की आवश्यकता नहीं किन्तु हमारा हर काम चाहे वह सामाजिक हो या व्यक्तिगत, धर्म के बन्धन से जकड़ा हुआ है। यहाँ तक कि हमारा खाना-पीना, जाना-आना, सोना-जागना और देना-लेना इत्यादि सभी बातों में धर्म की छाप लगी हुई है। हम हिन्दू होकर सब कुछ छोड़ सकते हैं पर धर्म को किसी अवस्था में भी नहीं छोड़ सकते। हमारे पूर्वज धर्म को ही अपना जीवनसर्वस्व मानते थे और यही उपदेश शास्त्रों में वे हमको भी कर गए हैं। मनु लिखता है—

धर्मएव हतो हन्ति धर्मो रक्षति रक्षितः।
तस्माद् धर्मो न हन्तव्यो मा नो धर्मो हतोऽवधीत्॥

प्राचीन आर्य लोग धर्म को केवल परलोक का ही साधन नहीं मानते थे, किन्तु इस लोक का बड़े से बड़ा सुख भी धर्म के बिना उनकी दृष्टि में हेय था। त्रिवर्ग में जिसका सम्बन्ध संसार से है, धर्म ही सबसे पहला और मुख्य माना गया है। कणाद तो अपने वैशेषिक दर्शन में अभ्युदय की नींव भी धर्म पर ही रखता है। यथा—

यतोऽभ्युदय निःश्रेयससिद्धिः स धर्मः।

अतएव हम अपने शास्त्री को मानते हुए और पूर्वजों पर श्रद्धा रखते हुए किसी दशा में भी धर्म की उपेक्षा नहीं कर सकते।

पश्चिम की शिक्षा का प्रभाव जिन लोगों पर पड़ा है, वे चाहे हमारे स्वदेशी बान्धव ही क्यों न हों, हमको भी यह सलाह देते हैं कि हम भी यदि इस जातीय उन्नति की दौड़ में भाग लेना चाहते हैं तो धर्म की कोई ऐसी सीमा नियत कर दें, जिससे आगे यह अपने पैर न फैला सके। उनका यह कथन है कि जब तक हमारे हर एक काम में धर्म का पचड़ा लगा हुआ है, हम समय की गति के साथ नहीं चल सकते और न अपना कोई जातीय आदर्श बना सकते हैं। जो लोग हमको यह सलाह देते हैं, हम उनके सद्भाव में कोई सन्देह नहीं कर सकते और यह भी हम मानते हैं कि देशहित की प्रेरणा से ही वे यह सलाह हमको देते हैं। पर हाँ यह हम अवश्य कहेंगे कि वर्तमान धार्मिक अवस्था के विकृत स्वरूप को देखकर और हमारे

धर्म के वास्तविक तत्त्व पर गम्भीर दृष्टि न डालकर ही यह सम्मति दी जाती है। यदि धर्म को उसके वास्तविक रूप में देखा जाए तो वह कदापि उपेक्षणीय नहीं हो सकता। यद्यपि विदेशियों के संसर्ग से या हमारे दुर्भाग्य से यहाँ भी धर्म का विधेय वह नहीं रहा, जो प्राचीन काल में था। हमें यह कहने में कुछ भी संकोच नहीं है कि सभ्यता के आदि गुरु आर्यों का धर्म मतवाद से सर्वथा पृथक् है।

इस मतवाद को धर्म समझने का यूरोप में यह परिणाम हुआ कि वह राजनैतिक और सामाजिक क्षेत्र से ही अलग नहीं किया गया किन्तु मानसिक और नैतिक उच्चभावी की रीति के लिए भी अनावश्यक समझा गया। उसका सम्बन्ध केवल उपासनालयों से रह गया और वह भी रविवार के दिन घंटे-दो घंटे के लिए। बहुत से स्वतंत्रता देवी के उपासक तो इससे भी मुक्त हो गए। हम उनकी बुद्धिमत्ता की प्रशसा करते हैं, यदि वे ऐसा न करते और हमारी तरह से अपनी विचारशक्ति को कल्पनाशक्ति के अधीन कर देते तो आज उनके देश में विद्या और बुद्धि का यह विकास, कला कौशल की यह उन्नति और उद्योग तथा व्यवसाय का यह प्रभाव देखने में न आता। यदि हमारे धर्म की भी ऐसी ही व्यवस्था हो और वह वास्तव में मतवाद का प्रवर्तक हो, तब तो हमको भी कृतज्ञता के साथ उनकी यह सलाह मान लेनी चाहिए और यदि ऐसा नहीं है तो हमें धर्म का वास्तविक तत्त्व उन्हें समझाना चाहिए।

हम यहाँ पर कह देना चाहते हैं कि मत या सप्रदाय के अर्थ में धर्म शब्द का प्रयोग करना भी हमने अधिकतर विदेशियों ही से सीखा है। जब विदेशी भाषाओं के 'मज़हब', 'रिलीजन' शब्द यहाँ प्रचलित हुए, तब भूल से या स्पर्धा से हम उनके स्थान में 'धर्म' शब्द का प्रयोग करने लगे। परन्तु हमारे प्राचीन ग्रन्थों में जो विदेशियों के आने से पूर्व रचे गए थे, वहाँ पर भी 'धर्म' शब्द मत, विश्वास या सम्प्रदाय के अर्थ में प्रयुक्त नहीं हुआ, प्रत्युत उनमें सर्वज्ञ स्वभाव और कर्तव्य इन दो ही अर्थों में इसका प्रयोग पाया जाता है। प्रत्येक पदार्थ में उसकी जो सत्ता है, जिसको 'स्वभाव' भी कहते हैं, वही उसका धर्म है। जैसे वृक्ष का धर्म 'जड़ता' और पशु का धर्म 'पशुता' कहलाती है, ऐसे ही मनुष्य का धर्म 'मनुष्यता' है। वह मनुष्यता किसी वस्तु पर अवलम्बित है। इसमें किसी का मतभेद नहीं हो सकता कि मनुष्यता का आधार बुद्धि है। बुद्धि की दो शाखाएँ हैं, एक कल्पनाशक्ति, दूसरी विचारशक्ति। कल्पनाशक्ति सन्देहात्मक है और विचारशक्ति निर्णयात्मक। बिना सन्देह के किसी बात का निर्णय नहीं हो सकता। अतएव अपनी कल्पनाशक्ति से सन्देह उठाकर पुन: विचारशक्ति से उसका निर्णय करने में जो समर्थ है, वही मनुष्य है। संसार में सिवाय असभ्य और वन्य लोगों के और कौन ऐसा मनुष्य होगा, जिसको ऐसे धर्म की आवश्यकता न होगी, जो उसको मनुष्य बनाता है।

यह तो हुआ सामान्य धर्म, अब रहा विशेष धर्म, इसी का दूसरा नाम कर्तव्य भी है। मनुष्य चाहे किसी दशा में हो, उसका कुछ-न-कुछ कर्तव्य होता है। यदि

राजा राजधर्म का, प्रजा प्रजाधर्म का, स्वामी प्रभुधर्म का, सेवक सेवाधर्म का, पिता पितृधर्म का, पुत्र पुत्रधर्म का, पति पतिधर्म का, स्त्री स्त्रीधर्म का, गृहस्थ गृहस्थधर्म का और यति यतिधर्म का साधन न करे तो फिर संसार में न कोई मर्यादा रहे, न व्यवस्था। संसार में शान्ति और व्यवस्था तभी रह सकती है, जब प्रत्येक मनुष्य कर्तव्य के अनुरोध से अपने-अपने धर्म का पालन करें। अतएव इसमें कुछ भी अत्युक्ति नहीं कि धर्म ही संसार की प्रतिष्ठा का कारण है। धर्म के इसी महत्त्व को लक्ष्य में रखकर 'तैत्तिरीयारण्यक' में यह कहा गया है—

धर्मो विश्वस्य जगतः प्रतिष्ठा लोके धर्मिष्ठं प्रजा उपसर्पन्ति।
धर्मेण पापमपनुदन्ति धर्मे सर्वं प्रतिष्ठितम्॥

अब हम कुछ प्रमाण भी जिनमें 'धर्म' शब्द प्रस्तुत अर्थ में प्रयुक्त हुआ है, उद्धृत करते हैं। महाभारत में धर्म का निर्वचन इस प्रकार किया गया है—

धारणाद्धर्ममित्याहु धर्मेण विधूताः प्रजाः।
य स्याद्धारणसंयुक्तः सधर्म इति निश्चय॥

धात्वर्थ में भी इसी की पुष्टि होती है, क्योंकि 'धृ' धातु धारण के अर्थ में है।

यो धिपते दधाति वा सद्धर्मः।

जो धारण किया हुआ प्रत्येक पदार्थ को धारण करता है, वह धर्म है। अग्नि में यदि उसका धर्म तेज न रहे फिर कोई उसे 'अग्नि' नहीं कहता, ऐसे ही मनुष्य यदि अपने धर्म को त्याग दे तो फिर केवल आकृति और बनावट उसकी मनुष्यता की रक्षा नहीं कर सकती। उपनिषदों में जहाँ 'धर्मचर', 'धर्मान्नप्रमदितव्यम्' इत्यादि शब्द आते हैं, वहाँ भी इससे कर्तव्य या सदाचार का ही ग्रहण होता है। मनु ने धर्म के धृत्यादि जो दस लक्षण बतलाए हैं और जिनको धारण करके एक नास्तिक भी धर्मात्मा बन सकता है, उनमें मतवाद की गन्ध तक नहीं है। गीता में भी—

श्रेयान स्वधर्मो विगुणः परधर्मात्स्वनुष्ठिनात्।

इत्यादि वाक्यों में 'धर्म' शब्द कर्तव्य का ही सूचक है, क्योंकि मनुष्य के लिए प्रत्येक दशा में अपने कर्तव्य का पालन करना ही सर्वोपरि धर्म है, अपने कर्तव्य से उदासीन होकर जो दूसरों का अनुकरण करना चाहे वे अपने से श्रेष्ठ भी हो, अनधिकार चर्चा हैं। जब मनुष्य के आचार या कर्तव्य का नाम धर्म है तब यदि हमारे पूजनीय पूर्वजों ने उसको मनुष्य की प्रत्येक दशा से (चाहे वह आत्मिक हो या सामाजिक या वैयक्तिक) सम्बद्ध किया तो इससे उनका यह अभिप्राय कदापि नहीं हो सकता था कि उन्होंने हमको मतवाद के जाल में फँसाने के लिए धर्म की टट्टी खड़ी की। उन्होंने तो हमारे मनुष्यत्व की रक्षा के लिए ही प्रत्येक कार्य में इसका आयोजन किया था।

अब प्रश्न यह होता है कि जब धर्म मत से पृथक् है तो फिर मतवाद में या भ्रमात्मक विश्वासों में उसका पर्यवसान क्योंकर हुआ? इसका कारण चाहे कुछ

हो पर इसमें सन्देह नहीं कि हमारे दुर्भाग्य से इस समय हमारी धार्मिक अवस्था वह नहीं है जो उपनिपदों और दर्शनों के समय थी। उस समय सैद्धान्तिक भेद भी हमारे धर्म को कुछ हानि नहीं पहुँचा सकता था, पर आजकल आंशिक भेद को भी हमारा कोमल धर्म सहन नहीं कर सकता। उस समय हिन्दू धर्म इतना उदार था कि वह बौद्ध और जैन जैसे निरीश्वरवादी मतों को भी अपने कोड में स्थान दे सकता था, पर आजकल का हिन्दूधर्म साकारवादियों और निराकारवादियों को मिलकर नहीं रहने देता। पहले का हिन्दूधर्म सदाचारी को धर्मात्मा और ज्ञानी को मोक्ष का अधिकारी (चाहे वह कोई हो) मानता था, पर आजकल का हिन्दूधर्म अपने लक्ष्य से ही च्युत होकर या तो मतमतान्तर के शुष्कवाद विवाद में या पुरानी लकीर को पीटने में अपनी शक्ति का दुरुपयोग कर रहा है। संसार के और समस्त विषयों में हम विचारशक्ति का उपयोग कर सकते हैं, पर केवल धर्म ही एक ऐसा सुरक्षित विषय है कि जिसमें आँखें बन्द करके दूसरों के पीछे चलना चाहिए। यदि इसकी कोई सीमा नियत होती, तब भी गनीमत थी पर अब इस दशा में जबकि इसकी अबाध सत्ता है, कोई भी विषय हमारे लिए ऐसा नहीं रह जाता, जिसमें हम स्वच्छन्द विचरण कर सकें। धर्म के नाम से अब तक हमारे समाज में जैसे-जैसे अनर्थ और अत्याचार हो रहे हैं, उनके कारण हमारे करोड़ों भाई और बहन मनुष्य होते हुए पशु-जीवन व्यतीत कर रहे हैं। इस बीसवीं सदी में जबकि अन्य देशवासी राष्ट्र ही नहीं, राष्ट्रसंघ और साम्राज्य की स्थापना कर रहे हैं, भारतवर्ष यदि समाज संगठन के भी अयोग्य है तो उसका कारण भ्रमात्मक संस्कार ही हैं।

हम मानते हैं कि जैसा धर्म का दुरुपयोग आजकल भारतवर्ष में हो रहा है, ऐसा और कहीं देखने में न आवेगा। परन्तु अब प्रश्न यह है कि धर्म का प्रयोग अन्यथा किया जा रहा है, क्या इसलिए हम धर्म को ही छोड़ दें? यदि कोई मनुष्य अपनी मूर्खता से अग्नि में हाथ जला लेता है तो क्या उसे यह उपदेश करना ठीक होगा कि वह अग्नि से भी कोई काम न ले या कि उसे अग्नि से काम लेने की तरकीब सिखाना ठीक होगा। इसका उत्तर प्रत्येक बुद्धिमान मनुष्य यही देगा कि दूसरी बात ही होनी चाहिए।

यद्यपि आधुनिक शिक्षा और समय के प्रभाव से आजकल धार्मिक क्षेत्र में भी असन्तोष और हलचल मची हुई है और प्रत्येक धर्म के अग्रणी और शिक्षित पुरुष यह अनुभव करने लगे हैं कि अब इस बीसवीं शताब्दी की जनता को इस प्रकाश के युग में केवल धर्म के नाम से रूढ़ि का दास नहीं बनाया जा सकता और न इस बढ़ते हुए हेतुवाद के प्रवाह को ही रोका जा सकता है। तथापि वे—

न बुद्धिभेदं जनयेदज्ञानां कर्मसङ्गिनाम्

इस नीति का अनुसरण करते हुए धर्म के विषय में स्पष्टवादिता से काम नहीं ले सकते। इतना ही नहीं, बहुत से शिक्षित ऐसे भी मिलेंगे जो अपने समाज को प्रसन्न

करने के लिए या उसका विश्वासभाजन बनने के लिए उसके भ्रमात्मक विश्वासों पर तर्क और विज्ञान की कलई चढ़ाने लगते हैं। जिस देश में नैतिक बल की यह दुर्दशा हो और जहाँ मान के भूखे शिक्षित लोग अशिक्षितों से मानभिक्षा की याचना करें, वहाँ यदि धर्म का ऐसा दुरुपयोग हो रहा है तो इसमें आश्चर्य ही क्या है? परन्तु प्रश्न ये है, जब तक धर्म के सूर्य में अन्धविश्वास का यह ग्रहण लगा हुआ है क्या हम अपने उद्‌देश्य और लक्ष्य को प्राप्त कर सकते हैं? हमारे देश के नेता राजनैतिक स्वतंत्रता के लिए तो फड़फड़ा रहे हैं पर यह धार्मिक परतंत्रता जो हमें खुली हवा में साँस भी नहीं लेने देती, उनकी दृष्टि में जरा भी नहीं खटकती। क्या इसीलिए कि यह फाँसी हमने अपने आप लगाई है, इसकी मौत मीठी है?

हमारा वक्तव्य केवल यह है कि यदि धर्म हमारे स्वभाव या कर्तव्य का बोधक है जैसा कि हम अपना अभिप्राय प्रकट कर चुके हैं, तब तो वह हमसे और हम उससे किसी दशा में भी पृथक् नहीं हो सकते। क्योंकि प्रत्येक पदार्थ की सत्ता उसके धर्म पर ही अवलम्बित होती है और ऐसे धर्म की आवश्यकता न केवल समाज को है बल्कि प्रत्येक व्यक्ति को है। जहाँ राष्ट्र या समाज अपने उस स्वाभाविक धर्म का पालन करें, वहाँ कोई भी व्यक्ति उसकी उपेक्षा न करे। इस दशा में धर्म को व्यापकता या अबाधसत्ता किसी को अवांछनीय नहीं हो सकती और यदि यह हमारा भ्रम है और वास्तव में धर्म का अभिधेय जैसा कि आजकल माना जा रहा है, मतमतान्तर के काल्पनिक सिद्धान्त और भ्रमात्मक विश्वास हैं, तो हम निःसंकोच अपने देशवासियों से यह प्रार्थना करेंगे कि जिस प्रकार पश्चिमवासियों ने धर्म की सीमा नियत करके अपने सामाजिक, राजनैतिक, आर्थिक और औद्योगिक क्षेत्रों से उसका प्रतिबन्ध हटा दिया है, ऐसा ही हमको भी करना चाहिए अन्यथा ये भ्रमात्मक विश्वास अपने साथ हमको भी ले डूबेंगे।

आप डुबन्ते बामना ले डूबे जजमान।

[प्रथम प्रकाशन : प्रतिभा : जून, 1920 ई०]

आचार्य महावीर प्रसाद द्विवेदी

आचार्य महावीर प्रसाद द्विवेदी का जन्म रायबरेली जिले के दौलतपुर गाँव में सन् 1864 ई. में हुआ। इनके पिता पण्डित रामसहाय द्विवेदी ईस्ट इण्डिया कम्पनी की सेना में नौकरी करते थे। सन् 1857 ई. में भारतीय स्वाधीनता के लिए हुए प्रथम राष्ट्रीय आन्दोलन के समय उनकी सेना ने भी अंग्रेजी सरकार के विरुद्ध विद्रोह किया। जब सरकार द्वारा सैनिकों का दमन किया गया तब वे किसी प्रकार से बचकर अपने गाँव आ गए। परिवार की आर्थिक स्थिति ठीक न होने के कारण बालक द्विवेदी की अध्ययन-व्यवस्था ठीक ढंग से न हो सकी। इन्हें अपना अध्ययन बीच में ही छोड़कर रेलवे में नौकरी करनी पड़ी। लेकिन ये स्वाध्याय में बराबर लगे रहे। स्वाध्याय के द्वारा इन्होंने मराठी तथा बांग्ला का अच्छा ज्ञान प्राप्त किया। सन् 1903 ई. में रेलवे की नौकरी छोड़कर 'सरस्वती' पत्रिका के सम्पादन का भार सँभाला। इनके साहित्यिक जीवन का वास्तविक श्रीगणेश इसी समय से प्रारम्भ होता है। 'सरस्वती' पत्रिका के माध्यम से इन्होंने खड़ीबोली के भाषा-परिष्कार आन्दोलन का सफलतापूर्ण संचालन किया। उसे व्याकरण सम्मत एवं परिष्कृत रूप दिया। इन्होंने अपने समय के अनेक लेखकों को साहित्य सृजन के लिए प्रेरित एवं प्रोत्साहित किया। अथक परिश्रम के द्वारा इन्होंने 'सरस्वती' पत्रिका को अपने समय की सर्वश्रेष्ठ पत्रिका के रूप में स्थापित कर दिया। इस पत्रिका की अपने समय में कितनी प्रतिष्ठा थी, इसका अनुमान इसी से लगाया जा सकता है कि उस युग का प्रत्येक लेखक 'सरस्वती' में अपनी रचना का प्रकाशित होना गौरव की बात समझता था। सन् 1938 ई. में आचार्य द्विवेदी का देहावसान हो गया।

आचार्य द्विवेदी एक कुशल सम्पादक होने के साथ-साथ एक उत्कृष्ट लेखक थे। इन्होंने अपने जीवन-काल में अस्सी से अधिक मौलिक एवं अनूदित ग्रन्थ लिखे। कविता, निबन्ध, समालोचना, सम्पादन तथा अनुवाद इनके साहित्य सृजन के मुख्य आयाम हैं। मौलिक काव्य-रचना के क्षेत्र में आचार्य द्विवेदी ने परम्परागत शृंगारिक विषयों को त्यागकर समसामाजिक जीवन का चित्रण करने वाले नए विषयों को अपनाया है। लेकिन इसके साथ-साथ यह भी स्मरणीय है कि इनकी रचनाओं में उपदेशात्मकता की गन्ध है। इनकी कविताएँ कवित्व की दृष्टि से बहुत

महत्त्वपूर्ण नहीं मानी जातीं। वस्तुतः ये कवि न होकर एक कवि-निर्माता थे। इनकी शैली इतिवृत्तात्मक तथा वर्णनात्मक है। भाषा की दृष्टि से कहीं तत्समप्रधान समस्त पदावली का प्रयोग है तो कहीं लोकप्रचलित पदावली का आश्रय लिया गया है। काव्यानुवाद के क्षेत्र में इनकी मुख्य कृतियाँ—'गंगा लहरी', 'ऋतु तरंगिणी' तथा 'कुमारसम्भवसार' हैं।

आचार्य द्विवेदी का प्रदेय मुख्यतः निबन्ध तथा आलोचना के क्षेत्र में है। 'साहित्य-सीकर', 'विचार विमर्श', 'संकलन', 'रसज्ञ रंजन', 'हिन्दी कालिदास की आलोचना' आदि इनकी एतद्विषयक रचनाएँ हैं। निबन्धकार के रूप में इनका दृष्टिकोण पाठक का ज्ञानवर्धन करना था। फलतः इनके निबन्धों में विषय-वैविध्य मिलता है। यथावसर अनुकूल कथाओं, उदाहरणों और प्रमाणों के माध्यम से इन्होंने अपनी रचनाओं को रोचक एवं पठनीय रूप दिया है। आलोचक के रूप में इन्होंने लोकहित तथा भाषा की निर्दोषिता को महत्ता दी है। सम्पादक की दृष्टि से इन्होंने पाठक के हित को सर्वाधिक महत्त्व दिया। इसीलिए इनके समय में सरस्वती का प्रकाशन एक निश्चित स्तर पर होता रहा। उसकी सामग्री वैविध्यपूर्ण, नई जानकारी से युक्त तथा सुरुचिपूर्ण होती थी।

आचार्य द्विवेदी हिन्दी साहित्य के युगान्तरकारी साहित्यकार थे।

निधन : 1938 ई.।

कवि-कर्तव्य

कवि-कर्तव्य से हमारा अभिप्राय हिन्दी के कवियों के कर्तव्य से है। समय और समाज की रुचि के अनुसार सब बातों का विचार करके हम यह लिखना चाहते हैं कि कवि का कर्तव्य क्या है। अपने मनोगत विचारों को हम थोड़े ही लिखना चाहते हैं।

अत: इस लेख को हम चार ही भागों में विभक्त करेंगे; अर्थात्—छन्द, भाषा, अर्थ और विषय। इन्हीं की यथाक्रम हम समीक्षा आरम्भ करते हैं।

छन्द

गद्य और पद्य दोनों ही में कविता हो सकती है। यह समझना अज्ञानता की पराकाष्ठा है कि जो कुछ छन्दोबद्ध हैं, सभी काव्य हैं। कविता का लक्षण जहाँ कहीं पाया जाए—चाहे वह गद्य में हो, चाहे पद्य में—वही काव्य है। लक्षणहीन होने से कोई भी छन्दोबद्ध लेख काव्य नहीं कहलाए जा सकते और लक्षणयुक्त होने से सभी गद्य-बन्ध काव्य-कक्ष में सन्निविष्ट किए जा सकते हैं। गद्य के विषय में कोई विशेष निर्दिष्ट करने की उतनी आवश्यकता नहीं, जितनी पद्य के विषय में है। इसलिए हम यहाँ पर पद्य ही का विचार करेंगे। भाषा, अर्थ और विषय के सम्बन्ध में जो कुछ हम कहेंगे, वह गद्य के सम्बन्ध में भी प्राय: समान भाव से प्रयुक्त हो सकेगा।

जिन पंक्तियों में वर्णों या मात्राओं की संख्या नियमित होती है, वे छन्द कहाती हैं, और छन्दों में जो कुछ कहा जाता है, वह पद्य कहलाता है। कोई-कोई छन्द और पद्य दोनों को एक ही अर्थ का वाचक मानते हैं।

जो सिद्ध कवि हैं, वे चाहे जिस छन्द का प्रयोग करें, उनका पद्य अच्छा ही होता है, परन्तु सामान्य कवियों के विषय के अनुकूल छन्द-योजना करनी चाहिए। जैसे समयविशेष में रागविशेष के गाये जाने से चित्त अधिक चमत्कृत होता है, वैसे ही वर्णन के अनुकूल वृत्त-प्रयोग करने से कविता का आस्वादन करने वालों को अधिक आनन्द मिलता है। गले में डाली हुई मेखला के समान वृत्त-रूपिणी हार-लता को अनुचित स्थान में विनिवेशित करने से कवि की अज्ञानता दर्शित होती है। इस लेख में हम इस बात का विवेचन नहीं करना चाहते कि किस विषय के लिए

कौन-सा छन्द प्रयोग में लाना चाहिए। काव्य के मर्मज्ञ निपुण कवि स्वयमेव जान सकते हैं कि कौन-सा छन्द कहाँ विशेष शोभावर्धक होगा। प्राचीन संस्कृत कवि इसका पूरा-पूरा विचार रखते थे। उन्होंने ऋतुओं का वर्णन प्राय: उपजाति छन्द में किया है, नीत का वंशस्थ में किया है, चन्द्रोदयादि का रथोद्धता में किया है, वर्षा और प्रवास का मन्दाक्रान्ता में किया है और स्तुति, शौर्य आदि का शार्दूल-विक्रीड़ित और शिखरिणी में किया है। यही नहीं, वृत्त-रचना में छन्दशास्त्र के नियमों के अतिरिक्त वे लोग और-और विषयों का भी ध्यान रखते थे। दोधक-वृत्त का लक्षण तीन भगण और दो गुरु हैं। इस नियम का प्रतिपालन करते हुए वे तीन ही अक्षर वाले शब्द-प्रयोग करते थे, जिससे छन्द की शोभा विशेष बढ़ जाती थी। तोटक में वे रूखे अक्षर वाले ही शब्द रखते थे; क्योंकि ऐसे अक्षर वाले शब्दों से संगठित हुआ तोटक, ताल की द्रुतगति के समान, मन को सविशेष आनन्द प्रदान करता है। हिन्दी के कवियों को भी इन बातों का विचार करना चाहिए।

दोहा, चौपाई, सोरठा, घनाक्षरी, छप्पय और सवैया आदि का प्रयोग हिन्दी में बहुत हो चुका। कवियों को चाहिए कि यदि वे लिख सकते हैं, तो इनके अतिरिक्त और-और छन्द भी लिखा करें। हम यह नहीं कहते कि ये छन्द नितान्त परित्यक्त ही कर दिए जाएँ। हमारा अभिप्राय यह है कि इनके साथ-साथ संस्कृत-काव्यों में प्रयोग किए गए वृत्तों में द्रुतविलम्बित, वंशस्थ और वसन्ततिलका आदि वृत्त ऐसे हैं जिनका प्रचार हिन्दी में होने से हिन्दी-काव्य की विशेष शोभा बढ़ेगी। किसी-किसी ने इन वृत्तों का प्रयोग भी आरम्भ कर दिया है। यह सूचना उन्हीं लोगों के लिए है जो सब प्रकार के छन्द लिखने में समर्थ हैं। जो घनाक्षरी और दोहे अथवा चौपाई की सीमा उल्लंघन करने में असमर्थ हैं, उनके लिए नहीं।

आजकल की बोलचाल की हिन्दी कविता उर्दू के विशेष प्रकार के छन्दों में अधिक खुलती है, अत: ऐसी कविता लिखने में तदनुकूल छन्द प्रयुक्त होने चाहिए।

कुछ-कुछ कवियों को एक ही प्रकार का छन्द सध जाता है, उसे ही वे अच्छा लिख सकते हैं। उनको दूसरे प्रकार का छन्द लिखने का प्रयत्न भी नहीं करना चाहिए। यदि कविता सरस और मनोहारिणी है, तो चाहे वह एक ही अथवा बुरे से बुरे छन्द में क्यों न हो, उससे आनन्द अवश्य ही मिलता है। तुलसीदास ने चौपाई और बिहारीलाल ने दोहा लिखकर ही इतनी कीर्ति सम्पादन की है। प्राचीन कवियों की भी किसी-किसी वृत्त से समधिक स्नेह था। वे अपने आदृत वृत्त ही को अधिक काम में लाते थे और उनमें उनकी कविता खुलती भी अधिक थी। भारवि का वंशस्थ, रत्नाकर की वसन्ततिलका, भवभूति और जगन्नाथ राय की शिखरिणी, कालिदास की मन्द्राक्रान्ता और राजशेखर का शार्दूलविक्रीड़ित इस विषय में प्रमाण हैं।

पादान्त में अनुप्रासहीन छन्द भी हिन्दी में लिखे जाने चाहिए। इस प्रकार के छन्द जब संस्कृत, अंग्रेजी और बांग्ला में विद्यमान हैं, तब कोई कारण नहीं कि

हमारी भाषा में वे न लिखे जाएँ। संस्कृत ही हिन्दी की माता है। संस्कृत का सारा कविता-साहित्य इस तुकबन्दी बखेड़े से बहिर्गत-सा है। अतएव इस विषय में यदि हम संस्कृत का अनुकरण करें तो सफलता की पूरी-पूरी आशा है। अनुप्रास युक्त पादान्त सुनते-सुनते हमारे कान उस प्रकार की पंक्तियों के पक्षपाती हो गए हैं। इसलिए अनुप्रासहीन रचना अच्छी नहीं लगती। बिना तुकवाली कविता के लिखने अथवा सुनने का अभ्यास होते ही वह भी अच्छी लगने लगेगी, इसमें कोई सन्देह नहीं। अनुप्रास और यमक आदि शब्दाडम्बर कविता के आधार नहीं, जो उनके न होने से कविता निर्जीव हो जाए, या उससे कोई अपरिमेय हानि पहुँचे। कविता का अच्छा-बुरा होना विशेषत: अच्छे अर्थ और रस-बाहुल्य पर अवलम्बित है। परन्तु अनुप्रासों के ढूँढ़ने का प्रयास उठाने में समुचित शब्द न मिलने से अर्थांश की हानि हो जाया करती है, इससे कविता की चारुता नष्ट हो जाती है। अनुप्रासों का विचार न करने से कविता लिखने में सुगमता भी होती है और मनोऽभिलषित अर्थ व्यक्त करने में विशेष कठिनाई भी नहीं पड़ती। अतएव पादान्त में अनुप्रासहीन छन्द हिन्दी में लिखे जाने में बड़ी आवश्यकता है। संस्कृत में प्रयोग किए गए शिखरिणी, वंशस्थ और वसन्ततिलका आदि वृत्त ऐसे हैं, जिनमें अनुप्रास का न होना काव्य-रसिकों को बहुत ही कम खटकेगा। पहले-पहल इन्हीं वृत्तों का प्रयोग होना चाहिए।

किसी भी प्रचलित परिपाटी का क्रम-भंग होता देख प्राचीनता के पक्षपाती बिगड़ खड़े होते हैं और नई चाल के विषय में नाना प्रकार की कुचेष्टाएँ और दोषोद्‌भावनाएँ करने लगते हैं, यह स्वाभाविक बात है। परन्तु यदि इस प्रकार की टीकाओं से लोग डरते, तो संसार से नवीनता का लोप हो जाता। हमारा यह मतलब नहीं कि पादान्त में अनुप्रास वाले छन्द लिखे ही न जाया करें। हमारा कथन इतना ही है कि इस प्रकार के छन्दों के साथ अनुप्रासहीन छन्द भी लिखे जाएँ, बस।

भाषा

कवि को ऐसी भाषा लिखनी चाहिए जिसे हर कोई सहजता से समझ ले और अर्थ को हृदयंगम कर सके। पद्य पढ़ते ही उसका अर्थ बुद्धिस्थ हो जाने से विशेष आनन्द प्राप्त होता है और पढ़ने में जी लगता है। परन्तु जिस काव्य का भावार्थ कठिनता से समझ में आता है, उसके अवलोकन में जी नहीं लगता और बराबर अर्थ का विचार करते-करते उससे विरक्ति हो जाती है। जो कुछ लिखा जाता है, वह इसी अभिप्राय से लिखा जाता है कि लेखक का हृद्‌गत भाव दूसरे समझ जाएँ। यदि इस उद्‌देश्य की ही सफलता न हुई, तो लिखना ही व्यर्थ हुआ। अतएव क्लिष्ट की अपेक्षा सरल लिखना ही सब प्रकार से वांछनीय है। कालिदास, भवभूति और तुलसीदास के काव्य सरलता के आकार हैं; परम विद्वान होकर भी उन्होंने सरलता ही को विशेष मान दिया है, इसलिए उनके काव्यों का इतना आदर है। जो काव्य

सर्वसाधारण की समझ के बाहर होता है, वह बहुत कम लोकमान्य होता है। कवियों को इसका सदैव ध्यान रखना चाहिए।

कविता लिखने में व्याकरण के नियमों की अवहेलना न करनी चाहिए। शुद्ध भाषा का जितना मान होता है, अशुद्ध का उतना नहीं होता। व्याकरण का विचार न करना कवि की तद्विषयक अज्ञानता का सूचक है। कोई-कोई कवि व्याकरण के नियमों की ओर दृक्पात तक नहीं करते। यह बड़े खेद और लज्जा की बात है। ब्रजभाषा की कविता में कविजन मनमानी निरंकुशता दिखलाते हैं। यह उचित नहीं। जहाँ तक सम्भव हो, शब्दों का मूल रूप न बिगड़ना चाहिए।

मुहावरे का भी विचार रखना चाहिए। बेमुहावरा भाषा अच्छी नहीं लगती। 'क्रोध क्षमा कीजिए' इत्यादि वाक्य कान को अतिशय पीड़ा पहुँचाते हैं। मुहावरा भी भाषा का प्राण है; उसे जिसने नहीं जाना, उसने कुछ नहीं जाना। उसकी भाषा कदापि आदरणीय नहीं हो सकती।

विषय के अनुकूल शब्द स्थापना करनी चाहिए। कविता एक अपूर्व रसायन है। उसके रस की सिद्धि के लिए बड़ी सावधानी, बड़ी मनोयोगिता और बड़ी चतुराई आवश्यक होती है। रसायन सिद्ध करने में आँच के न्यूनाधिक होने से जैसे रस बिगड़ जाता है, वैसे ही यथोचित शब्दों का उपयोग न करने से काव्यरूपी रस भी बिगड़ जाता है। किसी-किसी स्थल-विशेष पर रुक्षाक्षर वाले शब्द अच्छे लगते हैं, परन्तु और सर्वत्र ललित और मधुर शब्दों का ही प्रयोग करना उचित है। शब्द चुनने में अक्षर-मैत्री का विशेष विचार रखना चाहिए। अच्छे अर्थ का द्योतक न होकर भी कोई-कोई पद्य केवल अपनी मधुरता ही से पढ़नेवालों के अन्तःकरण को द्रवीभूत कर देता है। 'टूटता उडु बैठे तरु जाई' इत्यादि वाक्य लिखना हिन्दी की कविता को कलंकित करना है।

शब्दों को यथास्थान रखना चाहिए। शब्द-स्थापना ठीक न होने से कविता की दुर्दशा होती है और अर्थांश में जो क्लिष्टता आ जाती है, उसके उदाहरण 'हिन्दी-कालिदास की समालोचना' में दिए जा चुके हैं।

गद्य और पद्य की भाषा पृथक्-पृथक् न होनी चाहिए। हिन्दी ही एक ऐसी भाषा है, जिसके गद्य में एक प्रकार की और पद्य में दूसरे प्रकार की भाषा लिखी जाती है। सभ्य-समाज की जो भाषा हो, उसी भाषा में गद्य-पद्यात्मक साहित्य होना चाहिए। गद्य का प्रचार हिन्दी में थोड़े दिनों से हुआ है। पहले गद्य प्रायः न था; हमारा साहित्य केवल पद्यमय था। गद्य-साहित्य की उत्पत्ति के पहले पद्य में ब्रजभाषा ही का सार्वदेशिक प्रयोग होता था। अब कुछ अन्तर होने लगा है। पद्य की इस समय उन्नति हो रही है। अतएव अब यह सम्भव नहीं कि गद्य की भाषा का प्रभाव पद्य पर न पड़े। जो प्रबल होता है, वह निर्बल को अवश्य अपने वशीभूत कर लेता है। यह बात भाषा के सम्बन्ध में भी तद्वत पाई जाती है। पचास वर्ष पहले के कवियों की भाषा इस समय के कवियों की भाषा से मिलाकर देखिए। देखने से तत्काल

विदित हो जाएगा कि आधुनिक कवियों पर बोलचाल की हिन्दी भाषा ने अपना प्रभाव डालना आरम्भ कर दिया है; उनकी लिखी ब्रजभाषा की कविता में बोलचाल (खड़ी बोली) के जितने शब्द और मुहावरे मिलेंगे उतने पचास वर्ष पहले कवियों की कविता में कदापि न मिलेंगे। यह निश्चित है कि किसी समय बोलचाल की हिन्दी-भाषा, ब्रजभाषा की कविता के स्थान को अवश्य छीन लेगी। इसलिए कवियों को चाहिए कि वे क्रम-क्रम से गद्य की भाषा में भी कविता करना आरम्भ करें—बोलना एक भाषा और कविता में प्रयोग करना दूसरी भाषा प्राकृतिक नियमों के विरुद्ध है। जो लोग हिन्दी बोलते हैं और हिन्दी ही के गद्य-साहित्य की सेवा करते हैं, उनसे पद्य में ब्रज की भाषा का आधिपत्य बहुत दिनों तक नहीं रह सकता।

अर्थ

अर्थ-सौरस्य ही कविता का प्राण है। जिस गद्य में अर्थ का चमत्कार नहीं, वह कविता नहीं। कवि जिस विषय का वर्णन करे उस विषय से उसका तादात्म्य हो जाना चाहिए। ऐसा न होने से अर्थ-सौरस्य नहीं आ सकता। विलाप-वर्णन करने में कवि के मन में यह भावना होनी चाहिए कि वह स्वयं विलाप कर रहा है और वर्णित दुख का स्वयं अनुभव कर रहा है। प्राकृतिक वर्णन लिखने के समय उसके अन्त:करण में यह दृढ़ संस्कार होना चाहिए कि वर्ण्यमान नदी, पर्वत अथवा वन के सम्मुख वह स्वयं उपस्थित होकर उनकी शोभा देख रहा है। जब कवि की आत्मा का वर्ण्य विषयों से इस प्रकार निकट सम्बन्ध हो जाता है, तभी उसका किया हुआ वर्णन यथार्थ होता है और तभी उसकी कविता पढ़कर पढ़ने वालों के हृदय पर तद्वत् भावनाएँ उत्पन्न होती हैं। कविता करने में, हमारी समझ में, अलंकारों को बलात् लाने का प्रयत्न न करना चाहिए। विषय-वर्णन के झोंके में जो कुछ मुख से निकले, उसे ही रहने देना चाहिए। बलात् किसी अर्थ के लाने की चेष्टा करने की अपेक्षा प्रकृत भाव से जो कुछ आ जाए, उसे ही पद्य-बद्ध कर देना अधिक सरल और आह्लादकारक होता है। अपने मनोनीत अर्थ को इस प्रकार व्यक्त करना चाहिए कि पद्य पढ़ते ही पढ़ने वाले उसे तत्क्षण हृदयंगम कर सकें; क्लिष्ट कल्पना अथवा सोच-विचार करने की आवश्यकता न पड़े।

बहुत-से शब्द ऐसे हैं जो सामान्य रीति से सब एक ही अर्थ के व्यंजक हैं, परन्तु विशेष ध्यानपूर्वक देखने अथवा धातु के अर्थ का विचार करने से पृथक्-पृथक् शब्दों में पृथक्-पृथक् शक्तियों का गर्भित रहना प्रकट होता है। 'तन्वी' शब्द का अर्थ सामान्य अर्थस्थल विशेष में स्त्री होता है। परन्तु 'तनु' शब्द का अर्थ कृश होने के कारण 'तन्वी' का विशेष अर्थ दुर्बल है। यदि कहें कि 'यह 'तन्वी' अपने पति के साथ सुख से अपने घर में रहती है', तो यहाँ 'तन्वी' शब्द उस अर्थ का व्यंजक नहीं हो सकता जो अर्थ 'वामा' इत्यादि शब्दों का होता है। परन्तु यदि कहें

कि 'तन्वी अपने प्रियतम का वियोग बड़े धैर्य से सहन कर रही है', तो यहाँ 'तन्वी' शब्द को गर्भित-शक्ति से वियोग उद्योत अर्थ को सहायता पहुँचती है। अत: ऐसे स्थल पर इस शब्द का प्रयोग बहुत प्रशस्त है। अर्थ-सौरस्य के लिए, जहाँ तक सम्भव हो, ऐसे ही शक्तिमान शब्दों का प्रयोग करना चाहिए।

घनाक्षरी और सवैया आदि लिखने वाले कुछ कवियों की कविता में कभी-कभी अनेक निरर्थक शब्द आ जाते हैं। कभी-कभी शब्दों के ऐसे विकृत रूप प्रयुक्त हो जाते हैं कि उनका अर्थ समझ में नहीं आता। कभी-कभी पादान्त में समान अक्षर लाने ही के लिए निरर्थक अथवा अपभ्रंश शब्द लाए जाते हैं। ब्रजभाषा की कविता अथवा घनाक्षरी या सवैया के हम प्रतिकूल नहीं, परन्तु हमारा मत है कि अर्थ के सौरस्य ही की ओर कवियों का ध्यान अधिक होना चाहिए, शब्दों के आडम्बर की ओर नहीं। अर्थहीन अथवा अनुपयोगी शब्द न लिखे जाने चाहिए और न शब्दों के प्रकृत रूप को बिगाड़ना चाहिए। शब्दों के बिगाड़ने से उनके बिगड़े हुए रूप पढ़ने वालों के कान में खटकते हैं और जिस अर्थ में वे प्रयुक्त होते हैं, उस अर्थ की वे कभी-कभी पोषकता भी नहीं करते।

अश्लीलता और ग्राम्यता-गर्भित अर्थों से कविता को कभी न दूषित करना चाहिए और न देश, काल तथा लोक आदि के विरुद्ध कोई बात कहनी चाहिए। कविता को सरस बनाने का प्रयत्न करना चाहिए। नीरस पद्यों का कभी आदर नहीं होता। जिसे पढ़ते ही पढ़नेवाले के मुख से 'वाह' न निकले, अथवा उसका मस्तक न हिलने लगे, अथवा उसकी दन्त-पंक्ति न दिखलाई देने लगे, अथवा जिस रस की कविता है, उस रस के अनुकूल वह व्यापार करने लगे, तो वह कविता, कविता ही नहीं, वह तुकबन्दी मात्र है। कविता के सरल होने ही से ये उपर्युक्त बातें हो सकती हैं, अन्यथा नहीं। रस ही कविता का सबसे बड़ा गुण है। श्रीकंठ-चरित के कर्ता ने ठीक कहा है—

तैस्तैरलंकृतिशतैरवतंसितोऽपि
रूढ़ो महत्यपि पदे धृतसौष्ठवोऽपि।
नूनं विना घनरसप्रसराभिषेकं
काव्याधिराजपदमर्हति न प्रबन्ध: ॥

अर्थात् सैकड़ों अलंकारों से अलंकृत होकर भी, शब्द-शास्त्र के उच्चासन पर अधिरूढ़ होकर भी और सब प्रकार के सौष्ठव को धारण करके भी, रस-रूपी अभिषेक के बिना कोई भी प्रबन्ध काव्याधिराज पदवी को नहीं पहुँचता।

विषय

कविता का विषय मनोरंजक और उपदेशजनक होना चाहिए। यमुना के किनारे-किनारे केलि-कौतूहल का अद्‌भुत वर्णन बहुत हो चुका। न परकीयाओं पर प्रबन्ध लिखने

की अब कोई आवश्यकता है और न स्वकीयाओं के 'गतागत' की पहेली बुझाने की। चींटी से लेकर हाथी पर्यन्त पशु; भिक्षुक से लेकर राजा पर्यन्त मनुष्य; बिन्दु से लेकर समुद्र पर्यन्त जल; अनन्त आकाश; अनन्त पृथ्वी; अनन्त पर्वत—सभी पर कविता हो सकती है; सभी से उपदेश, सभी के वर्णन से मनोरंजन हो सकता है। फिर क्या कारण है कि इन विषयों को छोड़कर कोई-कोई कवि स्त्रियों की चेष्टाओं का वर्णन करना ही कविता की चरम सीमा समझते हैं? केवल अविचार और अन्धपरम्परा! यदि 'मेघनाद-वध' अथवा 'यशवन्तराव महाकाव्य' वे लिख नहीं सकते, तो उनको ईश्वर की नि:सीम सृष्टि में से छोटे-छोटे सजीव अथवा निर्जीव पदार्थों को चुनकर उन्हीं पर छोटी-छोटी कविताएँ करनी चाहिए। अभ्यास करते-करते शायद कभी, किसी समय, वे इससे अधिक योग्यता दिखलाने में समर्थ हों और दण्डी कवि के कथनानुसार[1] शायद कभी वाग्देवी उन पर सचमुच ही प्रसन्न हो जाएँ। नायिका के हाव-भावादि के वर्णन का अभ्यास करनेवालों पर भी सरस्वती की कृपा हो सकती है; परन्तु तदर्थ उसकी उपासना न करना ही अच्छा है।

संस्कृत में सहस्रशः उत्तमोत्तम काव्य विद्यमान है। अत: उस भाषा में काव्यप्रकाश, ध्वन्यालोक, कुवलयानन्द, रसतरंगिणी आदि साहित्य के अनेक लक्षण-ग्रन्थों का होना अनुचित नहीं। परन्तु हिन्दी भाषा में सत्काव्य का प्राय: अभाव है। इस कारण अलंकार और रस-विवेचन के झगड़ों से जटिल ग्रन्थों के बनने की हम कोई आवश्यकता नहीं देखते। 'हेला' हाव का लक्षण और उसका चित्र देखने से क्या लाभ? अथवा दीपकालंकार व उसके सूक्ष्म से भी सूक्ष्म भेदों को जानने का क्या उपयोग? हिन्दी में ऐसे कितने काव्य हैं जिनमें ये भेद पाए जाते हैं? हमारी अल्प-बुद्धि के अनुसार रस-कुसुमाकर और जसवन्तजसो (!) भूषण के समान ग्रन्थों की इस समय आवश्यकता नहीं। इनके स्थान पर यदि कोई कवि किसी आदर्श-पुरुष के चरित्र का अवलम्बन करके एक अच्छा काव्य लिखता तो उससे हिन्दी साहित्य को अलभ्य लाभ होता। कनिष्ठा और ज्येष्ठा का भेद और उनके चित्र देखे तो क्या, और न देखे तो क्या! और उत्प्रेक्षा अलंकार का लक्षण नामानुसार सिद्ध हो गया तो क्या, और न सिद्ध हुआ तो क्या! नायिकाओं के भी झगड़ों में उलझने से हानि के अतिरिक्त लाभ की कोई सम्भावना नहीं। हिन्दी काव्य की हीन दशा को देखकर कवियों को चाहिए कि वे अपनी विद्या, अपनी बुद्धि और अपनी प्रतिभा का दुरुपयोग इस प्रकार के ग्रन्थ लिखने में न करें। अच्छे काव्य लिखने का उन्हें प्रयत्न करना चाहिए। अलंकार, रस और नायिका—निरूपण बहुत हो चुका।

---

1. न विद्यते पूर्व वासना गुणनुबन्धिप्रतिभानमद्भुतम्।
श्रुतेन यत्नेन च वागुपासिता ध्रुवं करोत्येव कमप्यनुग्रहम्॥ —काव्यादर्श
अर्थात्—पूर्ववासना और अद्भुत प्रतिभा न होने पर भी शास्त्र के अनुशीलन और यत्न के अभिनिवेश द्वारा उपासना की गई तो सरस्वती अनुग्रह अवश्य ही करती है।

इस समय कवियों का एक दल कवि-समाजों और कवि-मंडलों में बद्ध होकर समस्या-पूर्ति करने में व्यग्र हो रहा है। इन पूर्तिकारों में से कुछ छोड़कर शेष कविता के नाम की भी बड़ी ही अवहेलना कर रहे हैं। इनको चाहिए कि बिना योग्यता सम्पादन किए समस्यापूर्ति करने के झगड़े में न पड़ें। अच्छी समस्यापूर्ति करना असाधारण प्रतिभावान् का काम है। ऐसे साधारण कवि अपने मनोऽनुकूल विषय पर एक ही घड़ी में चाहे 50 पद्य लिख डालें और वे सब चाहे अच्छे भी हों, परन्तु किसी समस्या के टुकड़े पर अच्छी कविता करने में वह शायद ही सफल-मनोरथ होगा। समस्यापूर्ति के लिए असामान्य कौशल और प्रबल प्रतिभा की आवश्यकता है। इस समय प्रतिभा का पूरा-पूरा विकास बहुत कम देखा जाता है, इसलिए समस्याओं की पूर्ति भी प्राय: अच्छी नहीं होती। हमारी यह सम्मति है कि समस्यापूर्ति के विषय को छोड़कर अपनी-अपनी इच्छा के अनुसार विषयों को चुनकर, कवि को यदि बड़ी न हो सके, तो छोटी-छोटी स्वतंत्र कविता करनी चाहिए; क्योंकि इस प्रकार की कविताओं का हिन्दी में अभाव है।

संस्कृत और अंग्रेजी काव्यों का अनुवाद हिन्दी में करने की ओर भी कवियों की रुचि बढ़ने लगी है; परन्तु स्वतंत्र कविता की अपेक्षा दूसरे की कविता का अनुवाद अन्य भाषा में करना बड़ा कठिन काम है। एक शीशी में भरे हुए इत्र को जब दूसरी शीशी में डालने लगते हैं तब डालने में ही पहले कठिनता उपस्थित होती है; और यदि बिना दो-चार बूँद इधर-उधर टपके वह शीशी में चला भी गया, तो इस उलट-फेर में उसके सुवास का विशेषांग अवश्य उड़ जाता है। एक भाषा की कविता का दूसरी भाषा में अनुवाद करना मूल कवि का अपमान करना है; क्योंकि अनुवाद के द्वारा उनके गुणों का ठीक-ठीक परिचय न होने के कारण पढ़ने वालों की दृष्टि में वह हीन हो जाता है। इसलिए किसी पुस्तक का अनुवाद आरम्भ करने के पहले अनुवादक को अपनी योग्यता का विचार कर लेना नितान्त आवश्यक है। सच है कि जो अच्छा कवि है वही अच्छा अनुवाद करने में समर्थ हो सकता है; दूसरा नहीं। परन्तु अच्छा कवि होना भी दुर्लभ है। महाकवि मद्मक ने ठीक कहा है—

तान्यर्थरत्नानि न सन्ति येषां सुवर्णसंघेन च ये न पूर्णा:।
ते रीतिमात्रेण दरिद्रकल्पा यान्तीश्वरत्वं हि कथं कवीनाम्॥

अर्थात्—अर्थ-रत्न और स्वर्ण-समूह से जो परिपूर्ण नहीं हैं, वे महादरिद्री लोग केवल रीति-मात्रा का अवलम्बन करके कवीश्वर की पदवी कदापि नहीं पा सकते।

काव्य के गुणों और दोषों की विवेचना संस्कृत की जिन पुस्तकों में है, उनमें कवियों के कर्तव्य और अकर्तव्य पर बहुत कुछ कहा गया है। परन्तु उन सब बातों का विचार हम यहाँ पर नहीं कर सकते। केवल स्थूल-स्थूल बातों ही के विचार की इच्छा से हमने यह लेख आरम्भ किया था। अतएव, अब हम इसे यहीं समाप्त करते हैं।

2

संसार में ईश्वर या देवताओं का अवतार कई प्रकार का और कई कामों के लिए होता है। अलौकिक कार्य करने वाले प्रतिभाशाली मनुष्य ही अवतार हैं। स्वाभाविक कवि भी एक प्रकार के अवतार हैं। इस पर कदाचित् कोई प्रश्न करे कि अकेले कवि ही क्यों अवतार माने गए; और लेखक इस पर न बिठाए गए? तो यह कहा जा सकता है कि लेखक का समावेश कवि में है, पर कवियों में कुछ ऐसी विशेष शक्ति होती है, जिसके कारण उनका प्रभाव लोगों पर बहुत पड़ता है। अब मुख्य प्रश्न यह है कि कवि का अवतार होता ही क्यों है? पहुँचे हुए पंडितों का कथन है कि कवि भी 'धर्मसंस्थापनार्थाय' ही उत्पन्न होते हैं। उनका काम केवल तुक मिलाना या 'पावस-पचासा' लिखना ही नहीं है। तुलसीदास ने कवि होकर वैष्णव-धर्म की स्थापना की है; मत-मतान्तरों का भेद मिटाया है और 'ज्ञान के पन्थ को कृपाण की धार' बताया है। प्राय: उसी प्रकार का काम, दूसरे रूप में सूरदास, कबीर और लल्लूलाल ने किया है। हरिश्चन्द्र ने शूरता, स्वदेश-भक्ति और सत्य, प्रेम का धर्म चलाया है। जिन कवियों ने केवल संस्कृत भाषा ही का भाण्डार भरा है, वे भी किसी न किसी रूप में लोगों के उपदेशक थे। हिन्दी के जितने कवि प्रसिद्ध हैं, उन्होंने देश, काल, अवस्था और पात्र के अनुसार ही कविता की है। दूसरों देशों और दूसरी भाषाओं के कवियों का नाम लेने की यहाँ आवश्यकता नहीं, क्योंकि हिन्दी के पूर्ववर्ती कवियों ने समय-समय पर अपने कर्तव्य को समझा है और उसका पालन भी किया है। राजा शिवप्रसाद-सदृश इतिहासकारों ने भी अवतार का काम किया है, यद्यपि उनके विचारों को लोग मानते नहीं। सारांश यह कि कवियों को ऐसा करना पड़ता है—वे स्वभाव ही से ऐसा करते हैं—कि संसार का कल्याण हो और इस प्रकार उनका नाम आप ही आप अमर हो जाए। भूषण के समान कवियों ने तो राजनीतिक आन्दोलन तक उपस्थित कर दिया है। 'पूर्ण' कवि ने हमें यह उपदेश दिया है कि जो लोग बोलचाल की भाषा से किसी प्रकार अप्रसन्न हैं, वे भी अपनी पुरानी ब्रज (कविता) की बोली को बिना तोड़े-मरोड़े काम में ला सकते हैं, और यदि वे चाहें तो बोलचाल की भाषा में कविता कर सकते हैं। सारांश यह है कि कविता ही के लिए कविता करना एक तमाशा है। हिन्दी में कविता-सम्बन्धी इस प्रकार के लेख पढ़कर बाहर के लोग यह अनुमान कर सकते हैं कि कदाचित् हिन्दी के कवि अपना कर्तव्य नहीं जानते, नहीं तो उनके लिए ऐसा लेख न लिखा जाता। यदि कोई मराठी या बांग्ला के समाचार-पत्र या मासिक-पत्र पढ़े, तो उसे उनमें ऐसे लेख न मिलेंगे। ऐसे लेख उन भाषाओं में कम से कम चालीस वर्ष पहले निकल चुके हैं। और उन लेखों के अनुसार उन भाषाओं की कविता इतने समय में इतनी ऊँची हो गई है कि समालोचकों के लिए जन्म-भर विचार करने की सामग्री

तैयार है। भाषा या साहित्य की जब जैसी अवस्था होती है, तब उसमें उसी प्रकार के लेख निकलते हैं। हम यहाँ पर इस विषय का एक उदाहरण देते हैं। एक बार 'छत्तीसगढ़-मित्र' में हिन्दी-व्याकरण के विषय में कुछ लेख निकले थे। उस पर एक महाराष्ट्र के सज्जन ने बम्बई से (सम्पादक से) पूछा कि क्या हिन्दी में व्याकरण नहीं है? इस पर सुनने में आया कि सम्पादक ने उनको यह उत्तर दिया कि अन्य भाषाओं के समान हिन्दी में कोई व्याकरण नहीं है। परन्तु इस विषय का निरूपण विदेशियों ने किया है। हिन्दुस्तानी लोग न उसे खोज सके हैं और न खोज हो जाने पर भी उसकी ओर ध्यान देते हैं।

कवि की कल्पना-शक्ति तीव्र होती है। इस कल्पना-शक्ति के द्वारा वह कठिन बातों को ऐसे अनोखे ढंग से सबके सामने रखता है कि वे सहज ही समझ में आ जाती हैं। इसी शक्ति से वह अनजाने हुए पदार्थों या दृश्यों का चित्र इतना मनोहर खींचता है कि पढ़ने या सुनने वाले एकाग्रचित्त हो जाते हैं और उस बात पर प्रेमपूर्वक विचार करते हैं। फिर कवि अपने अवलोकन और अपनी कल्पना से ऐसी शिक्षा देते हैं कि वह न तो आज्ञा का रूप धारण करती है, और न अपना स्वाभाविक रूपाखन ही प्रकट करती है, किन्तु भीतर ही भीतर मन को उकसा देती है। ताजमहल का वर्णन करते समय वह इस बात पर ध्यान न देगा कि यह किस सन् में बना था, इसकी लम्बाई-चौड़ाई कितनी है, या इसका पत्थर कहाँ से आया है? इमारत को देखकर उसका मन कदाचित् उसके भीतर भी ऊँचा बढ़ जाएगा और वह उस समय की कल्पना करने लगेगा जब बादशाह को बेगम मरते समय, रौजे की वसीयत कर रही थी। उसके मन में पुराने और नए समय के मिलान का भी चित्र खिंच जाएगा और वह समय के फेर की घटनाओं को सोचने लगेगा। मनोहर वर्णन और शिक्षा के साथ-साथ कवि अपने शब्द और वाक्य भी ऐसे मनोहर बनाता है कि पढ़नेवाले के आनन्द की सीमा नहीं रहती। कविता लिखते समय जो-जो भाव कवि के हृदय में उचित होते हैं, वही भाव पढ़ने वाले के हृदय में उत्पन्न हो सकते हैं। इसके लिए पढ़नेवाला सहृदय होना चाहिए, नहीं तो भैंस के आगे बीन बजने लगेगी। यदि स्वत: कवि में सहृदयता न हो तो फिर उसका श्रम ही वृथा है। मनोविज्ञानी लोग कदाचित् किसी समय हमको यह बता सकेंगे कि मनोविकार प्रकट करने के लिए छन्द का ही उपयोग क्यों होता है? गद्य में भी कोई-कोई लेखक—विशेषकर उपन्यास लेखक—ऐसा मनोहर वर्णन करते हैं और ऐसे भाव प्रकट करते हैं कि उनका गद्य पद्य हो जाता है। जो हो, अभी तो कवि लोग ही विशेषकर यह काम करते हैं और उसके लिए छन्द काम में लाते हैं।

आजकल हिन्दी संक्रान्ति की अवस्था में है। हिन्दी कवि का कर्तव्य यह है कि वह लोगों की रुचि का विचार रखकर अपनी कविता ऐसी सहज और मनोहर रचे कि साधारण पढ़े-लिखे लोगों में भी पुरानी कविता के साथ-साथ नई कविता पढ़ने

का अनुराग उत्पन्न हो जाए। पढ़नेवालों के मन में नई-नई उपमाओं को, नए-नए शब्दों को और नए-नए विचारों को समझने की योग्यता उत्पन्न करना कवि ही का कर्तव्य है। जब लोगों का झुकाव इस ओर होने लगे, तब समय-समय पर कल्पित अथवा सत्य आख्यानों के द्वारा सामाजिक, नैतिक और धार्मिक विषयों की मनोहर शिक्षा दे। जब जो विषय उसके अवलोकन में आवे, तब उसी पर अपनी स्वाभाविक शक्ति से कविता लिखकर लोगों को परोक्ष रूप से सचेत करे। कविता के प्रभाव का एक छोटा-सा उदाहरण सुनिए। पद्माकर कवि के घराने के लोगों में विवाह के समय कवित्त पढ़ने की चाल है। उनकी जाति के लोग कहते हैं कि वह चाल पद्माकर के समय से चली है और वह अब तक चली आती है। क्या यह बात आजकल के कवियों में नहीं हो सकती? जान पड़ता है कि अब के कवि 'खद्योत सम जहँ-तहँ करहिं प्रकाश'—जिसने यह दोहा लिखा है, उसको बड़ी दूर की सूझी है। बोल-चाल की भाषा में आज तक कोई कविता ऐसी नहीं बनी, जिसका प्रचार 'चन्द्रकान्ता'[1] के समान साधारण पढ़े-लिखे लोगों में भी हुआ हो। सदोष होने पर भी इस उपन्यास के कारण पुरुषों और स्त्रियों के उपन्यास पढ़ने की रुचि उत्पन्न हुई है। इसी प्रकार जब बोलचाल की भाषा की कविता को, या आजकल के और दूसरे पद्यों को साधारण लोग भी पढ़ने लगें; तब समझना चाहिए कि कविता और कवि लोकप्रिय हैं। आजकल तो संस्कृत-भरी कविता का रचा जाना और भी अधिक हानिकारक है।

सारांश यह कि यदि आजकल की कविता में शास्त्रोक्त गुणों को छोड़कर नीचे लिखे हुए गुण हों तो सम्भव है कि वह लोकप्रिय होगी—

1. कविता में साधारण लोगों की अवस्था, विचार और मनोविकारों का वर्णन हो।
2. उसमें धीरज, साहस, प्रेम और दया आदि गुणों के उदाहरण रहें।
3. कल्पना सूक्ष्म और उपमादिक अलंकार गूढ़ न हों।
4. भाषा सहज, स्वाभाविक और मनोहर हो।
5. छन्द सीधा, परिचित, सुहावना और वर्णन के अनुकूल हो।

---

1. यह आसन अब 'भारत-भारती' और 'जयद्रथ-वध' को मिल गया है।—1918

सरदार पूर्णसिंह

अध्यापक पूर्णसिंह का जन्म सन् 1881 ई. में सलहड गाँव जिला एबटाबाद (अब पश्चिमी पाकिस्तान) में हुआ था। लाहौर विश्वविद्यालय से इंटरमीडिएट परीक्षा पास करने के पश्चात् ये रसायनशास्त्र के अध्ययन के लिए जापान गए। वहीं स्वामी रामतीर्थ के सम्पर्क में आए और इनकी रुचि अध्यात्म की ओर हो गई। भारतवर्ष आने पर देहरादून में वन-विभाग में इनकी नियुक्ति हुई पर कुछ परिस्थितियों के कारण इन्हें नौकरी छोड़नी पड़ी और जीवन के अन्तिम दिन धनाभाव में बिताने पड़े। सन् 1931 ई. में देहरादून में इनकी मृत्यु हो गई।

सरदार पूर्णसिंह सच्चे आस्तिक, मानवता-प्रेमी तथा उदार व्यक्ति थे। इनकी अधिकांश रचनाएँ अंग्रेजी और पंजाबी में हैं। हिन्दी में इनके केवल छह निबन्ध उपलब्ध हैं जिनका भाव, भाषा और शैली के कारण हिन्दी निबन्ध-साहित्य में महत्त्वपूर्ण स्थान है। 'सरदार पूर्णसिंह के निबन्ध' नामक पुस्तक में ये सभी निबन्ध संकलित हैं।

पूर्णसिंह की शैली आवेशमयी है। इनकी भावुक प्रकृति का प्रभाव भाषा पर स्पष्ट दिखाई देता है। विषय-प्रतिपादन के लिए ये दृष्टान्त देते चलते हैं। विषय के अनुसार इनके वाक्य कहीं छोटे तथा सरल हैं और कहीं लम्बे और जटिल। इन्होंने तत्सम और तद्भव दोनों प्रकार के शब्दों का यथास्थान प्रयोग किया है। प्रवाह इनके निबन्धों का विशेष गुण है। लेखक की मस्ती में रँग कर भाषा अत्यन्त आकर्षक हो गई है तथा उसकी निष्ठा और आस्था से उसमें विशेष शक्ति आ गई है।

प्रस्तुत निबन्ध में लेखक ने गड़रियों और किसानों के स्वाभाविक सरल जीवन की आकर्षक झाँकियाँ प्रस्तुत की हैं तथा श्रमिकों के प्रति उदार मानवीय दृष्टि रखने पर बल दिया है : मजदूरी देकर ही हमारा कर्तव्य पूरा नहीं हो जाता प्रत्युत मजदूर के प्रति कृतज्ञता का भाव भी हमें अपने स्नेह-दान में व्यक्त करना चाहिए।

सरदार पूर्णसिंह ने अंग्रेजी, हिन्दी और पंजाबी तीनों भाषाओं में समान रूप से लिखा है—अंग्रेजी टेन मास्टर्स, द स्टोरी ऑफ राम, द सिस्टर्न ऑफ स्पिनिंग ह्वील (चरखा-गीत), स्प्रिट वार्न पीपुल द अनस्ट्रांग वीड्स एट हिज फीट एन आफ्टरनून विथ सेल्फ, द स्प्रिट ऑप ओरियंटल पोएट्री, बीना प्लेयर, हिमालियन पाइनर्स दि

हेम्पुल ऑफ तुलिप्स, बर्निंग कैंडिल, स्प्रिट ऑफ सिक्ख। गुरुनानक जी के जपजी का अनुवाद, भाई वीर सिंह की कविताओं का अनुवाद पंजाबी एवं हिन्दी में।

हिन्दी में छह निबन्ध हैं—सच्ची वीरता, कन्यादान पवित्रता, आचरण की सभ्यता, मजदूरी और प्रेम तथा अमेरिका का मस्त योगी वाल्ट हिट्मैन।

निधन : 1931 ई.

आचरण की सभ्यता

विद्या, कला, कविता, साहित्य, धन और राजस्व से भी आचरण की सभ्यता अधिक ज्योतिष्मती है। आचरण की सभ्यता को प्राप्त करके एक कंगाल आदमी राजाओं के दिलों पर भी अपना प्रभुत्व जमा सकता है। इस सभ्यता के दर्शन से कला, साहित्य, और संगीत को अद्‌भुत सिद्धि प्राप्त होती है। राग अधिक मृदु हो जाता है; विद्या का तीसरा शिव-नेत्र खुल जाता है, चित्र-कला का मौन राग अलापने लग जाता है; वक्ता चुप हो जाता है; लेखक की लेखनी थम जाती है; मूर्ति बनाने वाले के सामने नए कपोल, नए नयन और नई छवि का दृश्य उपस्थित हो जाता है।

आचरण की सभ्यतामय भाषा सदा मौन रहती है। इस भाषा का निघण्टु शुद्ध श्वेत पत्रों वाला है। इसमें नाममात्र के लिए भी शब्द नहीं। यह सभ्याचरण नाद करता हुआ भी मौन है, व्याख्यान देता हुआ भी व्याख्यान के पीछे छिपा है, राग गाता हुआ भी राग के सुर के भीतर पड़ा है। मृदु वचनों की मिठास में आचरण की सभ्यता मौन रूप से खुली हुई है। नम्रता, दया, प्रेम और उदारता सब के सब सभ्याचरण की भाषा के मौन व्याख्यान हैं। मनुष्य के जीवन पर मौन व्याख्यान का प्रभाव चिरस्थायी होता है और उसकी आत्मा का एक अंग हो जाता है।

न काला, न नीला, न पीला, न सफेद, न पूर्वी, न पश्चिमी, न उत्तरी, न दक्षिणी, बे-नाम, बे-निशान, बे-मकान, विशाल आत्मा के आचरण से मौन रूपिणी, सुगन्धि सदा प्रसारित हुआ करती है; इसके मौन से प्रसूत प्रेम और पवित्रता-धर्म सारे जगत का कल्याण करके विस्तृत होते हैं। इसकी उपस्थिति से मन और हृदय की ऋतु बदल जाते हैं। तीक्ष्ण गरमी से जले-भुने व्यक्ति आचरण के काले बादलों की बूँदाबाँदी से शीतल हो जाते हैं। मानसोत्पन्न शरद ऋतु क्लेशातुर हुए पुरुष इसकी सुगंधमय अटल वसंत ऋतु के आनंद का पान करते हैं। आचरण के नेत्र के एक अश्रु से जगत भर के नेत्र भीग जाते हैं। आचरण के आनंद-नृत्य से उन्मदिष्णु होकर वृक्षों और पर्वतों तक के हृदय नृत्य करने लगते हैं। आचरण के मौन व्याख्यान से मनुष्य को एक नया जीवन प्राप्त होता है। नए-नए विचार स्वयं ही प्रकट होने लगते हैं। सूखे काष्ठ सचमुच ही हरे हो जाते हैं। सूखे कूपों में जल भर आता है। नए नेत्र मिलते हैं। कुल पदार्थों के साथ एक नया मैत्री-भाव फूट पड़ता है। सूर्य,

जल, वायु, पुष्प, पत्थर, घास, पात, नर, नारी और बालक तक में एक अश्रुतपूर्व सुंदर मूर्ति के दर्शन होने लगते हैं।

मौनरूपी व्याख्यान की महत्ता इतनी बलवती, इतनी अर्थवती और इतनी प्रभाववती होती है कि उसके सामने क्या मातृभाषा, क्या साहित्यभाषा और क्या अन्य देश की भाषा सब की सब तुच्छ प्रतीत होती हैं। अन्य कोई भाषा दिव्य नहीं, केवल आचरण की मौन भाषा ही ईश्वरीय है। विचार करके देखो, मौन व्याख्यान किस तरह आपके हृदय की नाड़ी-नाड़ी में सुंदरता को पिरो देता है। वह व्याख्यान ही क्या, जिसने हृदय की धुन को—मन के लक्ष्य को—ही न बदल दिया। चंद्रमा की मंद-मंद हँसी का तारागण के कटाक्षपूर्ण प्राकृतिक मौन व्याख्यान का प्रभाव किसी कवि के दिल में घुसकर देखो। सूर्यास्त होने के पश्चात् श्रीकेशवचंद्र सेन और महर्षि देवेंद्रनाथ ठाकुर ने सारी रात एक क्षण की तरह गुजार दी यह तो कल की बात है। कमल और नरगिस में नयन देखने वाले नेत्रों से पूछो कि मौन व्याख्यान की प्रभुता कितनी दिव्य है।

प्रेम की भाषा शब्द-रहित है। नेत्रों की, कपोलों की, मस्तक की भाषा भी शब्द-रहित है। जीवन का तत्त्व भी शब्द से परे है। सच्चा आचरण—प्रभाव, शील, अचल-स्थित संयुक्त आचरण—न तो साहित्य के लंबे व्याख्यानों से गढ़ा जा सकता है; न वेद की श्रुतियों के मीठे उपदेश से; न अंजील से; न कुरान से; न धर्मचर्चा से; न केवल सत्संग से। जीवन के अरण्य में धंसे हुए पुरुष पर प्रकृति और मनुष्य के जीवन के मौन व्याख्यानों के यत्न से सुनार के छोटे हथौड़े की मंद-मंद चोटों की तरह आचरण का रूप प्रत्यक्ष होता है।

बर्फ का दुपट्टा बाँधे हुए हिमालय इस समय तो अति सुंदर, अति ऊँचा और अति गौरवान्वित मालूम होता है; परंतु प्रकृति ने अगणित शताब्दियों के परिश्रम से रेत का एक-एक परमाणु समुद्र के जल में डुबो-डुबोकर और उनको अपने विचित्र हथौड़े से सुडौल करके इस हिमालय के दर्शन कराये हैं। आचरण भी हिमालय की तरह एक ऊँचे कलश वाला मंदिर है। यह वह आम का पेड़ नहीं जिसको मदारी एक क्षण में, तुम्हारी आँखों में मिट्टी डालकर, अपनी हथेली पर जमा दे। इसके बनने में अनंत काल लगा है। पृथ्वी बन गई, सूर्य बन गया, तारागण आकाश में दौड़ने लगे परंतु अभी तक आचरण के सुंदर रूप के पूर्ण दर्शन नहीं हुए। कहीं-कहीं उसकी अत्यल्प छटा अवश्य दिखाई देती है।

पुस्तकों में लिखे हुए नुसखों से तो और भी अधिक बदहजमी हो जाती है। सारे वेद और शास्त्र भी यदि घोलकर पी लिए जाएँ तो भी आदर्श आचरण की प्राप्ति नहीं होती। आचरण की प्राप्ति की इच्छा रखने वाले को तर्क-वितर्क से कुछ भी सहायता नहीं मिलती। शब्द और वाणी तो साधारण जीवन के चोचले हैं। ये आचरण की गुप्त गुहा में नहीं प्रवेश कर सकते। वहां इनका कुछ भी प्रभाव नहीं पड़ता। वेद इस देश के रहने वालों के विश्वासानुसार ब्रह्मवाणी है, परंतु इतना काल व्यतीत हो

जाने पर भी आज तक वे समस्त जगत की भिन्न-भिन्न जातियों को संस्कृत भाषा न बुला सके—न समझा सके—न सिखा सके। यह बात हो कैसे? ईश्वर तो सदा मौन है। ईश्वरीय मौन शब्द और भाषा का विषय नहीं। यह केवल आचरण के कान में गुरुमंत्र फूँक सकता है। वह केवल ऋषि के दिल में वेद का ज्ञानोदय कर सकता है।

किसी का आचरण वायु के झोंके से हिल जाए, तो हिल जाए, परंतु साहित्य और शब्द की गोलन्दाजी और आंधी से उसके सिर के एक बाल तक का बाँका न होना एक साधारण बात है। पुष्प की कोमल पंखुड़ी के स्पर्श से किसी को रोमांच हो जाय जल की शीतलता से क्रोध और विषय-वासना शांत हो जाएँ; बर्फ के दर्शन से पवित्रता आ जाय सूर्य की ज्योति से नेत्र खुल जाएँ—परंतु अंगरेजी भाषा का व्याख्यान—चाहे वह कारलायल ही का लिखा हुआ क्यों न हो—बनारस में पंडितों के लिए रामलीला ही है। इसी तरह न्याय और व्याकरण की बारीकियों के विषय में पंडितों के द्वारा की गई चर्चाएँ और शास्त्रार्थ संस्कृत-ज्ञान-हीन पुरुषों के लिए स्टीम इंजिन के फप्-फप् शब्द से अधिक अर्थ नहीं रखते। यदि आप कहें व्याख्यानों के द्वारा, उपदेशों के द्वारा, धर्मचर्चा द्वारा कितने ही पुरुषों और नारियों के हृदय पर जीवन-व्यापी प्रभाव पड़ा है, तो उत्तर यह है कि प्रभाव शब्द का नहीं पड़ता—प्रभाव तो सदा सदाचरण का पड़ता है। साधारण उपदेश तो, हर गिरजे, हर मंदिर और हर मस्जिद में होते हैं, परंतु उनका प्रभाव तभी हम पर पड़ता है जब गिरजे का पादरी स्वयं ईसा होता है—मंदिर का पुजारी स्वयं ब्रह्मर्षि होता है—मसजिद का मुल्ला स्वयं पैगंबर और रसूल होता है।

यदि एक ब्राह्मण किसी डूबती कन्या की रक्षा के लिए—चाहे वह कन्या जिस जाति की हो, जिस किसी मनुष्य की हो, जिस किसी देश की हो—अपने आपको गंगा में फेंक दे—चाहे उसके प्राण यह काम करने में रहें चाहे जाएँ—तो इस कार्य में प्रेरक आचरण की मौनमयी भाषा किस देश में, किस जाति में और किस काल में, कौन नहीं समझ सकता? प्रेम का आचरण, दया का आचरण—क्या पशु क्या मनुष्य—जगत के सभी चराचर आप ही आप समझ लेते हैं। जगत भर के बच्चों की भाषा इस भाष्यहीन भाषा का चिह्न है। बालकों के इस शुद्ध मौन का नाद और हास्य ही सब देशों में एक ही सा पाया जाता है।

मनुष्य का जीवन इतना विशाल है कि उसमें आचरण को रूप देने के लिए नाना प्रकार के ऊँच-नीच और भले-बुरे विचार, अमीरी और गरीबी, उन्नति और अवनति इत्यादि सहायता पहुँचाते हैं। पवित्र अपवित्रता उतनी ही बलवती है, जितनी कि पवित्र और पवित्रता। जो कुछ जगत में हो रहा है वह केवल आचरण के विकास के अर्थ में हो रहा है। अंतरात्मा वही काम करती है जो बाह्य पदार्थों के संयोग का प्रतिबिंब होता है। जिनको हम पवित्रात्मा कहते हैं, क्या पता है, किन-किन कूपों से निकलकर वे अब उदय को प्राप्त हुए हैं। जिनको हम धर्मात्मा कहते हैं, क्या पता

है, किन-किन अधर्मों को करके वे धर्म-ज्ञान पा सके हैं। जिनको हम सभ्य कहते हैं और जो अपने जीवन में पवित्रता को ही सब कुछ समझते हैं, क्या पता है, वे कुछ काल पूर्व बुरी और अधर्म अपवित्रता में लिप्त रहे हों? अपने जन्म-जन्मांतरों के संस्कारों से भरी हुई अंधकारमय कोठरी से निकल ज्योति और स्वच्छ वायु से परिपूर्ण खुले हुए देश में जब तक अपना आचरण अपने नेत्र न खोल चुका हो तब तक धर्म के गूढ़ तत्त्व कैसे समझ में आ सकते हैं। नेत्र-रहित को सूर्य से क्या लाभ? कविता, साहित्य, पीर, पैगंबर, गुरु, आचार्य, ऋषि आदि के उपदेशों से लाभ उठाने का यदि आत्मा में बल नहीं तो उनसे क्या लाभ? जब तक यह जीवन का बीज पृथ्वी के मल-मूत्र के ढेर में पड़ा है, अथवा जब तक वह खाद की गरमी से अंकुरित नहीं हुआ और प्रस्फुटित होकर उससे दो नए पत्ते ऊपर नहीं निकल आए, तब तक ज्योति और वायु किस काम के?

वह आचरण ही धर्म-संप्रदायों के अनुच्चारित शब्दों को सुनाता है, हम में कहां? जब वही नहीं तब फिर क्यों न ये संप्रदाय हमारे मानसिक महाभारतों का कुरुक्षेत्र बनें? क्यों न अप्रेम, अपवित्र, हत्या और अत्याचार इन संप्रदायों के नाम से हमारा खून करें। कोई भी संप्रदाय आचरण-रहित पुरुषों के लिए कल्याणकारक नहीं हो सकता और आचरण वाले पुरुषों के लिए सभी धर्म-संप्रदाय कल्याणकारक हैं। सच्चा साधु धर्म को गौरव देता है, धर्म किसी को गौरवान्वित नहीं करता।

आचरण का विकास जीवन का परमोद्‌देश्य है। आचरण के विकास के लिए नाना प्रकार की सामाग्रियों का, जो संसार-संभूत शारीरिक, प्राकृतिक, मानसिक और आध्यात्मिक जीवन में वर्तमान हैं, उन सबकी (सबका) क्या एक पुरुष और क्या एक जाति के आचरण के विकास के साधनों के संबंध में विचार करना होगा। आचरण के विकास के लिए जितने कर्म हैं उन सबको आचरण के संघटनकर्ता धर्म के अंग मानना पड़ेगा। चाहे कोई कितना ही बड़ा महात्मा क्यों न हो, वह निश्चयपूर्वक यह नहीं कह सकता कि यों ही करो, और किसी तरह नहीं। आचरण की सभ्यता की प्राप्ति के लिए वह सब को एक पथ नहीं बता सकता। आचरणशील महात्मा स्वयं भी किसी अन्य की बनायी हुई सड़क से नहीं आया, उसने अपनी सड़क स्वयं ही बनायी थी। इसी से उसके बनाए हुए रास्ते पर चलकर हम भी अपने आचरण को आदर्श के ढाँचे में नहीं ढाल सकते। हमें अपना रास्ता अपने जीवन की कुदाली की एक-एक चोट से रात-दिन बनाना पड़ेगा और उसी पर चलना भी पड़ेगा। हर किसी को अपने देश-कालानुसार रामप्राप्ति के लिए अपनी नैया आप ही बनानी पड़ेगी और आप ही चलानी भी पड़ेगी।

यदि मुझे ईश्वर का ज्ञान नहीं तो ऐसे ज्ञान से क्या प्रयोजन? जब तक मैं अपना हथौड़ा ठीक-ठीक चलाता हूँ और रूपहीन लोहे को तलवार के रूप में गढ़ देता हूँ तब तक मुझे यदि ईश्वर का ज्ञान नहीं तो नहीं होने दो। उस ज्ञान से मुझे प्रयोजन

ही क्या? जब तक मैं अपना उद्धार ठीक और शुद्ध रीति से किए जाता हूँ तब तक यदि मुझे आध्यात्मिक पवित्रता का ज्ञान नहीं होता तो न होने दो। उससे सिद्धि ही क्या हो सकती है? जब तक किसी जहाज के कप्तान के हृदय में इतनी वीरता भरी हुई है कि वह महाभयानक समय में अपने जहाज को नहीं छोड़ता तब तक यदि वह मेरी और तेरी दृष्टि में शराबी और स्त्रैण है तो उसे वैसा ही होने दो। उसकी बुरी बातों से हमें प्रयोजन ही क्या? आँधी हो—बरफ हो—बिजली की कड़क हो—समुद्र का तूफान हो—वह दिन-रात आँख खोले अपने जहाज की रक्षा के लिए जहाज के पुल पर घूमता हुआ अपने धर्म का पालन करता है। वह अपने जहाज के साथ समुद्र में डूब जाता है, परंतु अपना जीवन बचाने के लिए कोई उपाय नहीं करता। क्या उसके आचरणों का यह अंश मेरे-तेरे बिस्तर और आसन पर बैठे-बिठाए कहे हुए निरर्थक शब्दों के भाव से कम महत्त्व का है?

न मैं किसी गिरजे में जाता हूँ और न किसी मंदिर में, न मैं नमाज पढ़ता हूँ और न ही रोजा रखता हूँ, न संध्या ही करता हूँ और न कोई देव-पूजा ही करता हूँ, न किसी आचार्य के नाम का मुझे पता है और न किसी के आगे मैंने सिर ही झुकाया है। तो इससे प्रयोजन ही क्या और इससे हानि भी क्या? मैं तो अपनी खेती करता हूँ, अपने हल और बैलों को प्रातःकाल उठकर प्रणाम करता हूँ, मेरा जीवन जंगल के पेड़ों और पत्तियों की संगति में गुजरता है, आकाश के बादलों को देखते मेरा दिन निकल जाता है। मैं किसी को धोखा नहीं देता। हाँ यदि कोई मुझे धोखा दे तो उससे मेरी कोई हानि नहीं। मेरे खेत में अन्न उग रहा है, मेरा घर अन्न से भरा है, बिस्तर के लिए मुझे एक कमली काफी है, कमर के लिए लँगोटी और सिर के लिए एक टोपी बस है। हाथ-पाँव मेरे बलवान हैं, शरीर मेरा अरोग्य है, भूख खूब लगती है, बाजरा और मकई, छाछ और दही, दूध और मक्खन मुझे और बच्चों को खाने के लिए मिल जाता है। क्या इस किसान की सादगी और सच्चाई में वह मिठास नहीं जिसकी प्राप्ति के लिए भिन्न-भिन्न धर्म संप्रदाय लंबी-चौड़ी और चिकनी-चुपड़ी बातों द्वारा दीक्षा दिया करते हैं?

जब साहित्य, संगीत और कला की अति ने रोम को घोड़े से उतारकर मखमल के गद्दों पर लिटा दिया—जब आलस्य और विषय-विकार की लंपटता ने जंगल और पहाड़ की साफ हवा के असभ्य और उद्दंड जीवन से रोमवालों का मुख मोड़ दिया तब रोम नरम तकियों और बिस्तरों पर ऐसा सोया कि अब तक न आप जागा और न कोई उसे जगा सका। ऐंग्लोसेक्सन जाति ने जो उच्च पद प्राप्त किया बस उसने अपने समुद्र, जंगल और पर्वत से संबंध रखने वाले जीवन से ही प्राप्त किया। जाति की उन्नति लड़ने-भिड़ने, मरने-मारने, लूटने और लूटे जाने, शिकार करने और शिकार होने वाले जीवन का ही परिणाम है। लोग कहते हैं, केवल धर्म ही जाति की उन्नति करता है। यह ठीक है, परंतु यह धर्मांकुर जो जाति को उन्नत

करता है, इस असभ्य, कमीने पापमय जीवन की गंदी राख के ढेर के ऊपर नहीं उगता है। मंदिरों और गिरजों की मंद-मंद टिमटिमाती हुई मोमबत्तियों की रोशनी से यूरप इस उच्चावस्था को नहीं पहुँचा। वह कठोर जीवन जिसको देश-देशांतरों को ढूँढ़ते फिरते रहने के बिना शांति नहीं मिलती, जिसकी अंतर्ज्वाला दूसरी जातियों को जीतने, लूटने, मारने और उन पर राज रखने के बिना मंद नहीं पड़ती—केवल वहीं विशाल जीवन समुद्र की छाती पर मूँग दलकर और पहाड़ों को फाँदकर उनको उस महानता की ओर ले गया और ले जा रहा है। राबिनहुड की प्रशंसा में जो कवि अपनी सारी शक्ति खर्च कर देते हैं उन्हें तत्त्वदर्शी कहना चाहिए, क्योंकि राबिनहुड जैसे भौतिक पदार्थों से ही नेलसन और वेलिंगटन जैसे अंगरेज वीरों की हड्डियाँ तैयार हुई थीं। लड़ाई के आजकल के सामान—गोला, बारूद, जंगी जहाज और तिजारती बेड़ों आदि—को देखकर कहना पड़ता है कि इनसे वर्तमान सभ्यता से भी कहीं अधिक उच्च सभ्यता का जन्म होगा।

धर्म और आध्यात्मिक विद्या के पौधे को ऐसी आरोग्य-वर्धक भूमि देने के लिए, जिसमें वह प्रकाश और वायु सदा खिलता रहे, सदा फूलता रहे, सदा फलता रहे, यह आवश्यक है कि बहुत-से हाथ एक अनंत प्रकृति के ढेर को एकत्र करते रहें। धर्म की रक्षा के लिए क्षत्रियों को सदा ही कमर बाँधे हुए सिपाही बने रहने का भी तो यही अर्थ है। यदि कुल समुद्र का जल उड़ा दो तो रेडियम धातु का एक कण कहीं हाथ लगेगा। आचरण का रेडियम—क्या एक पुरुष का, और क्या जाति का, और क्या जगत का—सारी प्रकृति को खाद बनाये बिना सारी प्रकृति को हवा में उड़ाये बिना भला कब मिलने का है? प्रकृति को मिथ्या करके नहीं उड़ाना उसे उड़ाकर मिथ्या करना है। समुद्रों में डोरा डालकर अमृत निकाला है सो भी कितना? जरा सा! संसार की खाक छानकर आचरण का स्वर्ण हाथ आता है। क्या बैठे-बिठाये भी वह मिल सकता है?

हिंदुओं का संबंध यदि किसी प्राचीन असभ्य जाति के साथ रहा होता तो उनके वर्तमान वंश में अधिक बलवान श्रेणी के मनुष्य होते—तो उनमें भी ऋषि, पराक्रमी, जनरल और धीर-वीर पुरुष उत्पन्न होते। आजकल तो वे उपनिषदों के ऋषियों के पवित्रतामय प्रेम के जीवन को देख-देखकर अहंकार में मग्न हो रहे हैं और दिन पर दिन अधोगति की ओर जा रहे हैं। यदि वे किसी जंगली जाति की संतान होते तो उनमें भी ऋषि और बलवान योद्धा होते। ऋषियों को पैदा करने के योग्य असभ्य पृथ्वी का बन जाना तो आसान है परंतु ऋषियों की अपनी उन्नति के लिए राख और पृथ्वी बनाना कठिन है, क्योंकि ऋषि तो केवल अनंत प्रकृति पर सजते हैं, हमारी जैसी पुष्प-शय्या पर मुरझा जाते हैं। माना कि प्राचीन काल में, यूरप में, सभी असभ्य थे, परंतु आजकल तो हम असभ्य हैं। उनकी असभ्यता के ऊपर ऋषि-जीवन की उच्च सभ्यता फूल रही है और हमारे ऋषियों के जीवन के

फूल की शय्या पर आजकल असभ्यता का रंग चढ़ा हुआ है। सदा ऋषि पैदा करते रहना, अर्थात् अपनी ऊँची चोटी के ऊपर इन फूलों को सदा धारण करते रहना ही जीवन के नियमों का पालन करना है।

धर्म के आचरण की प्राप्ति यदि ऊपरी आडंबरों से होती तो आजकल भारत-निवासी सूर्य के समान शुद्ध आचरण वाले हो जाते। भाई! माला से तो जप नहीं होता। गंगा नहाने से तो तप नहीं होता। पहाड़ों पर चढ़ने से प्राणायाम हुआ करता है, समुद्र में तैरने से नेती धुलती है, आँधी, पानी और साधारण जीवन के ऊँच-नीच, गरमी-सरदी, गरीबी-अमीरी को झेलने से तप हुआ करता है। आध्यात्मिक धर्म के स्वप्नों की शोभा तभी भली लगती है जब आदमी अपने जीवन का धर्म पालन करे। खुले समुद्र में अपने जहाज पर बैठकर ही समुद्र की आध्यात्मिक शोभा का विचार होता है। भूखे को तो चंद्र और सूर्य भी केवल आटे की बड़ी-बड़ी दो रोटियाँ सा प्रतीत होता है। कुटिया में ही बैठकर धूप, आँधी और बर्फ की दिव्य शोभा का आनंद आ सकता है। प्राकृतिक सभ्यता के आने पर ही मानसिक सभ्यता आती है और तभी वह स्थिर भी रह सकती है। मानसिक सभ्यता के होने पर ही आचरण सभ्यता की प्राप्ति संभव है, और तभी वह स्थिर भी हो सकती है। जब तक निर्धन पुरुष पाप से अपना पेट भरता है तब तक धनवान पुरुष के शुद्धाचरण की पूरी परीक्षा नहीं। इसी प्रकार जब तक अज्ञानी का आचरण अशुद्ध है, जब तक ज्ञानवान के आचरण की पूरी परीक्षा नहीं—तब तक जगत में आचरण की सभ्यता का राज्य नहीं।

आचरण की सभ्यता का देश ही निराला है। उसमें न शारीरिक झगड़े हैं, न मानसिक, न आध्यात्मिक। न उसमें विद्रोह है, न जंग ही का नामोनिशान है और न वहां कोई ऊँचा है, न नीचा। न कोई वहां धनवान है और न ही कोई वहां निर्धन। वहां प्रकृति का नाम नहीं, वहां तो प्रेम और एकता का अखंड राज्य रहता है। जिस समय आचरण की सभ्यता संसार में आती है उस समय नीले आकाश से मनुष्य को वेद-ध्वनि सुनाई देती है, नर-नारी पुष्पवत् खिलते जाते हैं, प्रभात हो जाता है, प्रभात का गजर बज जाता है, नारद की वीणा अलापने लगती है, ध्रुव का शंख गूँज उठता है, प्रह्लाद का नृत्य होता है, शिव का डमरू बजता है, कृष्ण की बाँसुरी की धुन प्रारंभ हो जाती है। जहाँ ऐसे शब्द होते हैं, जहां ऐसे पुरुष रहते हैं, वहाँ ऐसी ज्योति होती है, वही आचरण की सभ्यता का सुनहरा देश है, वही देश मनुष्य का स्वदेश है। जब तक घर न पहुँच जाए, सोना अच्छा नहीं, चाहे वेदों में, चाहे इंजील में, चाहे कुरान में, चाहे त्रिपीटिक (त्रिपिटक) में, चाहे इस स्थान में, चाहे उस स्थान में, कहीं भी सोना अच्छा नहीं। आलस्य मृत्यु है। लेख तो पेड़ों के चित्र सदृश्य होते हैं, पेड़ तो होते ही नहीं जो फल लावें। लेखक ने यह चित्र इसलिए भेजा है कि सरस्वती में चित्र को देखकर शायद कोई असली पेड़ को जाकर देखने का यत्न करे।

आचार्य रामचन्द्र शुक्ल

हिन्दी साहित्य में आचार्य रामचन्द्र शुक्ल का आगमन समालोचना के नवीन युग में पदार्पण का सूचक है। शुक्ल जी से पूर्व की आलोचना गुण-दोष गिनाने और रचना की अनुगामिनी होने तक की भूमिका निभा रही थी। शुक्ल जी ने आलोचना को नई विश्लेषणात्मक दृष्टि से सम्पन्न करते हुए उसे रचना के समकक्ष पहुँचाया। आधुनिक हिन्दी आलोचना के सूत्रपातकर्ता के साथ-साथ आचार्य रामचन्द्र शुक्ल निबन्धकार के रूप में भी विख्यात हैं। इन्होंने मुख्य रूप से विचारपरक और भावात्मक निबन्ध लिखे हैं। व्यक्तिगत अनुभवों से विकसित होते हुए भी उनके निबन्ध विचार की गम्भीर विश्लेषणात्मक प्रवृत्ति रखते हैं। अपने ललित निबन्धों के सन्दर्भ में 'चिन्तामणि' की भूमिका में उन्होंने लिखा है, 'मेरे ललित निबन्ध विचारप्रधान हैं। यात्रा करने चली तो है बुद्धि किन्तु हृदय को साथ लेकर।'

आचार्य रामचन्द्र शुक्ल का जन्म उत्तर प्रदेश में बस्ती जिले के अगौना नामक गाँव में सन् 1884 में हुआ था। सन् 1893 में मिर्जापुर आने पर रमई पट्टी मुहल्ले के एंग्लो-संस्कृत ज़ुबली स्कूल में दाखिला लेकर चौदह वर्ष की उम्र में मिडिल पास किया। इसके बाद वे लंदन मिशन स्कूल में भर्ती हुए जहाँ से 1901 ई. में उन्होंने स्कूल फाइनल परीक्षा पास की। स्कूल में उर्दू, अंग्रेजी भाषा के पुष्ट ज्ञान के साथ हिन्दी, संस्कृत का ज्ञान स्वाध्याय द्वारा प्राप्त किया। सन् 1901 में इन्होंने इलाहाबाद में कायस्थ पाठशाला से इंटरमीडिएट में पढ़ने के लिए नाम लिखाया पर पारिवारिक कारणों से उद्देश्य पूरा नहीं हुआ। 1903 में कचहरी में अप्रेंटिसशिप शुरू की पर वहाँ के वातावरण से उन्हें सरकारी नौकरी से घृणा हो गई। 1904 में जब नायब तहसीलदार बनने का सुयोग उन्हें मिला तो उन्होंने ठुकरा दिया। इसी समय उनका अंग्रेजी में पहला निबन्ध 'What has India to do' 'हिन्दुस्तान रिव्यू' में प्रकाशित हुआ जिसमें भारतीयों के कर्तव्य और सरकारी नौकरियों के प्रति उनके दृष्टिकोण का पता चलता है। आजीविका हेतु उन्होंने मिर्जापुर के कार्यालय में फिर लंदन मिशन स्कूल में ड्राइंग मास्टर के पद पर कार्य किया। भारतेन्दु-मंडल के बदरीनारायण चौधरी 'प्रेमघन' के सम्पर्क में आने पर उनकी प्रेरणा से शुक्लजी ने साहित्य-सेवा का रास्ता अपना लिया। 'भारत और वसन्त' नाम से उनका पहला

लेख 1896-97 में 'आनन्द कादम्बिनी' में ही प्रकाशित हुआ जिसके सम्पादक 'प्रेमघन' जी थे। 1903 ई. में पत्रिका का सम्पादन भार भी प्रेमघन जी ने शुक्ल जी को सौंप दिया। 'सरस्वती' पत्रिका में उनका महत्त्वपूर्ण निबन्ध 'कविता क्या है?' प्रकाशित हुआ। 1908 ई. में काशी नागरी प्रचारिणी सभा के आमंत्रण पर 'हिन्दी शब्द सागर' के सम्पादन में योगदान देने के लिए वे काशी आ बसे और जीवनपर्यन्त यहीं रहे। 1912 ई. में नागरी प्रचारिणी पत्रिका के सम्पादक का दायित्व सँभालने के साथ 'भाव और मनोविकार' सम्बन्धी प्रसिद्ध लेखमाला का धारावाहिक प्रकाशन प्रारम्भ किया। 1919 ई. में काशी हिन्दू विश्वविद्यालय में हिन्दी का अध्यापन शुरू किया और 1937 ई. में हिन्दी के विभागाध्यक्ष बने। लम्बी अस्वस्थता के चलते 2 फरवरी, 1941 ई. को शुक्ल जी का निधन हो गया।

शुक्ल जी की गम्भीर समीक्षा के नमूने 'चिन्तामणि', भाग-1 में संकलित मनोविकार सम्बन्धी उनके निबन्ध हैं। ये निबन्ध मनुष्य के अन्तर्बाह्य पक्षों को साथ लेकर चलते हैं। शुक्ल जी मूलतः भाववादी थे लेकिन भाव में बह जाने की अपेक्षा वे भाव के गुणधर्म को दृढ़तापूर्वक पकड़कर सांस्कृतिक एकसूत्रता में नियोजित करने पर बल देते हैं। शुक्ल जी की दृष्टि मुख्यतः पड़ताल और खोज की दृष्टि है। परम्परा के जीवित अंशों को समसामयिक सन्दर्भों में परखते चलना और सचेत चिन्तक की भाँति हस्तक्षेप करना उनका लेखकीय स्वभाव है। इनके निबन्धों में जिज्ञासा, विचारों की मौलिकता और शैलीगत प्रौढ़ता के दर्शन होते हैं। व्याकरण की दृष्टि से भाषा को मानक रूप प्रदान करने की ओर उनका झुकाव आरम्भ से ही रहा। उनकी शैली विषय के अनुरूप गम्भीर है। 'कविता क्या है', 'काव्य में लोकमंगल की साधनावस्था', 'साधारणीकरण और व्यक्ति-वैचित्र्यवाद' जैसे काव्य-रचना के गम्भीर सैद्धान्तिक विवेचनपरक निबन्धों के साथ उन्होंने 'उत्साह', 'मित्रता' 'करुणा', 'क्रोध', 'श्रद्धा-भक्ति' जैसे मनोविकार सम्बन्धी निबन्ध भी लिखे। इनकी प्रमुख कृतियाँ हैं :

आलोचनात्मक ग्रन्थ : 'हिन्दी साहित्य का इतिहास', 'रसमीमांसा', 'सूरदास', 'गोस्वामी तुलसीदास', 'त्रिवेणी'।

सम्पादित ग्रन्थ : 'जायसी ग्रन्थावली', 'भ्रमरगीत सार', 'तुलसी ग्रन्थावली', 'कुसुम संग्रह'।

अनुवाद : 'लाइट ऑफ़ एशिया' का ब्रजभाषा-पद्य में 'बुद्धचरित' शीर्षक से तथा बाँग्ला उपन्यास 'शशांक' का हिन्दी अनुवाद, आदि।

निबन्ध : चिन्तामणि, भाग 1, 2, 3

शुक्ल जी की सम्पूर्ण रचनाएँ राजकमल प्रकाशन से नामवर सिंह के सम्पादन में 'रामचन्द्र शुक्ल रचनावली' में प्रकाशित हैं।

'चिन्तामणि' पर हिन्दी-साहित्य सम्मेलन, प्रयाग की ओर से आचार्य रामचन्द्र शुक्ल को मंगलाप्रसाद पारितोषिक भी प्रदान किया गया था।

श्रद्धा और भक्ति

किसी मनुष्य में जन-साधारण से विशेष गुण व शक्ति का विकास देख उसके सम्बन्ध में जो एक स्थायी आनन्द-पद्धति हृदय में स्थापित हो जाती है उसे श्रद्धा कहते हैं। श्रद्धा महत्त्व की आनन्दपूर्ण स्वीकृति के साथ-साथ पूज्य बुद्धि का संचार है। यदि हमें निश्चय हो जाएगा कि कोई मनुष्य बड़ा वीर, बड़ा सज्जन, बड़ा गुणी, बड़ा दानी, बड़ा विद्वान्, बड़ा परोपकारी या बड़ा धर्मात्मा है तो वह हमारे आनन्द का एक विषय हो जाएगा। हम उसका नाम आने पर प्रशंसा करने लगेंगे, उसे सामने देख आदर से सिर नवाएँगे; किसी प्रकार का स्वार्थ न रहने पर भी हम सदा उसका भला चाहेंगे, उसकी बढ़ती से प्रसन्न होंगे और अपनी पोषित आनन्द-पद्धति में व्याघात पहुँचने के कारण उसकी निन्दा न सह सकेंगे। इससे सिद्ध होता है कि जिन कर्मों के प्रति श्रद्धा होती है उनका होना संसार को वांछित है। यही विश्व-कामना श्रद्धा की प्रेरणा का मूल है।

प्रेम और श्रद्धा में अन्तर यह है कि प्रेम स्वाधीन कार्यों पर उतना निर्भर नहीं—कभी-कभी किसी का रूप मात्र, जिसमें उसका कुछ भी हाथ नहीं, उसके प्रति प्रेम उत्पन्न होने का कारण होता है, पर श्रद्धा ऐसी नहीं है। किसी की सुन्दर आँख या नाक देखकर उसके प्रति श्रद्धा नहीं उत्पन्न होगी, प्रीति उत्पन्न हो सकती है। प्रेम के लिए इतना ही बस है कि कोई मनुष्य हमें अच्छा लगे, पर श्रद्धा के लिए आवश्यक यह है कि मनुष्य किसी बात में बढ़ा हुआ होने के कारण हमारे सम्मान का पात्र हो। श्रद्धा का व्यापार-स्थल विस्तृत है, प्रेम का एकान्त। प्रेम में घनत्व अधिक है और श्रद्धा में विस्तार। किसी मनुष्य से प्रेम रखनेवाले एक-दो मिलेंगे, पर उस पर श्रद्धा रखनेवाले सैकड़ों, हजारों, लाखों क्या करोड़ों मिल सकते हैं। सच पूछिए तो इसी श्रद्धा के आश्रय से उन कर्मों के महत्त्व का भाव दृढ़ होता रहता है जिन्हें धर्म कहते हैं और जिनमें मनुष्य-समाज की स्थिति है। कर्ता से बढ़कर कर्म का स्मारक दूसरा नहीं। कर्म की क्षमता प्राप्त करने के लिए बार-बार कर्ता ही की ओर आँख उठती है। कर्मों से कर्ता की स्थिति को जो मनोहरता प्राप्त हो जाती है उस पर मुग्ध होकर बहुत-से प्राणी उन कर्मों की ओर प्रेरित होते हैं। कर्ता अपने सत्कर्म द्वारा एक विस्तृत क्षेत्र में मनुष्य की सद्वृत्तियों के आकर्षण का एक शक्ति केन्द्र

हो जाता है। जिस समाज में किसी ऐसे ज्योतिष्मान शक्ति केन्द्र का उदय होता है उस समाज में भिन्न-भिन्न हृदयों से शुभ भावनाएँ मेघ-खंडों के समान उठकर तथा एक ओर और एक साथ अग्रसर होने के कारण परस्पर मिलकर, इतनी घनी हो जाती हैं कि उनकी घटा-सी उमड़ पड़ती है और मंगल की ऐसी वर्षा होती है कि सारे दुख और क्लेश बह जाते हैं।

हमारे अन्तःकरण में प्रिय के आदर्श रूप का संघटन उसके शरीर या व्यक्ति मात्र के आश्रय से हो सकता है, पर श्रद्धेय के आदर्श रूप का संघटन उसके फैलाए हुए कर्म-तन्तु के उपादान से होता है। प्रिय का चिन्तन हम आँख मूँदे हुए, संसार को भुलाकर करते हैं, पर श्रद्धेय का चिन्तन हम आँख खोले हुए, संसार का कुछ अंश सामने रखकर करते हैं। यदि प्रेम स्वप्न है तो श्रद्धा जागरण है। प्रेमी प्रिय को अपने लिए और अपने को प्रिय के लिए संसार से अलग करना चाहता है। प्रेम में केवल दो पक्ष होते हैं, श्रद्धा में तीन। प्रेम में कोई मध्यस्थ नहीं, पर श्रद्धा में मध्यस्थ अपेक्षित है। प्रेमी और प्रिय के बीच कोई और वस्तु अनिवार्य नहीं, पर श्रद्धालु और श्रद्धेय के बीच कोई वस्तु चाहिए। इस बात का स्मरण रखने से यह पहचानना उतना कठिन न रह जाएगा कि किसी के प्रति किसी का कोई आनन्दान्तर्गत भाव प्रेम है या श्रद्धा। यदि किसी कवि का काव्य बहुत अच्छा लगा, किसी चित्रकार का बनाया चित्र बहुत सुन्दर जँचा और हमारे चित्त में उस कवि या चित्रकार के प्रति एक सुहृद्-भाव उत्पन्न हुआ तो वह श्रद्धा है; क्योंकि यह काव्य या चित्ररूप मध्यस्थ द्वारा प्राप्त हुआ है।

प्रेम का कारण बहुत कुछ अनिर्दिष्ट और अज्ञात होता है; पर श्रद्धा का कारण निर्दिष्ट और ज्ञात होता है। कभी-कभी केवल एक साथ रहते-रहते दो प्राणियों में यह भाव उत्पन्न हो जाता है कि वे बराबर साथ रहें; उनका साथ कभी न छूटे। प्रेमी प्रिय के सम्पूर्ण जीवन-क्रम के सतत साक्षात्कार का अभिलाषी होता है। वह उसका उठना-बैठना, चलना-फिरना, सोना-जागना, खाना-पीना, सब कुछ देखना चाहता है। संसार में बहुत-से लोग उठते-बैठते, चलते-फिरते हैं, पर सबका उठना-बैठना, चलना-फिरना उसको वैसा अच्छा नहीं लगता। प्रेमी प्रिय के जीवन को अपने जीवन से मिलाकर एक निराला मिश्रण तैयार करना चाहता है। वह दो से एक करना चाहता है। सारांश यह कि श्रद्धा में दृष्टि पहले कर्मों पर से होती हुई श्रद्धेय तक पहुँचती है और प्रीति में प्रिय पर से होती हुई उसके कर्मों आदि पर आ जाती है। एक में व्यक्ति को कर्मों द्वारा मनोहरता प्राप्त होती है, दूसरी में कर्मों को व्यक्ति द्वारा। एक में कर्म प्रधान है, दूसरी में व्यक्ति।

किसी के रूप को स्वयं देखकर हम तुरन्त मोहित होकर उससे प्रेम कर सकते हैं, पर उसके रूप की प्रशंसा किसी दूसरे से सुनकर झट हमारा प्रेम नहीं उमड़ पड़ेगा। कुछ काल तक हमारा भाव लोभ के रूप में रहेगा, पीछे यह प्रेम में परिणत

हो सकता है। बात यह है कि प्रेम एकमात्र अपने ही अनुभव पर निर्भर रहता है; पर श्रद्धा अपनी सामाजिक विशेषता के कारण दूसरों के अनुभव पर भी जगती है। रूप की भावना का बहुत कुछ सम्बन्ध व्यक्तिगत रुचि से होता है। अतः किसी के रूप और हमारे बीच यदि तीसरा व्यक्ति आया तो इस व्यापार में सामाजिकता आ गई; क्योंकि हमें उस समय यह ध्यान हुआ कि उस रूप से एक तीसरे व्यक्ति को आनन्द या सुख मिला और हमें भी मिल सकता है। जब तक हम किसी के रूप का बखान सुनकर 'वाह-वाह' करते जाएँगे तब तक हम एक प्रकार के लोभी अथवा रीझनेवाले या क़द्रदान ही कहलाएँगे, पर जब हम उसके दर्शन के लिए आकुल होंगे, उसे बराबर अपने सामने ही रखना चाहेंगे; तब प्रेम का सूत्रपात समझा जाएगा। श्रद्धा-भजन पर श्रद्धावान अपना किसी प्रकार का अधिकार नहीं चाहता, पर प्रेमी प्रिय के हृदय पर अपना अधिकार चाहता है।

श्रद्धा एक सामाजिक भाव है, इससे अपनी श्रद्धा के बदले में हम श्रद्धेय से अपने लिए कोई बात नहीं चाहते। श्रद्धा धारण करते हुए हम अपने को उस समाज में समझते हैं जिसके किसी अंश पर—चाहे हम व्यष्टि रूप में उनके अन्तर्गत न भी हों—जान-बूझकर उसने कोई शुभ प्रभाव डाला। श्रद्धा स्वयं ऐसे कर्मों के प्रतिकार में होती है जिनका शुभ प्रभाव अकेले हम पर नहीं, बल्कि सारे मनुष्य समाज पर पड़ सकता है। श्रद्धा एक ऐसी आनन्दपूर्ण कृतज्ञता है जिसे हम केवल समाज के प्रतिनिधि रूप में प्रकट करते हैं। सदाचार पर श्रद्धा और अत्याचार पर क्रोध या घृणा प्रकट करने के लिए समाज ने प्रत्येक व्यक्ति को प्रतिनिधित्व प्रदान कर रखा है। यह काम उसने इतना भारी समझा है कि उसका भार सारे मनुष्यों को बाँट दिया है, दो-चार माननीय लोगों के ही सिर पर नहीं छोड़ रखा है। जिस समाज में सदाचार पर श्रद्धा और अत्याचार पर क्रोध प्रकट करने के लिए जितने ही अधिक लोग तत्पर पाए जाएँगे उतना ही वह समाज जागृत समझा जाएगा। श्रद्धा की सामाजिक विशेषता एक इसी बात से समझ लीजिए कि जिस पर हम श्रद्धा रखते हैं उस पर चाहते हैं कि और लोग भी श्रद्धा रखें—जिससे हमारा प्रेम होता है उससे और दस-पाँच आदमी प्रेम रखें—इसकी हमें परवाह क्या, इच्छा ही नहीं होती; क्योंकि हम प्रिय पर लोभवश एक प्रकार का अनन्य अधिकार या इजारा चाहते हैं। श्रद्धालु अपने भाव में संसार को भी सम्मिलित करना चाहता है, पर प्रेमी नहीं।

जब तक समष्टि-रूप में हमें संसार के लक्ष्य का बोध नहीं होता और हमारे अन्तःकरण में सामान्य आदर्शों की स्थापना नहीं होती तब तक हमें श्रद्धा का अनुभव नहीं होता। बच्चों में कृतज्ञता का भाव पाया जाता है पर सदाचार के प्रति उस कृतज्ञता का नहीं जिसे श्रद्धा कहते हैं। अपने साथ किए जानेवाले जिस व्यवहार के लिए वे कृतज्ञ होते हैं उसी को दूसरों के साथ होते देख कर्ता के प्रति कृतज्ञ होना वे देर में सीखते हैं—उस समय सीखते हैं जब वे अपने को किसी समुदाय का अंग समझने

लगते हैं। अपने साथ या किसी विशेष मनुष्य के साथ किए जानेवाले व्यवहार के लिए जो कृतज्ञता होती है वह श्रद्धा नहीं है। श्रद्धालु की दृष्टि सामान्य की ओर होनी चाहिए, विशेष की ओर नहीं। अपने सम्बन्धी के प्रति किसी को कोई उपकार करते देख यदि हम कहें कि उस पर हमारी श्रद्धा हो गई है तो यह हमारा पाखंड है, हम झूठ-मूठ अपने को ऐसे उच्च भाव का धारणकर्ता प्रकट करते हैं। पर उसी सज्जन को दस-पाँच और ऐसे आदमियों का जब हम उपकार करते देखते हैं जिन्हें हम जानते तक नहीं और इस प्रकार हमारी दृष्टि विशेष से सामान्य की ओर हो जाए, तब यदि हमारे चित्त में उसके प्रति पहले से कहीं अधिक कृतज्ञता या पूज्य-बुद्धि का उदय हो तो हम श्रद्धालु की उच्च पदवी के अधिकारी हो सकते हैं। सामान्य रूप में हम किसी के गुण या शक्ति का विचार सारे संसार से सम्बद्ध करके करते हैं, अपने से या किसी विशेष प्राणी से सम्बद्ध करके नहीं। हम देखते हैं कि किसी मनुष्य में कोई गुण या शक्ति है जिसका प्रयोग वह चाहे जहाँ और जिसके प्रति कर सकता है।

श्रद्धा का मूल-तत्त्व है दूसरे का महत्त्व स्वीकारना। अतः जिनकी स्वार्थबद्ध दृष्टि अपने से आगे नहीं जा सकती अथवा अभिमान के कारण जिन्हें अपनी ही बड़ाई के अनुभव की लत लग गई है उनकी इतनी समाई नहीं कि वे श्रद्धा ऐसे पवित्र भाव को धारण करें। स्वार्थियों और अभिमानियों के हृदय में श्रद्धा नहीं टिक सकती। उनका अन्तःकरण संकुचित और मलिन होता है कि वे दूसरों की कृति का यथार्थ मूल्य नहीं परख सकते।

स्थूल रूप से श्रद्धा तीन प्रकार की कही जा सकती है—

1. प्रतिभा-सम्बन्धिनी।
2. शील-सम्बन्धिनी।
3. साधन-सम्पत्ति-सम्बन्धिनी।

प्रतिभा से मेरा अभिप्राय अन्तःकरण की उस उद्‌भाविका क्रिया से है जिसके द्वारा कला, विज्ञान आदि नाना क्षेत्रों में नई-नई बातें या कृतियाँ उपस्थित की जाती हैं। यह ग्रहण और धारणा-शक्ति से भिन्न है, जिसके द्वारा इधर-उधर से प्राप्त ज्ञान (विद्वत्ता) संचित किया जाता है। कला सम्बन्धिनी श्रद्धा के लिए श्रद्धालु में भी थोड़ी-बहुत मार्मिक निपुणता चाहिए, इससे उसका अभाव कोई भारी त्रुटि नहीं, वह क्षम्य है। यदि किसी उत्तम काव्य या चित्र की विशेषता न समझने के कारण हम कवि या चित्रकार पर श्रद्धा न कर सके तो यह हमारा अनाड़ीपन है—हमारे रुचि-संस्कार की त्रुटि है। इसका उपाय यही है कि समाज कला-सम्बन्धिनी मर्मज्ञता के प्रचार की व्यवस्था करे, जिससे विविध कलाओं के सामान्य आदर्श की स्थापना जन-समूह में हो जाए। पर इतना होने पर भी कला-सम्बन्धिनी रुचि की विभिन्नता थोड़ी-बहुत अवश्य रहेगी। अश्रद्धालु रुचि का नाम लेकर ईर्ष्या या अहंकार के दोषारोपण से बच जाया करेंगे।

पर शील-सम्बन्धिनी श्रद्धा प्रत्येक व्यक्ति का कर्तव्य है। शील या धर्म के सामान्य लक्षण संसार के प्रत्येक सभ्य जन-समुदाय में प्रतिष्ठित हैं। धर्म ही से मनुष्य-समाज की स्थिति है, अत: उसके सम्बन्ध में किसी प्रकार का रुचि-भेद, मत-भेद आदि नहीं। सदाचारी के प्रति यदि हम श्रद्धा नहीं रखते तो समाज के प्रति अपने कर्तव्य का पालन नहीं करते। यदि किसी को दूसरों के कल्याण के लिए भारी स्वार्थ-त्याग करते देख हमारे मुँह से 'धन्य-धन्य' भी न निकला तो हम समाज के किसी काम के न ठहरे, समाज को हमसे कोई आशा नहीं, हम समाज में रहने योग्य नहीं। किसी कर्म में प्रवृत्त होने से पहले यह स्वीकार करना आवश्यक होता है कि वह कर्म या तो हमारे लिए या समाज के लिए अच्छा है। इस प्रकार की स्वीकृति कर्म की पहली तैयारी है। श्रद्धा द्वारा हम यह आनन्दपूर्वक स्वीकार करते हैं कि कर्म के अमुक-अमुक दृष्टान्त धर्म के हैं, अत: श्रद्धा धर्म की पहली सीढ़ी है। धर्म के इस प्रथम सोपान पर प्रत्येक मनुष्य को रहना चाहिए, जिसमें जब कभी अवसर आए तब वह कर्म-रूपी दूसरे सोपान पर हो जाए।

अब रह गई साधन-सम्पत्ति-सम्बन्धिनी श्रद्धा की बात। यहाँ पर साधन-सम्पन्नता का ठीक-ठीक भाव समझ लेना आवश्यक है। साधन-सम्पत्ति का अनुपयोग भी हो सकता है, सदुपयोग भी हो सकता है और दुरुपयोग भी हो सकता है। किसी को पद्य रचने की अच्छी अभ्यास-सम्पन्नता है। यदि शिक्षा द्वारा उसके भाव उन्नत हैं, वह सहृदय है तो वह अपनी इस सम्पन्नता का उपयोग मनोहर उच्चभावपूर्ण काव्य प्रस्तुत करने में कर सकता है; यदि उसकी अवस्था ऐसी नहीं है तो वह या तो साधारण, भाव-शून्य गद्य को गीतिका, शिखरिणी आदि नाना छन्दों में परिणत करेगा या अपनी भद्दी और कुरुचिपूर्ण भावनाओं को छन्दोबद्ध करेगा। उसके इस कृत्य पर श्रद्धा रखनेवाले भी बहुत मिल जाएँगे। ऐसे व्यक्ति के प्रति जो श्रद्धा होती है वह साधन-सम्पन्नता पर ही होती है, साध्य की पूर्णता पर नहीं।

देशी कारीगरी, चित्रकारी, संगीत, आदि में नियम पालन के अभ्यास द्वारा प्राप्त इस साधन-सम्पन्नता ही पर इधर बहुत दिनों से अधिक ध्यान दिया जाने लगा था और मानव-हृदय पर इन मनोहारिणी कलाओं के प्रभाव का बहुत कम विचार होने लगा था। बहुत-से पुराने मकानों की कारीगरी देखिए तो उनमें बहुत-सा काम गिचपिच किया हुआ दिखाई देगा, ऐसे महीन बेल-बूटों की भिन्न-भिन्न पटरियाँ दीवारों में जमाई हुई मिलेंगी जो बिना आँखों के पास ले जाकर सटाए स्पष्ट न जान पड़ेंगे। सारे मकान को एक बार में देखने से इन सबों का सम्मिलित प्रभाव दृष्टि और मन पर क्या पड़ेगा, इसका कुछ भी विचार बनानेवालों ने नहीं किया। यह स्पष्ट दिखाई पड़ेगा, ऐसे कामों में अभ्यास का तथा समय और श्रम के व्यय (या अपव्यय) का पूरा परिचय मिलता है, पर विचार और सहृदयतापूर्वक उनके उपयोग का बहुत कम। समझने की बात है

कि इमारत हाथ पर लेकर देखने की चीज नहीं है, दस-पाँच हाथ दूर पर खड़े होकर देखने की चीज है।

चित्रकारी की दशा भी इसी प्रकार की हो गई थी। राधा-कृष्ण कदम्ब के नीचे खड़े हैं। कदम्ब की एक-एक पत्ती अलग-अलग बारीकी के साथ बनी दिखाई पड़ती है। राधा की चुनरी की एक-एक बूटी बड़ी सावधानी और मेहनत के साथ बनाई गई है। देखनेवाले को यह नहीं जान पड़ता कि वह कुछ दूर पर खड़ा होकर कदम्ब और राधा-कृष्ण को एक साथ देख रहा है, बल्कि यह जान पड़ता है कि कभी तो पत्तियाँ गिनने के लिए वह पेड़ पर चढ़ता है और कभी नमूना लेने के लिए चुनरी हाथ में लेता है। ऐसी रचनाओं के प्रति यदि श्रद्धा प्रकट की जाएगी तो वह अभ्यास, श्रम और बारीकी अर्थात् साधन-सम्पन्नता के विचार से होगी, साध्य की पूर्णता अर्थात् कला के विचार से नहीं, जिसका उद्देश्य मानव-हृदय पर मधुर प्रभाव डालता है।

संगीत के पेच-पाँच देखकर भी हठयोग याद आता है। जिस समय कोई कलावन्त पक्का गाना गाने के लिए आठ अंगुल मुँह फैलाता है और 'आ आ' करके विकल होता है, उस समय बड़े-बड़े धीरों का धैर्य छूट जाता है—दिन-दिन भर चुपचाप बैठे रहनेवाले बड़े-बड़े आलसियों का आसन डिग जाता है। जो संगीत नाद की मधुर गति द्वारा मन में माधुर्य का संचार करने के लिए था वह इन पक्के लोगों के हाथ में पड़कर केवल स्वरग्राम की लम्बी-चौड़ी कवायद हो गया। श्रद्धालुओं के अन्तःकरण की मार्मिकता इतनी स्तब्ध हो गई कि एक खर-श्वान के गले से भी इस लम्बी कवायद को ठीक उतरते देख उनके मुँह से 'वाह-वाह', 'ओहो हो' निकलने लगा। काव्य पर शब्दालंकार आदि का इतना बोझ लादा गया कि उसका सारा रूप ही छिप गया। बात यह हुई कि इन विविध कलाओं के जितने अभ्यासगम्य और श्रमसाध्य अंग थे वे तो हद से बाहर घसीटे गए और जितने सहृदयता से सम्बन्ध रखनेवाले थे उन पर ध्यान ही न रहा। यदि ये कलाएँ मूर्तिमान् रूप धारण करके सामने आतीं तो दिखाई पड़ता कि किसी को जलोदर हुआ है, किसी को फीलपाँव! इनकी दशा सोने और रत्नों से जड़ी गुठली धारदार तलवार की-सी हो गई।

किसी मनुष्य में बहुत अधिक शारीरिक बल देख उस पर जन-साधारण की श्रद्धा होती है और होनी चाहिए। प्रो. राममूर्ति को मोटर रोकते, लोहे के मोटे-मोटे सींकड़े तोड़ते, छाती पर 40 मन का पत्थर रखते, हाथी खड़ा करते और गाड़ी दौड़ाते देख उनके शारीरिक बल के कारण उन पर श्रद्धा होती है। अब इस सम्पन्नता का वे सदुपयोग भी कर सकते हैं, दुरुपयोग भी कर सकते हैं और अनुपयोग भी कर सकते हैं। वे इसके द्वारा किसी भारी संकट से अपनी या दूसरे की रक्षा भी कर सकते हैं और किसी निरपराध को पीड़ित भी कर सकते हैं पर हमारी श्रद्धा बिना सदुपयोग

या दुरुपयोग की सम्भावना कल्पना किए शुभ-साधन-सम्पन्नता ही पर होती है। कोरे विद्वानों के प्रति जो श्रद्धा होती है वह भी साधन-सम्पन्नता ही के सम्बन्ध में होती है, उसके उपयोग की निपुणता या प्रतिभा पर निर्भर नहीं होती। विद्वत्ता किसी विषय की बहुत-सी बातों की जानकारी का नाम है, जिसका संचय बहुत कष्ट, श्रम और धारणा से होता है। यह बात विद्वान् की प्रतिभा पर निर्भर है कि वह ज्ञान का भंडारी और उपयोगकर्ता दोनों हो—अर्थात् वह उत्तम चिन्तक, वक्ता, लेखक, अन्वेषक या कवि भी होकर उस संचित साधन का उपयोग करे और अपने मूल विचारों का प्रभावपूर्ण प्रकाश करे। यदि विद्वान् में यह प्रतिभा नहीं है—यह शक्ति नहीं है—तो वह अपनी संचित जानकारी को कला-कुशल और प्रतिभाशाली लेखकों या तत्त्वान्वेषकों के सामने रख दे कि वे उससे आवश्यकतानुसार काम लें। इस रीति से उसकी विद्वत्ता सामाजिक उपयोग में आ जाएगी।

भिन्न-भिन्न मानसिक संस्कार के लोगों में किसी विषय से सम्बन्ध रखनेवाली श्रद्धा भिन्न-भिन्न मात्रा की हुआ करती है। यदि किसी को शारीरिक बल, साहस या चतुराई पर अत्यन्त अधिक श्रद्धा है तो वह इनका दुरुपयोग देखकर भी बनी रह सकती है। अत्याचारियों के बल, डाकुओं के साहस और लम्पटों की चालाकी की तारीफ संसार में थोड़ी-बहुत होती ही है। एक बात और है। यदि किसी पर किसी एक विषय में अत्यन्त अधिक श्रद्धा है तो उसकी अन्य विषयों की त्रुटियों पर ध्यान नहीं जाता और कभी ध्यान जाता भी है तो वे भी सुहावनी लगती हैं। कोई प्रतिभाशाली कवि विलासप्रिय, मद्यप या सनकी है तो जो अत्यन्त काव्य-प्रेमी होंगे उनकी घृणा को उसके ये दुर्गुण पूर्ण रूप से आकर्षित न कर सकेंगे। यहाँ तक कि उसके इन दुर्गुणों की चर्चा भी वे बड़ी रुचि के साथ करेंगे और सुनेंगे। बात यह है कि मनुष्य का अन्त:करण एक है। उसकी एक साथ दो परस्पर-विरुद्ध स्थितियाँ नहीं हो सकतीं। इस प्रकार की मानसिक स्तब्धता को श्रद्धान्धता कह सकते हैं। यद्यपि श्रद्धान्ध समाज में उतना अनर्थकारी नहीं हो सकता, उतना अपराधी नहीं ठहराया जा सकता, जितना मदान्ध, क्रोधान्ध या ईर्ष्यान्ध, पर उसकी श्रद्धा के बढ़ते-बढ़ते क्रियमाण रूप धारण करने पर और शील-सम्बन्धिनी चेतना को बिलकुल जवाब मिल जाने पर समाज के अनिष्ट में ब्याज से सहायता पहुँच सकती है।

यदि किसी अपव्ययी और मद्यप कवि पर अत्यन्त श्रद्धालु होकर कोई उसकी आर्थिक सहायता करता जाता है तो वह उस अन्याय और उपद्रव का थोड़ा-बहुत उत्तरदाता अवश्य होता है जो कवि जी अपने सहवर्तियों के बीच करने में समर्थ होते हैं। यदि किसी पहलवान के बल पर प्रसन्न होकर कोई उसे हलवा-पूरी खाने के लिए कुछ महीना बाँधता है तो उसके गुंडेपन के कारण लोगों को पहुँची हुई पीड़ा के दोष का वह कम-से-कम उतना भाग अवश्य पा सकता है जितना इन्द्रकृत हत्या की बँटाई के समय बहुतों को मिला था। उद्देश्य के अभाव के बल से यद्यपि इन

श्रद्धालुओं पर दोष उतना सटीक नहीं लग सकता, पर समाज की दृष्टि में वे दान के पात्रता-सम्बन्धी अविवेक के अभियोग से नहीं बच सकते।

अब यहाँ पर यह प्रश्न उठता है कि शील, कला और साधन-सम्पत्ति--श्रद्धा के इन तीनों विषयों में से किसका ध्यान मनुष्य को पहले होना चाहिए और किसका पीछे। इसका बेधड़क यही उत्तर दिया जा सकता है कि जन-साधारण के लिए शील का ही सबसे पहले ध्यान होना स्वाभाविक है; क्योंकि उसका सम्बन्ध मनुष्य-मात्र की सामान्य स्थिति रक्षा से है। उसके अभाव में समाज या उस आधार की स्थिति ही नहीं रह सकती जिसमें कलाओं की उपयोगिता या मनोहारिता का प्रसार और साधन-सम्पत्ति की प्रचुरता का वितरण और व्यवहार होता है।

दूसरों की श्रद्धा संसार में एक अत्यन्त वांछनीय वस्तु है, क्योंकि वह एक प्रकार का ऐसा परकीय निश्चय या विश्वास है जिसके सहारे स्वकीय कार्य सुगम होता है—जीवन की कठिनता कम होती है। जिस पर लोगों की अश्रद्धा होती है—उसके लिए व्यवहार के सब सीधे और सुगम मार्ग बन्द हो जाते हैं—उसे या तो काँटों पर या ढाई कोस नौ दिन में चलना पड़ता है। पर जो किसी प्रकार दूसरों की श्रद्धा सम्पादित कर लेता है, उसके पैर रखने के लिए फूलों की पंखड़ियाँ—आजकल लाल बनातें—बिछाई जाती हैं। समाज में ये वस्तुएँ सच्चे गुणियों और परोपकारियों के लिए हैं पर इन्हें छीनने और चुराने की ताक में बहुत-से चोर, चाईं और लुटेरे रहते हैं जो इनके द्वारा स्वार्थ-साधन करना या अपनी तुच्छ मानसिक वृत्तियों को तृप्त करना चाहते हैं। इनसे समाज को हर घड़ी सावधान रहना चाहिए। इन्हें सामाजिक दंड देने के लिए उसे सदा सन्नद्ध रहना चाहिए। ये अनेक रूपों में दिखाई पड़ते हैं। कोई गेरुआ वस्त्र लपेटे धर्म का डंका पीटता दिखाई देता है, कोई देश-हितैषिता का लम्बा चोगा पहने देशोद्धार की पुकार करता पाया जाता है।

मनुष्य किसी ओर तीन प्रकार से प्रवृत्त होता है—मन से, वचन से और कर्म से। इनमें से मन तो देखने-दिखाने की चीज नहीं। वाणी और कार्य-प्रणाली की नकल की जाती है और बड़ी सफाई से की जाती है। हितोपदेश के गदहे ने तो बाघ की खाल ही ओढ़ी थी, पर ये लोग बाघ की बोली भी बोल लेते हैं। कहीं-कहीं केवल वचन ही से काम निकल जाता है। एक दिन मैं काशी की एक गली से जा रहा था। एक ठठेरे की दुकान पर कुछ परदेशी यात्री किसी बर्तन का मोल-भाव कर रहे थे और कह रहे थे कि इतना नहीं, इतना लो तो लें। इतने में ही सौभाग्यवश दुकानदार जी को ब्रह्मज्ञानियों के वाक्य याद आ गए और उन्होंने चट कहा—"माया छोड़ो और इसे ले लो।" सोचिए तो, काशी ऐसा पुण्य-क्षेत्र!

वहाँ न माया छोड़ी जाएगी तो कहाँ छोड़ी जाएगी! थोड़े दिन हुए, किसी लेखक ने कहीं पढ़ा कि प्रतिभाशाली लोग कुछ उग्रता और पागलपन लिये होते हैं। तब से वे बराबर अपने में इन दोनों शुभ लक्षणों की स्थापना के यत्न में लगे रहते हैं। सुनते

हैं कि पहले में वे कुछ कृतकार्य भी हुए हैं, पर पागलपन की नकल करना कोई हँसी-खेल नहीं; भूल-चूक से कुछ समझदारी की बातें मुँह से निकल ही जाती हैं।

जैसे और सब विद्याओं की, वैसी ही पर-श्रद्धा-कर्षण की विद्या की भी आजकल खूब उन्नति हुई है। आश्चर्य नहीं कि इसके लिए कुछ दिनों में एक अलग विद्यालय खुले। श्रद्धा के यथार्थ कारण का जितना ही अभाव हो, आकर्षक हो, अपनी विद्या में उतना ही दक्ष समझना चाहिए। आजकल सार्वजनिक उद्योगों की बड़ी धूम रहा करती है और बहुत-से लोग निराहार परोपकार-व्रत करते सुने जाते हैं। ऊपर कहा जा चुका है कि पर-श्रद्धा के सहारे कार्य में सुगमता आती है, अत: किसी कार्य-साधना के लिए जो लोग प्रयत्न द्वारा दूसरों के हृदय में श्रद्धा उत्पन्न करते हैं वे उस कार्य के अनुसार चतुर, नीति-कुशल, धूर्त या पाखंडी कहे जाते हैं। पर संसार में बहुत ऐसे लोग भी होते हैं जिन्हें अपने ऊपर परायी श्रद्धा के चिन्तन से जो एक प्रकार का आनन्द मिलता है उसकी लत पड़ जाती है। वे पर-श्रद्धा को मनोरंजन या मानसिक भोग-विलास की एक सामग्री समझते हैं। वे परायी श्रद्धा केवल इसी निमित्त चाहते हैं, और किसी उद्देश्य से नहीं। ऐसे पर-श्रद्धाभिलाषियों को मानसिक दुर्व्यसन रहता है और वे उसी प्रकार दुर्व्यसनी कहे जा सकते हैं जिस प्रकार शराबी, गँजेड़ी और चंडूबाज आदि। पर समाज की श्रद्धा ऐसे अपव्यय के लिए नहीं है, प्रयोजन के लिए है। ऐसे लोग अपनी धुन में कभी-कभी बड़े-बड़े सार्वजनिक कार्य भी छोड़ बैठते हैं जिनका होना उन्हें इतना अभीष्ट नहीं होता जितना अपने द्वारा होना। ये लोग पहचाने इस प्रकार जाते हैं कि उन कार्यों से अपने नाम का वियोग घड़ी भर भी नहीं सह सकते, यहाँ तक कि यदि वे दूसरों को कोई ऐसा कार्य हाथ में लेते देखते हैं जिससे समाज के साधुवाद की सम्भावना होती है तो इनका पेट फूलने लगता है और ये या तो गुप्त रूप से उसमें विघ्न की व्यवस्था करते हैं या कम-से-कम उसके महत्त्व को बहुत कम करके दिखाया करते हैं। दूसरी पहचान यह है कि वे लोग ऐसे ही काम ठानते हैं जिनका नाम और आडम्बर बड़ा होता है।

ऊपर कहा जा चुका है कि श्रद्धावान अपनी श्रद्धा द्वारा श्रद्धेय में कोई ऐसा परिवर्तन उपस्थित नहीं करना चाहता जिसका अपने लिए कोई अनुकूल फल हो। श्रद्धावान श्रद्धेय को प्रसन्न करने की इच्छा कर सकता है, पर उस प्रसन्नता से आप कोई लाभ उठाने की नहीं। श्रद्धा न्याय-बुद्धि के पलड़े पर तुली हुई एक वस्तु है जो दूसरे पलड़े पर रखे हुए श्रद्धेय के गुण, कर्म आदि के हिसाब से होती है। श्रद्धा सत्कर्म या सद्गुण ही का मूल्य है जिससे और किसी प्रकार का सौदा नहीं हो सकता; पर जबकि इस व्यापार युग में ज्ञान बिकता है, न्याय बिकता है, धर्म बिकता है—तब श्रद्धा ऐसे भाव क्यों न बिके? पर असली भाव तो इस लेन-देन के व्यवहार के लिए उपस्थित नहीं किए जा सकते। खैर, नकली सही। एक भाव पर दूसरे भाव की कलई करके हम बाजार में क्यों न जाएँ? अपनी भीरुता या चापलूसी

को हम 'श्रद्धा-श्रद्धा' कहकर गलियों और संवाद-पत्रों में क्यों न पुकारें? ऐसे झूठे श्रद्धावानों से घिरकर झूठे श्रद्धा-पात्र सच्चे श्रद्धा-पात्रों को क्यों न मात करें, जबकि आजकल झूठे मोती सच्चे मोतियों को मात करते हैं?

कला-कुशल या सदाचारी अपने चारों ओर प्रसन्नता देखना चाहता है, अतः अपनी श्रद्धा द्वारा हम उसे अपनी प्रसन्नता का निश्चय मात्र कराते हैं। हमारी प्रसन्नता से उसे अपनी सामर्थ्य का बोध हो जाता है और उसका उत्साह बढ़ता है। इस प्रकार अपनी श्रद्धा द्वारा हम भी समाज का मंगल साधन करते हैं। दूसरे की श्रद्धा का श्रद्धेय पर इतना ही प्रभाव पड़ना चाहिए, इससे अधिक नहीं। यदि हमारी श्रद्धा के कारण वह हमें किसी प्रकार का लाभ पहुँचाना चाहता है तो वह हमारी श्रद्धा को खुशामद समझता है और हमारा अपमान करता है। श्रद्धा में याचकता का भाव लेश-मात्र भी नहीं है। श्रद्धा द्वारा हम अपने हृदय का परिचय मात्र देते हैं कि उसमें मार्मिकता या धर्म-भाव है—सात्त्विक आचरण या प्रतिभा की कला से प्रसन्न होने की क्षमता है। यदि हमें किसी पर श्रद्धा है तो हमें उसके पास जाकर यह कहने की कोई आवश्यकता नहीं है कि 'महाराज! मेरी यह श्रद्धा स्वीकार हो।' इस प्रकार की स्वीकृति की हमें कोई आवश्यकता नहीं। हम अपनी श्रद्धा लिये अपने घर बैठे रह सकते हैं या उसे इस रीति से प्रकट कर सकते हैं जिस पर श्रद्धेय का कोई वश नहीं। यदि हमें किसी सुलेखक पर श्रद्धा है और वह हमसे रुष्ट है तो भी हम उसका सच्चा चित्र और चरित्र छाप सकते हैं। इसका स्वत्व हमें समाज द्वारा प्राप्त है—इसका हक हमें कानूनन हासिल है पर वहीं यदि हम उस सुलेखक से प्रेम करने चलें, उसके साथ-साथ लगे फिरें और हरदम उसे घेरे रहें तो वह हमें हटा सकता है। श्रद्धा प्रदर्शित करने का जितना विस्तृत सामाजिक अधिकार हमें प्राप्त है उतना उसके विपरीत भाव अश्रद्धा या घृणा प्रकट करने का नहीं, क्योंकि श्रद्धा यदि हमने भूल से या स्वार्थवश प्रकट की तो किसी को उतनी हानि नहीं, पर यदि घृणा भूल से या द्वेष-वश प्रकट की तो व्यर्थ का असन्तोष और दुख फैल सकता है।

ऊपर कहा जा चुका है कि श्रद्धा के विषय तीन हैं—शील, प्रतिभा और साधन-सम्पत्ति। शील या धर्म से समाज की स्थिति, प्रतिभा से रंजन और साधन-सम्पत्ति से शील-साधन और प्रतिभा-विकास दोनों की सम्भावना है। श्रद्धेय समाज की स्थिति या सुख का विधान करता है और समाज उसकी स्थिति और सुख का विधान करता है। समाज अपने श्रद्धालु प्रतिनिधि को कभी तो कुछ उसे आपत्ति से बचाने के लिए भेजता है—कभी कुछ भेंट उसके सामने रखने के लिए। श्रद्धावश जो दान दिया जाता है वह उसी प्रकार की भेंट है। सच्चा दान दो प्रकार का होता है—एक वह जो श्रद्धावश दिया जाता है, दूसरा वह जो दयावश दिया जाता है। पंडितों, विद्वानों और धार्मिकों को जो दान दिया जाता है वह श्रद्धावश दिया जाता है। अन्धों, लूलों और लँगड़ों को जो दान दिया जाता है वह दयावश दिया जाता है।

श्रद्धा सामर्थ्य के प्रति होती है और दया असामर्थ्य के प्रति। जन-साधारण अपनी दया द्वारा केवल असामर्थ्य के उपस्थित परिणामों का, कुछ स्थान के बीच और कुछ काल तक के लिए निवारण कर सकते हैं, अतः श्रद्धा द्वारा वे ऐसे असाधारण जनों को अपने वित्तानुसार थोड़ी-थोड़ी शक्ति प्रदान करते हैं जो असामर्थ्य के कारणों के निराकरण में समर्थ होते हैं।

श्रद्धावश दान में उपयोगिता का तत्त्व छिपा हुआ है। स्मृतियों में श्रद्धावश दान पर बड़ा जोर दिया गया है और ऐसे दान के विषय में पात्रापात्र का विचार भी खूब किया गया है। विद्यादान में रत विद्वानों को, परोपकार में रत कर्मवीरों को, मानव-ज्ञान की वृद्धि में तत्पर तत्त्वान्वेषकों को जो अभाव हो उसे हमें समाज की भूख समझना चाहिए। इन्हें जो कुछ हम श्रद्धावश देते हैं, वह ठीक समाज के दुरुस्त पेट में जाता है, जहाँ से रस-रूप में उसका संचार अंग-अंग होता है। इसके विरुद्ध स्वार्थियों, अन्यायियों आदि को जो कुछ दिया जाता है वह समाज के अंग में उसी प्रकार नहीं लगता जिस प्रकार अतिसार या संग्रहणी वाले को खिलाया हुआ अन्न। भारतवर्ष में श्रद्धा का सम्बन्ध दान के साथ इतना गहरा समझा जाता है कि अश्रद्धापूर्वक दिया हुआ दान निष्फल माना जाता है। इसी से शुष्क प्रथानुसरण के रूप में भी यदि कुछ दिया जाता है तो श्रद्धा का नाम ले लिया जाता है। पंडों-पुरोहितों को देते हुए यजमान भी कहता है कि 'महाराज! इतनी ही श्रद्धा है' और पंडे-पुरोहित भी कहते हैं कि 'जितनी श्रद्धा हो उतना दो', यद्यपि इन पंडों और पुरोहितों के सम्बन्ध में सदा यह निश्चय नहीं रहता कि वे बड़े विद्वान्, बड़े धार्मिक या बड़े परोपकारी हैं। मनोविकार के उपयुक्त विषयों के निश्चय में कभी-कभी बुद्धि की भी थोड़ी-बहुत आवश्यकता होती है क्योंकि एक ही व्यक्ति के प्रति किसी को श्रद्धा होती है और किसी को अश्रद्धा। इसका कारण घृणा के अन्तर्गत अच्छी तरह दिखाया गया है।

श्रद्धा और प्रेम के योग का नाम भक्ति है। जब पूज्यभाव की वृद्धि के साथ श्रद्धाभाजन के सामीप्य-लाभ की प्रवृत्ति हो, उसकी सत्ता के कई रूपों के साक्षात्कार की वासना हो, तब हृदय में भक्ति का प्रादुर्भाव समझना चाहिए। जब श्रद्धेय के दर्शन, श्रवण, कीर्तन, ध्यान आदि से आनन्द का अनुभव होने लगे—जब उससे सम्बन्ध रखनेवाले श्रद्धा के विषयों के अतिरिक्त बातों की ओर भी मन आकर्षित होने लगे, तब भक्ति रस का संचार समझना चाहिए। जब श्रद्धेय का उठना-बैठना, चलना-फिरना, हँसना-बोलना, क्रोध करना आदि भी हमें अच्छा लगने लगे तब हम समझ लें कि हम उसके भक्त हो गए। भक्ति की अवस्था प्राप्त होने पर हम अपने जीवन-क्रम का थोड़ा या बहुत अंश उसे अर्पित करने को प्रस्तुत होते हैं और उसके जीवन-क्रम पर भी अपना कुछ प्रभाव रखना चाहते हैं। कभी हम अर्पण करते हैं और कभी याचना करते हैं। सारांश यह कि भक्ति द्वारा हम भक्ति-भाजन से विशेष घनिष्ठ सम्बन्ध स्थापित करते हैं—उसकी सत्ता में विशेष रूप से योग देना चाहते

हैं। किसी के प्रति श्रद्धा धारण करके हम बहुत करेंगे तो समय-समय पर उसकी प्रशंसा करेंगे, उसकी निन्दा करनेवालों से झगड़ा करेंगे या कभी कुछ उपहार लेकर उपस्थित होंगे, पर जिसके प्रति हमारी अनन्य भक्ति हो जाएगी वह अपने जीवन के बहुत-से अवसरों पर हमें अपने साथ देख सकता है। वह अपने बहुत-से उद्योगों में हमारा योगदान पा सकता है। भक्त वे ही कहला सकते हैं जो अपने जीवन का बहुत अंश स्वार्थ (परिवार व शारीरिक सुख आदि) से विभक्त करके किसी के आश्रय से किसी ओर लगा सकते हैं। इसी का नाम है आत्म-निवेदन।

महात्माओं के ऊपर श्रद्धा मात्र करके हम उन्हें जीवन-शक्ति द्वारा उपार्जित कोई फल अर्पित कर सकते हैं, पर उनके भक्त होकर हम उन्हें अपने जीवन ही के कुछ अंश को अर्पित कर देते हैं। किसी वीरव्रती महात्मा पर बहुत श्रद्धालु होकर हम आर्थिक सहायता द्वारा उसके लिए कुछ सुभीता कर सकते हैं, अपने वचनों से उसे प्रसन्न और उत्साहित कर सकते हैं, पर उसके भक्त बनकर हम अपने शारीरिक बल को उसका शारीरिक बल बनाएँगे, अपनी जानकारी और चतुराई को उसकी जानकारी और चतुराई बनाएँगे, अपनी वाग्मिता को उसकी वाग्मिता बनाएँगे, अपनी तत्परता को उसकी तत्परता बनाएँगे, यहाँ तक कि जो कुछ हमसे होगा उसे हम उसका कर डालेंगे और इसी प्रकार उसके जीवन में अपने जीवन का योग देकर उसके सामाजिक महत्त्व या प्रभाव को बढ़ाएँगे और उसके थोड़े-बहुत हम भी भागी होंगे। श्रद्धा द्वारा हम दूसरे के महत्त्व के किसी अंश के अधिकारी नहीं हो सकते, पर भक्ति द्वारा हो सकते हैं। यहाँ तक कि दूसरे की भक्ति करके हम तीसरे की भक्ति के अधिकारी हो सकते हैं। राम पर अनन्य भक्ति करके हनुमान, अन्य राम-भक्तों की भक्ति के अधिकारी हुए।

श्रद्धालु महत्त्व को स्वीकार करता है, पर भक्त महत्त्व की ओर अग्रसर होता है। श्रद्धालु अपने जीवन-क्रम को ज्यों-का-त्यों छोड़ता है; पर भक्त उसकी काट-छाँट में लग जाता है। अपने आचरण द्वारा दूसरों की भक्ति के अधिकारी होकर ही संसार के बड़े-बड़े महात्मा समाज के कल्याण-साधन में समर्थ हुए हैं। गुरु गोविन्द सिंह को यदि केवल दंडवत् करनेवाले और गद्दी पर भेंट चढ़ानेवाले श्रद्धालु ही मिलते, दिन-रात साथ रहनेवाले—अपने सारे जीवन को अर्पित करनेवाले—भक्त न मिलते तो वे अन्याय-दमन में कभी समर्थ न होते। इससे भक्ति के सामाजिक महत्त्व को, इसकी लोक-हितकारिणी शक्ति को स्वीकार करने में किसी को आगा-पीछा नहीं हो सकता। सामाजिक महत्त्व के लिए आवश्यक है कि या तो आकर्षित करो या आकर्षित हो। जैसे इस आकर्षण-विधान के बिना अणुओं द्वारा व्यक्त पिंडों का आविर्भाव नहीं हो सकता, वैसे ही मानव-जीवन की विशद अभिव्यक्ति भी नहीं हो सकती।

भक्ति में किसी ऐसे सान्निध्य की प्रवृत्ति होती है जिसके द्वारा हमारी महत्त्व के अनुकूल गति का प्रसार और प्रतिकूल गति का संकोच होता है। इस प्रकार का

सामीप्य-लाभ करके हम अपने ऊपर पहरा बैठा देते हैं—अपने को ऐसे स्वच्छ आदर्श के सामने कर देते हैं जिसमें हमारे कर्मों का प्रतिबिम्ब ठीक-ठीक दिखाई पड़ता है। जिसे अपनी वास्तविक क्षुद्रता का परिज्ञान अरुचिकर होगा वह सापेक्षिकता के भय से ऐसे महत्त्वादर्श का सामीप्य कभी न चाहेगा, दूर-दूर भागा फिरेगा। 'हमीं-हम' वाले 'तुम भी' नहीं सह सकते, 'तुम्हीं-तुम' की क्या बात है? ऐसे लोग तो स्वयं अपने लिए भक्त ढूँढ़ने निकलते हैं। भक्ति के लिए दैन्य अर्थात् दूसरे के महत्त्व के साथ अपने लघुत्व की भावना पहली बात है। इस भावना को जब हम मुक्त हृदय से मुग्ध होकर धारण करेंगे और दूसरे पर श्रद्धा कर लेंगे, तब हम उसके महत्त्व के सतत साक्षात्कार के लिए—अनेक रूपों में परिचय के लिए—उसके सामीप्य की इच्छा करते हुए उस श्रद्धा से प्रेम का भी मिश्रण करेंगे और अपने बहुत-से क्रिया-कलाप को अपने पूज्य प्रेम-पात्र के अधीन करके स्वयं महत्त्व के अभ्यास में प्रवृत्त होंगे। जन-साधारण के लिए इस प्रकार के आश्रय द्वारा महत्त्व-प्राप्ति सुगम होती है। जो उच्च पथ पहले कष्टकर और श्रम-साध्य जान पड़ता है वही भक्ति के बल से मनोहर लगने लगता है।

व्यक्ति-सम्बन्धहीन सिद्धान्त-मार्ग निश्चयात्मिका बुद्धि को चाहे व्यक्त हों, पर प्रवर्तक मन को अव्यक्त रहते हैं। वे मनोरंजनकारी तभी लगते हैं, जब किसी व्यक्ति के जीवन-क्रम के रूप में देखे जाते हैं। शील की विभूतियाँ अनन्त रूपों में दिखाई पड़ती हैं। मनुष्य जाति ने जब से होश सँभाला, तब से वह इन अनन्त रूपों को महात्माओं के आचरणों तथा आख्यानों और चरित्र-सम्बन्धी पुस्तकों में देखती चली आ रही है। जब इन रूपों पर मनुष्य मोहित होता है, तब सात्त्विक शील की ओर आप से आप आकर्षित होता है। शून्य सिद्धान्त वाक्यों में कोई आकर्षण-शक्ति या प्रवृत्तिकारिणी क्षमता नहीं होती। 'सदा सत्य बोलो', 'दूसरों की भलाई करो', 'क्षमा करना सीखो'—ऐसे-ऐसे सिद्धान्त-वाक्य किसी को बार-बार बकते सुन वैसा ही क्रोध आता है जैसे किसी बेहूदे की बात सुनकर। जो इस प्रकार की बातें करता चला जाए उससे चट कहना चाहिए—'बस चुप रहो, तुम्हें बोलने की तमीज नहीं, तुम बच्चों या कोल-भीलों के पास जाओ। ये बातें हम पहले से जानते हैं। मानव-जीवन के बीच हम इसके सौन्दर्य का विकास देखना चाहते हैं। यदि तुम्हें दिखाने की प्रतिभा या शक्ति हो तो दिखाओ, नहीं तो चुपचाप अपना रास्ता लो।' गुण प्रत्यक्ष नहीं होता, उसके आश्रय और परिणाम प्रत्यक्ष होते हैं। अनुभवात्मक मन को आकर्षित करनेवाले आश्रय और परिणाम हैं, गुण नहीं। ये ही अनुभूति के विषय हैं। अनुभूति पर प्रवृत्ति और निवृत्ति निर्भर हैं। अनुभूति मन की पहली क्रिया है, संकल्प-विकल्प दूसरी। अतःसिद्धान्त-पथों के सम्बन्ध में जो आनन्दानुभव करने की बातें हैं, जो अच्छी लगने की बातें हैं, वे पथिकों में तथा उनके चारों ओर पाई जाएँगी। सत्पथ के दीपक उन्हीं के हाथ

में हैं—या वे सत्पथ के दीपक हैं। सत्वोन्मुख प्राणियों के लिए ऐसे पथिकों के सामीप्य-लाभ की कामना करना स्वाभाविक ही है।

सामीप्य से अभिप्राय केवल किसी के साथ-साथ लगा रहना नहीं है। श्रवण, कीर्तन और स्मरण आदि भी सामीप्य ही के विधान हैं। बाह्य और अभ्यन्तर दोनों प्रयत्नों से सामीप्य की सिद्धि होती है। स्मरण द्वारा हम अपने आराध्य को—उसके कर्म-क्षेत्र को अपने अन्त:करण के सामने उपस्थित करते हैं। यहाँ पर यह कहा जा सकता है कि जब हम इष्ट के कर्म-क्षेत्र को सामने लाते हैं तब उसमें ऐसे लोग भी तो आ जाते हैं जिन पर हमारी कुछ भी भक्ति नहीं। हाँ, आते अवश्य हैं। इनके द्वारा हमारे इष्ट के स्वरूप का पूर्ण विकास दिखाई पड़ता है—इनके बीच उनका (इष्ट का) रंग और खुल पड़ता है। यदि राम हमारे काम के हैं तो रावण भी हमारे काम का है। एक में हम अपने लिए प्रवृत्ति का क्रम पाते हैं, दूसरे में निवृत्ति का। जीवन में इस निवृत्ति और प्रवृत्ति का प्रवाह साथ-साथ चलता है। दुराचारी भी यदि अपने दुराचार का फल संसार के सामने पूर्ण रूप से भोग लेता है तो समाज के लिए उपयोगी ठहर जाता है। राम के हाथ से मारे जाने से रावण का जीवन भी सार्थक हो गया। यदि पापी अपने पाप का फल एकान्त में या आत्मा में ही, भोगकर चला जाता है तो वह अपनी जीवन की सामाजिक उपयोगिता की एकमात्र सम्भावना को भी नष्ट कर देता है। इसी से बहुत-से प्रायश्चित्तों के विधान में किए हुए पापों का सबके समक्ष कथन आवश्यक होता है।

पाप का फल छिपानेवाला पाप छिपानेवाले से अधिक अपराधी है पर ऐसे बहुत-से लोग होते हैं जो किसी का घर जलाते हाथ जलता है तो कहते हैं कि होम करते जला है। दुराचारियों के जीवन का सामाजिक उपयोग करने के लिए ही—संसार में धर्म की मर्यादा स्थापित करने के लिए ही श्रीकृष्ण ने अर्जुन को युद्ध में प्रवृत्त किया। यदि अधर्म में तत्पर कौरवों का नाश न होता और पांडव जीवन भर मारे-मारे ही फिरते तो संसार गें अन्याय और अधर्म की ऐसी लीक खिंच जाती जो मिटाए न मिटती। जिस समाज में सुख और वैभव के रंग में रँगी अधर्म की ऐसी लीक दिखाई पड़े उसमें रक्षा करनेवाली आत्मा का अभाव तथा विश्वात्मा की विशेष कला के अवतार की आवश्यकता समझनी चाहिए, क्योंकि भगवान श्रीकृष्ण ने कहा है—

यदा यदा हि धर्मस्य ग्लानिर्भवति, भारत।
अभ्युत्थानमधर्मस्य तदात्मानं सृजाम्यहम्॥

यदि कहीं पाप है, अन्याय है, अत्याचार है तो उनका आशुफल उत्पन्न करना और संसार के समक्ष रखना, लोक-रक्षा का कार्य है। अपने ऊपर किए जानेवाले अत्याचार और अन्याय का फल ईश्वर के ऊपर छोड़ना व्यक्तिगत आत्मोन्नति के लिए चाहे श्रेष्ठ हो; पर यदि अन्यायी या अत्याचारी अपना हाथ नहीं खींचता है तो

लोक-संग्रह की दृष्टि से वह उसी प्रकार आलस्य या कायरपन है जिस प्रकार अपने ऊपर किए हुए उपकार का कुछ भी बदला न देना कृतघ्नता है।

अब भगवद् शक्ति को लीजिए। ऊपर जो कुछ कहा गया उससे स्पष्ट हो गया होगा कि मनुष्य की भक्ति के आधार क्या-क्या हैं। मनुष्य विश्व-विधान का एक क्षुद्र चेतन अंश है। उसमें धर्म, अधर्म, दया, निष्ठुरता आदि के भाव विश्व के उतने ही अंश से सम्बन्ध रखते हैं जितने के भीतर उसे कार्य करना है। यह कार्य और कुछ नहीं, अपनी समष्टि-स्थिति और सुख-सन्तोष का प्रयत्न मात्र है। अपने कार्य-क्षेत्र के बाहर यदि वह अपने इन भावों का सामंजस्य ढूँढ़ता है तो नहीं पाता है—कहीं उसे 'जीवो जीवस्य जीवनम्' का सिद्धान्त चलता दिखाई पड़ता है, कहीं लाठी और भैंस का। वह सोचता है कि इन बातों का अनुसरण मनुष्य-समाज में भी जानबूझकर क्यों न किया जाए, यह नहीं सोचता कि मनुष्य-जाति की स्थिति इन अवस्थाओं में बहुत आगे बढ़ी है और चेतना की श्रेणी में उससे आगे की ओर से कोई भूमि दिखाई नहीं पड़ रही है। वह दया को निरर्थक समझ अपने अन्त:करण का एक अंग ही खंडित करना चाहता है। वह किसी को काना देखकर अपनी एक आँख फोड़ने चलता है। कुछ दिन पहले की सभ्यता मनुष्य जीवन को देवतुल्य बनाने में थी; अब मर्कटतुल्य और मत्स्यतुल्य बनाने में समझी जाने लगी है। पर यह सभ्यता जड़त्व और नाश की ओर ले जानेवाली है। जब हृदय की कुछ उदात्त प्रवृत्तियाँ बोझ मालूम होने लगी हैं तब और प्राणियों की अपेक्षा अपने अन्त:करण की पूर्णता का गर्व मनुष्य जाति कब तक कर सकती है? उसके मार्मिक अंग की व्यापकता के ह्रास और स्तब्धता की बुद्धि के भयंकर परिणाम का आभास योरप दे रहा है। अन्त:करण की जितनी वृत्तियाँ हैं उनमें से कोई निरर्थक नहीं—सबका उपयोग है। इनमें से किसी की शक्ति फालतू नहीं। यदि मनुष्य इनमें से किसी को निष्क्रिय करने का अभ्यास डालेगा तो अपनी पूर्णता को खोएगा और अपनी स्थिति को जोखिम में डालेगा।

मिट्टी के ढेले, गुलाब के पौधे, कुत्ते और बिल्ली की अपेक्षा मनुष्य अपने में अंशी का अधिक अंश समझता है—उस सर्वात्मा का अधिक अंश समझता है—विश्व-विधान जिसकी नित्य क्रिया है; अत: स्थिति रक्षा-विधान की जो-जो बातें अपने में हैं उनका अभाव उसे अंशी या सर्व में मानते नहीं बनता। दया, दाक्षिण्य, प्रेम, क्रोध आदि अपनी अंशात्मा में देखते हुए सर्वात्मा में उनके अभाव की धारणा मनुष्य करे तो कैसे करे? अत: ज्ञानक्षेत्र में ईश्वर की खोज हम उतने ही घेरे में करेंगे जितने में इन्द्रियों की सहायता लेकर बुद्धि पहुँचती है और कर्म-क्षेत्र में उसकी भावना हम उसे उतने ही भावों से परिमित करके करेंगे जितने की हमारे मन में जगह है। हम हैं, हम समझते हैं कि हम हैं और हम चाहते हैं कि हम रहें, ऐसी अवस्था में हम अपने स्थिति-रक्षा-सम्बन्धी भावों को परमावस्था पर पहुँचाकर

ही उस परम-भावमय की भावना करेंगे। हम उसे धर्ममय, दयामय, प्रेममय मानेंगे और यह प्रेम उसी का रूप होगा जिस रूप में उसका व्यवहार मनुष्य-जाति में दिखाई पड़ता है—जिस रूप में मनुष्य-जाति को उसकी आवश्यकता पड़ती है। अत्याचारी से पीड़ित होकर मनुष्य उसके कोप का आह्वान करता है, आपद्ग्रस्त होकर उसकी दया का भिखारी होता है, सुख से सम्पन्न होकर उसके धन्यवाद के लिए हाथ उठाता है, भक्ति से पूर्ण होकर उसके आश्रय की वांछा करता है। ये ही व्यवहार वह मनुष्यों के साथ भी करता है।

अपने व्यवहार-पथ में आश्रय-प्राप्ति के निमित्त मनुष्य के लिए ईश्वर की स्वानुरूप भावना ही सम्भव है। स्वानुभूति द्वारा ही वह उस परमानुभूति की धारणा कर सकता है। इसी से भर्तृहरि ने 'स्वानुभूत्यैकमानव' कहकर नमस्कार किया है। यदि चिन्मय में अपनी इतनी अनुभूति का भी निश्चय मनुष्य को न हो तो वह प्रार्थना आदि क्यों करने जाए? कुत्ते प्रार्थना क्यों नहीं करते? उनमें धर्म की प्रतिष्ठा नहीं है—अर्थात् वे चेतना की उस भूमि तक नहीं पहुँचे हैं जिसमें समष्टि स्थिति की रक्षा से सम्बन्ध रखनेवालों का संचार होता है। वे यह नहीं जानते कि एक-दूसरे को काटने दौड़ने से कुक्कर-समाज की उन्नति और वृद्धि नहीं हो सकती। समष्टि-रक्षा या धर्म की ओर प्रवृत्त करनेवाले दया आदि भाव उन्हें प्राप्त नहीं हैं। उनमें स्वार्थ का भाव है, परमार्थ का भाव नहीं। धर्मो रक्षितः की धारणा उन्हें नहीं होती। जहाँ धर्म-भाव है वहीं ईश्वर की भावना है। जिन प्राणियों में जिन भावों का विकास नहीं हुआ है उनमें उनकी चरितार्थता की आवश्यकता प्रकृति नहीं समझती।

भक्ति का स्थान जहाँ मानव-हृदय है—वहीं श्रद्धा और प्रेम के संयोग से उसका प्रादुर्भाव होता है। अतः मनुष्य की श्रद्धा के जो विषय ऊपर कहे जा चुके हैं उन्हीं को परमात्मा में अत्यन्त विशद रूप में देखकर ही उसका मन खिंचता है और वह उस विशद रूप-विशिष्ट का सामीप्य चाहता है, उसके हृदय में जो सौन्दर्य का भाव है, जो शील का भाव है, जो उदारता का भाव है, जो शक्ति का भाप है, उसे वह अत्यन्त पूर्ण रूप में परमात्मा में देखता है और ऐसे पूर्ण पुरुष की भावना से उसका हृदय गद्गद हो जाता है, और उसका धर्म-पथ आनन्द से जगमगा उठता है। धर्म-क्षेत्र या व्यवहार-पथ में वह अपने मतलब भर ही ईश्वरता से प्रयोजन रखता है। राम, कृष्ण आदि अवतारों में परमात्मा की विशेष कला देख एक हिन्दू के हृदय की सारी शुभ और आनन्दमयी वृत्तियाँ उनकी ओर दौड़ पड़ती हैं, उनके प्रेम, श्रद्धा आदि को बड़ा भारी अवलम्ब मिल जाता है। उसके सारे जीवन में एक अपूर्व माधुर्य और बल का संचार हो जाता है। उसके सामीप्य का आनन्द लेने के लिए कभी वह उसके अलौकिक रूप-सौन्दर्य की भावना करता है, कभी उनकी बाललीला के चिन्तन से विनोद प्राप्त करता है, कभी धर्म-बलपूर्ण उनके निर्मल चरित्र का गान करता है, कभी सिर झुकाकर वन्दना करता है—यहाँ तक कि जब

जी में आता है, प्रेम से भरा उलाहना भी देता है। यह हृदय द्वारा अर्थात् आनन्द अनुभव करते हुए धर्म में प्रवृत्त होने का सुगम मार्ग है। भक्ति हृदय से की जाती है। बुद्धि से भक्ति करना ऐसा ही है जैसे नाक से खाना और कान से सूँघना। हमारे यहाँ भक्ति-विधान के अन्तर्गत श्रवण, कीर्तन, स्मरण, सेवा, अर्चन, वन्दन, दास्य, संख्य और आत्म-निवेदन ये नौ बातें ली गई हैं। जैसा कि ऊपर कहा जा चुका है, कोरी श्रद्धा में याचकता का भाव नहीं है, जब प्रेम के साथ उसका संयोग होता है तभी इस भाव की प्राप्ति होती है। श्रद्धावान श्रद्धेय पर अपने निमित्त किसी प्रकार का प्रभाव डालना नहीं चाहता, पर भक्त दाक्षिण्य चाहता है।

रामलीला, कृष्णलीला आदि सामीप्य-सिद्धि के विधान हैं। इस सामीप्य की कामना, भक्तवर रसखान ने बड़ी मार्मिकता से इस प्रकार प्रकट की है—

मानुष हौं तो वही 'रसखान'
बसौं सँग गोकुल गाँव के ग्वारन।
जो पसु हौं तो कहा बस मेरो,
चरौं नित नन्द की धेनु मँझारन।
पाहन हौं तो वही गिरि को,
जो किए हरि छत्र पुरन्दर-धारन।
जो खग हौं तो बसेरो करौं,
मिलि कालिंदी-कूल कदंब की डारन॥

रामलीला द्वारा लोग वर्ष में एक बार अपने पूज्यदेव की आदर्श मानवलीला का माधुर्य देखते हैं। जिस समय दूर-दूर के गाँवों के लोग एक मैदान में आकर इकट्ठे होते हैं तथा एक ओर जटा-मुकुटधारी विजयी राम-लक्ष्मण की मधुर मूर्ति देखते हैं और दूसरी ओर तीरों से बिंधा रावण का विशाल शरीर जलता देखते हैं, उस समय वे धर्म के सौन्दर्य पर लुब्ध और धर्म की घोरता पर क्षुब्ध हो जाते हैं। इसी प्रकार जब कृष्णलीला में जीवन की प्रफुल्लता के साथ धर्म-रक्षा के अलौकिक बल का विकास देखते हैं, तब हमारी जीवन-धारणा की अभिलाषा दूनी-चौगुनी हो जाती है। हिन्दू-जाति इन्हीं की भक्ति के बल से इनकी प्रतिकूल अवस्थाओं के बीच अपना स्वतंत्र अस्तित्व बचाती चलती चली आई है—इन्हीं की अद्‌भुत आकर्षण शक्ति से वह इधर-उधर ढलने नहीं पाई है। राम और कृष्ण को बिना आँसू बहाए छोड़ना हिन्दू-जाति के लिए सहज नहीं था, क्योंकि ये अवतार अलग टीले पर खड़े होकर उपदेश देनेवाले नहीं थे, बल्कि मानव-जीवन में पूर्ण रूप से सम्मिलित होकर उसके एक-एक अंग की मनोहरता दिखानेवाले थे। मंगल के अवसरों पर उनके गीत गाए जाते हैं। विमाताओं की कुटिलता की, बड़ों के आदर की, दुष्टों के दमन की, जीवन के कष्ट की, घर की, वन की, सम्पद की, विपद की जहाँ चर्चा होती है, वहाँ इनका स्मरण किया जाता है।

संसार में तटस्थ रहकर शान्ति-सुखपूर्वक लोक-व्यवहार-सम्बन्धी उपदेश देनेवालों का उतना अधिक महत्त्व हिन्दू धर्म में नहीं है जितना संसार के भीतर घुसकर उसके व्यवहारों के बीच सात्त्विक विभूति की ज्योति जगानेवालों का है। हमारे यहाँ उपदेशक ईश्वर के अवतार नहीं माने गए हैं। अपने जीवन द्वारा कर्म-सौन्दर्य संगठित करनेवाले ही अवतार कहे गए हैं। कर्म-सौन्दर्य के योग से उनके स्वरूप में इतना माधुर्य आ गया है कि हमारा हृदय आप से आप उनकी ओर खिंच पड़ता है। जो कुछ हम करते हैं—खेलना-कूदना, हँसना-बोलना, क्रोध करना, शोक करना, प्रेम करना, विनोद करना उन सब में सौन्दर्य लाते हुए हम जिन्हें देखेंगे उन्हीं की ओर ढल सकते हैं। वे हमें दूर से रास्ता दिखानेवाले नहीं हैं, आप रास्ते में चलकर हमें अपने पीछे लगा क्या खींचनेवाले हैं। जो उनके स्वरूप पर मोहित न हो वह निस्सन्देह जड़ है।

सुनि सीतापति सील सुभाउ।
मोद न मन, तन पुलक, नयन जल सो नर खेहर खाउ॥

जो उनका नाम सुनकर पुलकित होता है, जो उनके स्वरूप पर मोहित होता है, उसके सुधरने की बहुत कुछ आशा हो सकती है। जो संसार या मनुष्यत्व का सर्वथा त्याग न कर दे, उसके लिए शुद्ध सात्त्विक जीवन का यही मार्ग है। रागों के सम्पूर्ण दमन की अपेक्षा रागों का परिष्कार ज्यादा काम में आनेवाली बात है। निर्लिप्त रहकर दूसरों का गला काटनेवालों से लिप्त होकर दूसरों की भलाई करनेवाले लोक-कल्याण के विचार से कहीं अच्छे हैं।

जनता के सम्पूर्ण जीवन को स्पर्श करनेवाला क्षात्र-धर्म है। क्षात्र-धर्म के इसी व्यापकत्व के कारण हमारे मुख्य अवतार राम और कृष्ण क्षत्रिय हैं। क्षात्र-धर्म ऐकान्तिक नहीं है। उसका सम्बन्ध लोक-रक्षा से है। 'कोई राजा होगा तो अपने घर का होगा' इससे बढ़कर झूठ बात शायद ही कोई मिले। झूठे खिताबों के द्वारा यह कभी सच नहीं की जा सकती। कर्म-सौन्दर्य की योजना छात्र-जीवन में जितने रूपों में सम्भव है, उतने रूपों में और किसी जीवन में नहीं। शक्ति के साथ क्षमा, वैभव के साथ विनय, पराक्रम के साथ रूप-माधुर्य, तेज के साथ कोमलता, सुख-भोग के साथ परदुखकातरता, प्रताप के साथ कठिन धर्म-पथ का अवलम्बन इत्यादि कर्म-सौन्दर्य के इतने अधिक प्रकार के उत्कर्ष-योग और कहाँ घट सकते हैं? इसी से क्षात्र-धर्म के सौन्दर्य में जो मधुर आकर्षण है वह अधिक व्यापक, अधिक मर्मस्पर्शी और अधिक स्पष्ट है। मनुष्य की सम्पूर्ण रागात्मिका वृत्तियों को उत्कर्ष पर ले जाने और विशुद्ध करने की सामर्थ्य उसमें है।

संसार में मनुष्य मात्र की समान वृत्ति कभी नहीं हो सकती। इस बात को भूलकर जो उपदेश दिए जाया करते हैं, वे पाखंड के अन्तर्गत आते हैं। वृत्तियों की भिन्नता के बीच से जो मार्ग निकल सकेगा वही लोक-रक्षा का मार्ग होगा—वही धर्म का

चलता हुआ मार्ग होगा। जिसमें शिष्टों के आदर, दीनों पर दया, दुष्टों के दमन आदि जीवन के अनेक रूपों का सौन्दर्य दिखाई पड़ेगा, वही सर्वांगपूर्ण लोक-धर्म का मार्ग होगा। क्षात्र-धर्म-पालन की आवश्यकता संसार में सब दिन बनी रहेगी। कोई व्यापार-युग उसे नहीं हटा सकता। किसी अनाथ अबला पर अत्याचार करने पर एक क्रूर पिशाच को हम उद्यत देख रहे हैं। समझाना-बुझाना या तो व्यर्थ है अथवा उसका समय ही नहीं है। ऐसी दशा में यदि उन अबला की रक्षा इष्ट है, तो हमें चटपट उस कर्म में प्रवृत्त होना होगा जिससे उस दुष्ट को बाधा पहुँचे। उस समय का हमारा क्रोध कितना सुन्दर और अक्रोध कितना गर्हित होगा!

आचार्य हजारीप्रसाद द्विवेदी

सामाजिक प्रतिबद्धता को साहित्य का मर्म माननेवाले आचार्य हजारीप्रसाद द्विवेदी उन चिन्तक-आलोचकों में से हैं जिन्होंने साहित्य की नई मान्यताओं पर बल दिया। मनुष्यता को ऊर्ध्वगामी बनाने की शक्ति उनके साहित्य में है। वे मनुष्य को साहित्य का लक्ष्य मानते हैं और मानवता के उन्नयन को ही सोद्देश्य साहित्य की एकमात्र कसौटी सिद्ध करते हैं। मनुष्य को समाज की अक्षय निधि मानते हुए उसे दुर्गति के पंक से बचाने के साहित्यिक प्रयोजन की चर्चा में उन्होंने लिखा है, 'समूची मनुष्यता जिससे लाभान्वित हो, एक जाति दूसरी जाति से घृणा न करके प्रेम करे, एक समूह दूसरे समूह को दूर न रखकर पास लाने का प्रयत्न करे। कोई किसी का मोहताज न हो, कोई किसी से वंचित न हो, इस महान् उद्देश्य से ही हमारा साहित्य प्रणोदित होना चाहिए।'

आचार्य हजारीप्रसाद द्विवेदी का जन्म उत्तर प्रदेश के बलिया जिले के एक गाँव आरत दुबे का छपरा (ओझवलिया) में 1907 ई. में हुआ। इनके बचपन का नाम बैजनाथ द्विवेदी था। 1929 ई. में संस्कृत साहित्य में शास्त्री और 1930 ई. में ज्योतिष विषय लेकर शास्त्राचार्य की उपाधि इन्होंने प्राप्त की। इसी वर्ष शान्तिनिकेतन में हिन्दी शिक्षक के रूप में कार्यारम्भ किया और रवीन्द्रनाथ ठाकुर और क्षितिमोहन सेन के सम्पर्क में आए। 1950 ई. तक वे शान्तिनिकेतन में ही रहे और 1940 ई. से 1950 ई. तक के दशक में डायरेक्टर के पद पर रहे। तदनन्तर क्रमशः काशी हिन्दू विश्वविद्यालय और पंजाब विश्वविद्यालय में हिन्दी विभाग के अध्यक्ष रहे। वहाँ से सेवानिवृत्त होकर 1968 से 1970 ई. तक हिन्दू विश्वविद्यालय के रैक्टर पद पर भी रहे। 1970 से 1972 ई. तक हिन्दी व्याकरण के मानकीकरण के लिए गठित समिति के संयोजक के रूप में कार्यरत रहे। नागरी प्रचारिणी सभा, काशी के हस्तलेखों की खोज तथा साहित्य अकादेमी से प्रकाशित नेशनल बिब्लियोग्राफी के निरीक्षक भी रहे। साहित्य-सेवा के लिए लखनऊ विश्वविद्यालय से उन्हें डी.लिट्. की मानद उपाधि प्राप्त हुई। सन् 1957 में राष्ट्रपति द्वारा 'पद्मभूषण' उपाधि से सम्मानित हुए। जीवन के अन्तिम दिनों में 'उत्तर प्रदेश हिन्दी संस्थान, लखनऊ' के उपाध्यक्ष रहे। 19 मई, 1979 को उनका देहावसान दिल्ली में हुआ।

द्विवेदी जी ने ऐतिहासिक दृष्टिकोण से हिन्दी साहित्य के विविध युगों की विवेचना की। हिन्दी साहित्य की समीक्षा में उन्होंने उन लोगों को महत्त्व दिया जो साहित्य की जनवादी परम्परा को मजबूत कर सकते थे। इतिहास के माध्यम से उन कमियों को पूरा किया जिन्हें पहले के इतिहासकार उपलब्धि मान रहे थे। अपने निबन्धों से उन्होंने साहित्य में संस्कृति-चिन्तन को ठोस आधार प्रदान किया। इन निबन्धों में व्याप्त सांस्कृतिक चेतना अभिजातवर्गीय सांस्कृतिक चेतना से अलग लोक-चेतना के अधिक नजदीक है। वे निबन्धों में गम्भीर प्रश्नों को उठाते हैं और सांस्कृतिक-मानवीय मूल्यों का तथ्याधारित शोध करते हुए आशावाद का अखंड सन्देश देते हैं।

आचार्य द्विवेदी की संस्कृत, बांग्ला, अपभ्रंश, अवधी, ब्रज आदि भाषाओं तथा संस्कृति, दर्शन, इतिहास, ज्योतिष, धर्मशास्त्र, मनोविज्ञान आदि में समान गति तथा गहरी रुचि थी। इन्होंने जैन, बौद्ध, सिद्ध, नाथ, वैष्णव साहित्य का गहन अध्ययन किया था। इनका योगदान भाषा की समृद्धि से साहित्य की समृद्धि तक फैला हुआ है और विविध विचारों, मान्यताओं के समन्वय की चेष्टा इनके साहित्य में समाहित है। अपने साहित्य में मुक्तिबोध जिस 'संवेदनात्मक ज्ञान' की चर्चा करते हैं द्विवेदी जी उसके जीवित पुंज हैं।

प्रकाशित कृतियाँ :

आलोचनात्मक ग्रन्थ : 'हिन्दी साहित्य की भूमिका', 'कबीर', 'सूर-साहित्य', 'हिन्दी साहित्य का आदिकाल', 'हिन्दी साहित्य का उद्‌भव और विकास', 'मध्यकालीन धर्म साधना', 'मृत्युंजयी रवीन्द्र', 'नाथ सम्प्रदाय'।

उपन्यास : 'बाणभट्ट की आत्मकथा', 'चारु चन्द्रलेख', 'पुनर्नवा', 'अनामदास का पोथा'।

निबन्ध संग्रह : 'अशोक के फूल', 'विचार प्रवाह', 'कुटज', 'कल्पलता', 'विचार और वितर्क', 'आलोक-पर्व' आदि।

सम्पादित कृतियाँ : 'संक्षिप्त पृथ्वीराज रासो', 'सन्देशरासक'।

बहुमुखी प्रतिभा सम्पन्न द्विवेदी जी का सम्पूर्ण साहित्य राजकमल प्रकाशन, दिल्ली से ग्यारह खंडों में प्रकाशित हुआ है।

नाखून क्यों बढ़ते हैं?

बच्चे कभी-कभी चक्कर में डाल देनेवाले प्रश्न कर बैठते हैं। अल्पज्ञ पिता बड़ा दयनीय जीव होता है। मेरी छोटी लड़की ने जब उस दिन पूछ लिया कि आदमी के नाखून क्यों बढ़ते हैं, तो मैं कुछ सोच ही नहीं सका। हर तीसरे दिन नाखून क्यों बढ़ जाते हैं। बच्चे कुछ दिन अगर उन्हें बढ़ने दें, तो माँ-बाप अक्सर उन्हें डाँटा करते हैं, पर कोई नहीं जानता कि ये अभागे नाखून क्यों इस प्रकार बढ़ा करते हैं। काट दीजिए, वे चुपचाप दंड स्वीकार कर लेंगे, पर निर्लज्ज अपराधी की भाँति फिर छूटते ही सेंध पर हाजिर। आखिर ये इतने बेहया क्यों हैं?

कुछ ही लाख वर्षों की बात है, जब मनुष्य जंगली था, वनमानुष जैसा। उसे नाखून की जरूरत थी। उसकी जीवन-रक्षा के लिए नाखून बहुत जरूरी थे। असल में वही उसके अस्त्र थे। दाँत भी थे, पर नाखून के बाद ही उनका स्थान था। उन दिनों उसे जूझना पड़ता था, प्रतिद्वन्द्वियों को पछाड़ना पड़ता था, नाखून उसके लिए आवश्यक अंग था। फिर वह धीरे-धीरे अपने अंग से बाहर की वस्तुओं का सहारा लेने लगा। पत्थर के ढेले और पेड़ की डालें काम में लाने लगा (रामचन्द्र जी की वानरी सेना के पास ऐसे ही अस्त्र थे)। उसने हड्डियों के हथियार बनाए। इन हड्डी के हथियारों में सबसे मजबूत और ऐतिहासिक था देवताओं के राजा का वज्र, जो दधीचि मुनि की हड्डियों से बना था। मनुष्य और आगे बढ़ा। उसने धातु के हथियार पाए। जिनके पास लोहे के शस्त्र और अस्त्र थे, वे विजयी हुए। देवताओं के राजा तक को मनुष्य के राजा से इसलिए सहायता लेनी पड़ती थी कि मनुष्यों के राजा के पास लोहे के अस्त्र थे। असुरों के पास अनेक विद्याएँ थीं, पर लोहे के अस्त्र नहीं थे, शायद घोड़े भी नहीं थे। आर्यों के पास ये दोनों चीजें थीं। आर्य विजयी हुए। फिर इतिहास अपनी गति से बढ़ता गया। नाग हारे, सुपर्ण हारे, यक्ष हारे, गंधर्व हारे, असुर हारे, राक्षस हारे। लोहे के अस्त्रों ने बाजी मार ली थी। इतिहास आगे बढ़ा। पलीतेवाली बन्दूकों ने, कारतूसों ने, तोपों ने, बमों ने, बमवर्षक वायुयानों ने इतिहास को किस कीचड़-भरे घाट तक घसीटा है, यह सबको मालूम है। नखधर मनुष्य अब एटम बम पर भरोसा करके आगे की ओर चल पड़ा। पर उसके नाखून अब भी बढ़ रहे हैं। अब भी प्रकृति मनुष्य को उसके भीतरवाले अस्त्र से वंचित

नहीं कर रही है। अब भी वह याद दिला देती है कि तुम्हारे नाखून को भुलाया नहीं जा सकता। तुम वही लाख वर्ष पहले के नख-दन्तावलम्बी जीव हो—पशु के साथ एक ही सतह पर विचरनेवाले और चरनेवाले।

ततः किम्। मैं हैरान होकर सोचता हूँ कि मनुष्य आज अपने बच्चों को नाखून न काटने के लिए डाँटता है। किसी दिन, कुछ थोड़े लाख वर्ष पूर्व वह अपने बच्चों को नाखून नष्ट करने पर डाँटता रहा होगा। लेकिन प्रकृति है कि यह अब भी नाखून को जिलाए जा रही है और मनुष्य है कि वह अब भी उसे काटे जा रहा है। वे कमबख्त रोज बढ़ते हैं, क्योंकि वे अन्धे हैं, नहीं जानते कि मनुष्य को इससे कोटि-कोटि गुणा शक्तिशाली अस्त्र मिल चुका है। मुझे ऐसा लगता है कि मनुष्य अब नाखून को नहीं चाहता। उसके भीतर बर्बर युग का कोई अवशेष रह जाए, यह उसे असह्य है। लेकिन यह भी कैसे कहूँ, नाखून काटने से क्या होता है? मनुष्य की बर्बरता घटी कहाँ है? वह तो उसका नवीनतम रूप है! मैं मनुष्य के नाखूनों की ओर देखता हूँ, तो कभी-कभी निराश हो जाता हूँ। ये उसकी भयंकर पाशवी वृत्ति के जीवन्त प्रतीक हैं। मनुष्य की पशुता को जितनी बार भी काट दो, वह मरना नहीं जानती।

कुछ हजार साल पहले मनुष्य ने नाखून को सुकुमार विनोदों के लिए उपयोग में लाना शुरू किया था। वात्स्यायन के कामसूत्र से पता चलता है कि आज से दो हजार वर्ष पहले का भारतवासी नाखूनों को जमकर सँवारता था। उनके काटने की कला काफी मनोरंजक बताई गई है। त्रिकोण, वर्तुलाकार, चन्द्राकार, दन्तुल आदि विविध आकृतियों के नाखून उन दिनों विलासी नागरिकों के न जाने किस काम आया करते थे। उनको सिक्थक [मोम और अलत्तक (आलता)] से यत्नपूर्वक रगड़कर लाल और चिकना बनाया जाता था। गौड़ देश के लोग उन दिनों बड़े-बड़े नखों को पसन्द करते थे और दक्षिणात्य लोग छोटे नखों को। बात अपनी-अपनी रुचि है, देश की भी और काल की भी। लेकिन समस्त अधोगामिनी वृत्तियों को और नीचे खींचनेवाली वस्तुओं को भारतवर्ष ने मनुष्योचित बनाया है, यह बात चाहूँ भी तो भूल नहीं सकता।

मानव-शरीर का अध्ययन करनेवाले प्राणि-विज्ञानियों का निश्चित मत है कि मानव-चित्त की भाँति मानव-शरीर में भी बहुत-सी अभ्यासजन्य वृत्तियाँ रह गई हैं। दीर्घकाल तक उनकी आवश्यकता रही है। अतएव शरीर ने अपने भीतर एक ऐसा गुण पैदा कर लिया है कि वे वृत्तियाँ अनायास ही और शरीर के अनजाने में भी, अपने आप काम करती हैं। नाखून का बढ़ना उनमें से एक है, केश का बढ़ना दूसरा है, दाँत का दुबारा उगना तीसरा है, पलकों का गिरना चौथा है। और असल में सहजात वृत्तियाँ अनजानी स्मृतियों को ही कहते हैं। हमारी भाषा में भी इसके उदाहरण मिलते हैं। अगर आदमी अपने शरीर की, मन की और वाक् की अनायास

घटनेवाली वृत्तियों के विषय में विचार करे, तो उसे अपनी वास्तविक प्रवृत्ति पहचानने में बहुत सहायता मिले। पर कौन सोचता है? सोचता तो क्या, उसे इतना भी पता नहीं चलता कि उसके भीतर नख बढ़ा लेने की जो सहजात वृत्ति है, वह उसके पशुत्व का प्रमाण है। काटने की जो प्रवृत्ति है, वह उसकी मनुष्यता की निशानी है और यद्यपि पशुत्व के चिह्न उसके भीतर रह गए हैं, पर वह पशुत्व को छोड़ चुका है। पशु बनकर वह आगे नहीं बढ़ सकता। उसे और कोई रास्ता खोजना चाहिए। शस्त्र बढ़ाने की प्रवृत्ति मनुष्यता की विरोधिनी है।

मेरा मन पूछता है—किस ओर? मनुष्य किस ओर बढ़ रहा है? पशुता की ओर या मनुष्यता की ओर, अस्त्र बढ़ाने की ओर या अस्त्र काटने की ओर? मेरी निर्बोध बालिका ने मानो मनुष्य जाति से ही प्रश्न किया है—जानते हो, नाखून क्यों बढ़ते हैं? ये हमारी पशुता के अवशेष हैं। मैं भी पूछता हूँ—जानते हो, ये अस्त्र-शस्त्र क्यों बढ़ रहे हैं? ये हमारी पशुता की निशानी हैं। भारतीय भाषाओं में प्राय: ही अंग्रेजी के 'इंडिपेंडेंस' शब्द का समानार्थक शब्द नहीं व्यवहृत होता। 15 अगस्त को जब अंग्रेजी भाषा के पत्र 'इंडिपेंडेंस' की घोषणा कर रहे थे, देशी भाषा के पत्र 'स्वाधीनता दिवस' की चर्चा कर रहे थे। 'इंडिपेंडेंस' का अर्थ है अनधीनता या किसी की अधीनता का अभाव, पर 'स्वाधीनता' शब्द का अर्थ है—अपने ही अधीन रहना। अंग्रेजी में कहना हो, तो 'सेल्फ डिपेंडेंस' कह सकते हैं। मैं कभी-कभी सोचता हूँ कि इतने दिनों तक अंग्रेजी की अनुवर्तिता करने के बाद भी भारतवर्ष 'इंडिपेंडेंस' को अनधीनता क्यों नहीं कह सका? उसने अपनी आजादी के जितने भी नामकरण किए—स्वतंत्रता, स्वराज्य, स्वाधीनता—उन सब में 'स्व' का बन्धन अवश्य रखा। यह क्या संयोग की बात है या हमारी समूची परम्परा ही अनजाने में हमारी भाषा द्वारा प्रकट होती रही है? मुझे प्राणी-विज्ञान की बात फिर याद आती है—सहजात वृत्ति अनजानी स्मृतियों का ही नाम है। स्वराज्य होने के बाद स्वभावत: ही हमारे नेता और विचारशील नागरिक सोचने लगे हैं कि इस देश को सच्चे अर्थ में सुखी कैसे बनाया जाए। हमारे देश के लोग पहली बार यह सोचने लगे हों, ऐसी बात नहीं है। हमारा इतिहास बहुत पुराना है, हमारे शास्त्रों में इस समस्या को नाना भावों और नाना पहलुओं से विचारा गया है। हम कोई नौसिखुए नहीं हैं, जो रातोरात अनजान जंगल में पहुँचकर अरक्षित छोड़ दिए गए हों। हमारी परम्परा महिमामयी, उत्तराधिकारी विपुल और संस्कार उज्ज्वल हैं। हमारे अनजाने में भी ये बातें हमें एक खास दिशा में सोचने की प्रेरणा देती हैं। यह जरूर है कि परिस्थितियाँ बदल गई हैं। उपकरण नए हो गए हैं और उलझनों की मात्रा भी बहुत बढ़ गई है, पर मूल समस्याएँ अधिक नहीं बदली हैं। भारतीय चित्त जो आज भी 'अनधीनता' के रूप में न सोचकर 'स्वाधीनता' के रूप में सोचता है, वह हमारे दीर्घकालीन संस्कारों का फल है। वह 'स्व' के बन्धन को आसानी से नहीं छोड़ सकता। अपने आप

पर अपने आप के द्वारा लगाया हुआ बन्धन हमारी संस्कृति की बड़ी भारी विशेषता है। मैं ऐसा तो नहीं मानता कि जो कुछ हमारा पुराना है, जो कुछ हमारा विशेष है, उससे हम चिपटे ही रहें। पुराने का 'मोह' सब समय वांछनीय ही नहीं होता। अपने बच्चे को गोद में दबाए रहनेवाली 'बन्दरिया' मनुष्य का आदर्श नहीं बन सकती। परन्तु मैं ऐसा भी नहीं सोच सकता कि हम नई अनुसंधित्सा के नशे में चूर होकर अपना सर्वस्व खो दें। कालिदास ने कहा था कि सब पुराने अच्छे ही नहीं होते, सब नए खराब ही नहीं होते, भले लोग दोनों की जाँच कर लेते हैं; जो हितकर होता है उसे ग्रहण करते हैं और मूढ़ लोग दूसरों के इशारे पर भटकते रहते हैं। सो हमें परीक्षा करके हितकर बात सोच लेनी होगी और अगर हमारे पूर्वसंचित भंडार में वह हितकर वस्तु निकल आवे, तो इससे बढ़कर और क्या हो सकता है?

जातियाँ इस देश में अनेक आई हैं। लड़ती-झगड़ती भी रही हैं, फिर प्रेमपूर्वक बस भी गई हैं। सभ्यता की नाना सीढ़ियों पर खड़ी और नाना ओर मुख करके चलनेवाली इन जातियों के लिए सामान्य धर्म खोज निकालना कोई सहज बात नहीं थी। भारतवर्ष के ऋषियों ने अनेक प्रकार से, अनेक ओर से इस समस्या को सुलझाने की कोशिश की थी। पर एक बात उन्होंने लक्ष्य की थी। समस्त वर्णों और समस्त जातियों का एक सामान्य आदर्श भी है। वह है अपने ही बन्धनों में अपने को बाँधना। मनुष्य पशु से किस बात में भिन्न है? आहार, निद्रा आदि पशु-सुलभ स्वभाव उसके ठीक वैसे ही हैं, जैसे अन्य प्राणियों के। लेकिन वह फिर भी पशु से भिन्न है। उसमें संयम है, दूसरों के सुख-दुख के प्रति संवेदना है, श्रद्धा है, तप है, त्याग है। मनुष्य के स्वयं के उद्‌भावित बन्धन हैं। इसीलिए मनुष्य झगड़े-टंटे को अपना आदर्श नहीं मानता, गुस्से में आकर चढ़ दौड़नेवाले अविवेकी को बुरा समझता है और वचन, मन और शरीर से किए गए असत्याचरण को गलत आचरण मानता है। यह किसी खास जाति या वर्ण या समुदाय का धर्म नहीं है। यह मनुष्य मात्र का धर्म है। महाभारत में इसलिए निर्वैर भाव, सत्य और अक्रोध को सब वर्णों का सामान्य धर्म कहा है—

एतद्धि त्रितयं श्रेष्ठं सर्वभूतेषु भारत।
निर्वैरता महाराज सत्यमक्रोध एव च॥

अन्यत्र इसमें निरन्तर दानशीलता को भी गिनाया गया है (अनुशासन 120/10)। गौतम ने ठीक ही कहा था कि मनुष्य की मनुष्यता यही है कि वह सबके सुख-दुख को सहानुभूति के साथ देखता है। यह आत्म-निर्मित बन्धन ही मनुष्य को मनुष्य बनाता है। अहिंसा, सत्य और अक्रोधमूलक धर्म का मूल उत्स यही है। मुझे आश्चर्य होता है कि अनजाने में भी हमारी भाषा में यह भाव कैसे रह गया है। लेकिन मुझे नाखून के बढ़ने पर आश्चर्य हुआ था। अज्ञान सर्वत्र आदमी को पछाड़ता है, और आदमी है कि सदा उससे लोहा लेने को कमर कसे है।

मनुष्य को सुख कैसे मिलेगा? बड़े-बड़े नेता कहते हैं, वस्तुओं की कमी है, और मशीन बैठाओ, उत्पादन बढ़ाओ, और धन की वृद्धि करो, और बाह्य उपकरणों की ताकत बढ़ाओ। एक बूढ़ा था। उसने कहा—बाहर नहीं, भीतर की ओर देखो। हिंसा को मन से दूर करो, मिथ्या को हटाओ, क्रोध और द्वेष को दूर करो, लोक के लिए कष्ट सहो, काम करने की बात सोचो। उसने कहा—प्रेम ही बड़ी चीज है, क्योंकि वह हमारे भीतर है। उच्छृंखलता पशु की प्रवृत्ति है, 'स्व' का बन्धन मनुष्य का स्वभाव है। बूढ़े की बात अच्छी लगी या नहीं, पता नहीं। उसे गोली मार दी गई। आदमी के नाखून बढ़ाने की प्रवृत्ति ही हावी हुई। मैं हैरान होकर सोचता हूँ—बूढ़े ने कितनी गहराई में बैठकर मनुष्य की वास्तविक चरितार्थता का पता लगाया था।

ऐसा कोई दिन आ सकता है, मनुष्य के नाखूनों का बढ़ना बन्द हो जाएगा। प्राणिशास्त्रियों का ऐसा अनुमान है कि मनुष्य का अनावश्यक अंग उसी प्रकार झड़ जाएगा, जिस प्रकार उसकी पूँछ झड़ गई है। उस दिन मनुष्य की पशुता भी लुप्त हो जाएगी। शायद उस दिन वह मरणास्त्रों का प्रयोग भी बन्द कर देगा। तब तक इस बात से छोटे बच्चों को परिचित करा देना वांछनीय जान पड़ता है कि नाखून का बढ़ना मनुष्य के भीतर की पशुता की निशानी है और उसे नहीं बढ़ने देना मनुष्य की अपनी इच्छा है। अपना आदर्श है। वृहत्तर जीवन में अस्त्र-शस्त्र का बढ़ने देना मनुष्य की पशुता की निशानी है और उनकी बाढ़ को रोकना मनुष्यत्व का तकाजा है। मनुष्य में जो घृणा है, जो अनायास—बिना सिखाए—आ जाती है, वह पशुत्व की द्योतक है और अपने को संयत रखना, दूसरे के मनोभावों का आदर करना मनुष्य का स्वधर्म है। बच्चे यह जानें तो अच्छा हो कि अभ्यास और तप से प्राप्त वस्तुएँ मनुष्य की महिमा को सूचित करती हैं।

सफलता और चरितार्थता में अन्तर है। मनुष्य मरणास्त्रों के संचय से, बाह्य उपकरणों के बाहुल्य से उस वस्तु को पा भी सकता है जिसे उसने बड़े आडम्बर के साथ सफलता नाम दे रखा है। परन्तु मनुष्य की चरितार्थता प्रेम में है, मैत्री में है, त्याग में है, अपने को सबके मंगल के लिए नि:शेष भाव से दे देने में है। नाखून का बढ़ना मनुष्य की उस अन्ध-सहजात वृत्ति का परिणाम है, जो उसके जीवन में सफलता ले आना चाहती है, उसको काट देना उस 'स्व'-निर्धारित आत्म-बन्धन का फल है जो उसे चरितार्थता की ओर ले जाता है।

कमबख्त नाखून बढ़ते हैं तो बढ़ें, मनुष्य उन्हें बढ़ने नहीं देगा।

कुबेरनाथ राय

कुबेरनाथ राय का जन्म 26 मार्च, 1933 को मतसाँ, गाजीपुर (उत्तर प्रदेश) में पिता बैकुंठ नारायण राय के यहाँ हुआ।

कुबेरनाथ राय साठोत्तरी पीढ़ी के लेखकों में भारतीय संस्कृति के उदात्त स्वरों को आधुनिक जीवन-सन्दर्भ में व्याख्यायित करने वाले रसधर्मा ललित निबन्धकार के रूप में सदैव स्मरणीय हैं।

राय जी ने निबन्ध-लेखन के क्षेत्र में अपनी विशिष्ट प्रतिभा का परिचय दिया है। उनका चिन्तन और उस चिन्तन से प्रसूत उनकी अभिव्यक्ति क्षमता आधुनिक निबन्धकारों में महत्त्वपूर्ण है। वे वर्तमान जीवन के आत्मघात, अन्धी आस्था एवं निरर्थक शब्द मोह और मूढ़ता को काटकर नए कर्म की तलाश करने की प्रेरणा देते हैं और इस प्रेरणा के लिए उनके अनेक निबन्ध-संग्रह अब तक प्रकाशित हो चुके हैं। आरम्भ में वे 'माधुरी' और 'विशाल भारत' जैसे पत्रों में वैचारिक निबन्ध लिखते थे। धर्मवीर भारती से उन्हें ललित निबन्ध लिखने की प्रेरणा मिली। उनका पहला निबन्ध-संग्रह 'प्रिया नीलकंठी' 1968 में प्रकाशित हुआ। हिन्दी-जगत् में इसका स्वागत हुआ। इसके बाद आपके क्रमश: 'रस आखेटक', 'गन्धमादन', 'विषद योग', 'निषाद बाँसुरी', 'पर्ण मुकुट', 'महाकवि की तर्जनी', 'पत्र मणि पुतुल के नाम', 'कामधेनु', 'मन पवन की नौका', 'किरात नदी में चन्द्रमधु', 'दृष्टि अभिसार' तथा 'त्रेता का वृहत्साम' आदि निबन्ध-संग्रह प्रकाशित हो चुके हैं।

कुबेरनाथ राय मुख्यत: आत्मव्यंजक एवं ललित निबन्धकार हैं, किन्तु रूप-संरचना की दृष्टि से उनके निबन्ध संश्लिष्ट निर्बन्धता का रूप प्रस्तुत करते हैं। उनकी निर्बन्धता साध्य या केवल शैली-चमत्कार नहीं है। यह निर्बन्धता लेखक की समग्र जीवन-दृष्टि द्वारा अनायास सिद्ध हुई है। संवेदन की निरन्तरता जहाँ इन निबन्धों को संश्लिष्ट बनाती है, वहीं चेतना-प्रवाह की शैली निबन्ध के पारम्परिक अनुशासन को तोड़ती चलती है और उसे उन्मुक्तता तथा जीवन्तता प्रदान करती है। ये निबन्ध मात्र आलोचनात्मक ही नहीं, वरन् सर्जनात्मक भी हैं। इनमें धरती का मोह, धरती का क्रोध एवं धरती की वासना समग्र रूप में व्यक्त हुई है। इनमें

जीवन-मूल्यों के प्रति गहरी प्रतिबद्धता का भाव है, मुक्ति का नहीं, इनमें जीवन और जन्म के प्रति गहरा मोह है।

कुबेरनाथ राय जीवन के विविध आयामों—शिक्षा, धर्म, पुराण, इतिहास आदि सबके प्रति गहरी दृष्टि रखने वाले मानव-जगत् को इनके प्रति सतर्क एवं सजग रखने वाले और 'सर्वहारा' की बात न करके 'गरीब' की बात करने वाले सप्राण साहित्य साधक हैं। श्री राय का निबन्ध के प्रति भावात्मक एवं चिन्तनपरक दृष्टिकोण है और इसीलिए उसमें तारतम्य है, क्रम है और अन्विति भी। यही कारण है कि श्री राय का हिन्दी के आधुनिक निबन्धकारों में स्वतंत्र अस्तित्व है। उनके लेखन का मूल उत्स 'रस' की तलाश है। इसीलिए जहाँ उस 'रस' की मात्रा क्षीण हुई है वहीं उसकी तेजस्विता तथा जातीय अस्मिता के भाव अधिक मुखर या उदग्र रूप में सामने आए हैं। वस्तुत: श्री राय के निबन्धों में लालित्य की बौद्धिकता है। बहुपठित्व और विश्लेषण के साथ-साथ मन की गहराइयों में प्रविष्ट करने की उनकी क्षमता असीम है। वे अपनी पकड़ में गहन हैं और यह विशेषता उनकी 'बौद्धिकता' और 'हार्दिकता' के बीच सेतु जैसी दिखाई देती है।

श्री राय को लोक-जीवन एवं ग्रामीण रहन-सहन से गहरी आत्मीयता है। वे इसे किसी भी दशा में अपने से अलग या विस्मृत नहीं कर पाते। यही कारण है कि ग्रामीण सत्तू-भोज्य संस्कृति उन्हें अनायास आकृष्ट कर लेती है, क्योंकि उनकी मान्यता है कि "मैं साहित्यकार होते हुए भी अदना किसान हूँ।" इस कथन से उनमें ग्रामीण जीवन के प्रति गहरी आस्था और लगाव झलकता है। गाँवों से पहले प्रतिभा-पलायन की समस्या थी अब शहरीकरण के चाकचिक्य-चकाचौंध के चलते गाँव सूने दीख रहे हैं। किसानी का मतलब घाटे का सौदा होकर रह गया है। किसान कर्ज में जन्म लेता है और कर्ज के बोझ तले दबकर मरने के लिए अभिशप्त हो गया है। श्री राय की लोक-चेतना इसे भी बिसूरती है। यह सराहनीय और श्लाघ्य है।

कुबेरनाथ भी पं. विद्यानिवास मिश्र की तरह ही विशुद्ध निबन्धकार हैं। कुबेरनाथ राय मुख्यत: व्यक्तिव्यंजक निबन्धकार हैं। इतिहास, संस्कृति, मिथक, परम्परा, आधुनिकता, लोकमन आदि उनके निबन्धों की आधारभूमि हैं। वेद, उपनिषद, पुराणों, भारतीय दर्शन के साथ ही विश्व की अनेक विचारधाराओं के ज्ञान का प्रभाव इनके निबन्धों में लक्षित होता है। परम्परा के प्रति विशेष आकर्षण इनके साहित्य में है, किन्तु रूढ़ियाँ इन्हें सह्य नहीं हैं। आधुनिकता के प्रति भी दृष्टि एकांगी है। आचार्य द्विवेदी एवं विद्यानिवास जी की तरह ही परम्परा एवं शास्त्र के साथ लोकमत और लोकसंस्कृति को जोड़कर देखते हैं। प्रतीकों एवं मिथकों के चयन में भी कुबेरनाथ राय इन्हीं की परम्परा में हैं।

वस्तुत: श्री राय के निबन्ध शिल्प-संरचना, भाषा शैली की दृष्टि से हिन्दी निबन्ध यात्रा की प्रमुख उपलब्धि हैं। संस्कृत की ठेठ परम्परा से नि:सृत पदावली,

उसकी ललित अर्थ-व्यंजना के साथ ही आंचलिक शब्दावली का आत्मीय प्रयोग उनकी भाषा को सर्जनात्मक बनाए रखती है। इनके दर्जनाधिक निबन्ध इसके साक्ष्य हैं। इनके निबन्धों में अनुभूति का स्पर्श अत्यन्त आत्मीय है। इनकी शैली प्रवाहपूर्ण, भावात्मक और विवेचनपरक है। भाषा के पद-लालित्य ने इसे रमणीय एवं काव्यात्मक संस्पर्श दे दिया है!

निष्कर्षत: कहा जा सकता है कि हिन्दी के ललित निबन्धकारों में कुबेरनाथ राय का विशिष्ट एवं महत्त्वपूर्ण स्थान है। अध्ययन की व्यापकता एवं गहरा सांस्कृतिक चिन्तन उनके निबन्धों की विशिष्ट पहचान है। आधुनिक जीवन पद्धति की मूल्यहीनता तथा खोखलेपन के प्रति क्षोभ के साथ-साथ जीवन को समृद्ध करने वाले तत्त्वों के स्वीकार का आवर्जक आग्रह उनके निबन्धों को चिर-प्रासंगिकता एवं सार्थकता प्रदान करते हैं।

निधन : 5 जून, 1996, मतसाँ, गाजीपुर (उत्तर प्रदेश)।

महाकवि की तर्जनी

1

तब ब्रह्मा का दिन चल रहा था, पर जीवों की रात्रि थी। और वह थी त्रेतायुग की एक जीवरात्रि! वस्तुतः वह थी एक भगवती जीवरात्रि, जिसमें यह आश्चर्यजनक वार्तालाप घटित हुआ। कल्पना करो एक ऐसी रात्रि की, जो त्रिभुवन को आच्छादित किये है। ऊपर 'ऊर्ध्वमूलमधःशाखम्' की डाली-डाली पर हजार-हजार फूल फूटे हैं। आकाश की हर एक डाल गदरा उठी है आकाश-कुसुमों से नीचे सब कुछ स्तब्ध है। धरती शान्त है; गिरिपथ-वनपथ-नदीपथ सभी निःस्पन्द हैं; कीट-पतंगों का चीं-चीं स्वर, साँड़-भैसों की हुंकार तथा मनुज-वंश का अविराम-अश्रव्य गाली-गलौज या कपटी चाटुकारिता, यह सब कुछ बन्द हो गया है। पदचारी मानुष से लेकर पक्षधारी श्येन-सुपर्ण सभी सो रहे हैं। सभी गहरी निद्रा में अवश हैं। सारी क्रियाएँ शान्त और विश्राम-स्तब्ध हैं। ऐसे में दो अनादि आत्माएँ परस्पर वार्तालाप कर रही हैं, परस्पर धीमे स्वर में, प्रेमालाप-जैसी शैली में...

"वाणी सरस्वती!"

"..." (कोई उत्तर नहीं।)

"वाणी, मेरा कंठ विकल है। लगता है, मेरे माथे में कुछ नया खिलवाड़ कर रही हो। चारों मुखों सें चारों वेदों का गान करने के बाद भी लगता है कि कंठ में तुम्हारी किसी नई भंगिमा का आवेश आ रहा है। मेरी इच्छा नए ढंग से गान रचने की हो रही है।"

"मैं थक गई हूँ। हटो, तंग मत करो। सोने दो। इन्द्र-आदित्य-सोम का नाम लेते-लेते मैं ऊब गई। इन निष्कर्मा भोगियों की अब और प्रशस्ति गाने से मैं रही। अकेले-अकेले गाओ न सृष्टि-कमल पर बैठकर। मना कौन करता है? पर मुझे तंग मत करो।"

"परन्तु देवी, मैं तो 'भाव' या 'अर्थ' ही दे सकता हूँ। उसे ध्वन्यात्मक रूप 'वाणी' या 'शब्द' देना, उसे एक संयोजन में उपस्थित करना यह सब तो तुम्हारे ही द्वारा सम्भव है।...अच्छा चलो, इस बार देवता का नहीं, किसी कर्मरत मनुज का ही गान किया जाए।"

"फूहड़-भदेस नाराशंसी गाथाएँ?...मैं नहीं गाती यजमानों की तारीफ के गीत। यह सब तो तुम्हारे मानस-पुत्रों, ऋषियों-महर्षियों की आमदनी का जरिया है। देखते नहीं हो, ये तुम्हारे जटाजूटधारी बेटे घी पी-पीकर कितने मोटे-कुन्दे होते जा रहे हैं!"

"मान जा मेरी वाणी, मेरी बन्नी। एक बार और नई विधा के छन्द दो। मेरे माथे में रिन-रिन् करके कुछ बज रहा है, उसे शब्द देकर मेरा चित्त हल्का और विमुक्त करो।"

"..." (पुन: कोई उत्तर नहीं।)

"देखो बन्नी, इस बार मैं एक ऐसे मनुष्य की कीर्ति का गान रचना चाहता हूँ, जिसके मन की विशालता के सम्मुख देव-गण क्या, समस्त अन्तरिक्ष-मण्डल, सारा का सारा नील व्योम ही छोटा पड़ जाए, जिसकी गम्भीरता के सामने महासिन्धु एक गोष्पद-वारि-सा तुच्छ लगे, जिसकी धीरता के सामने विशाल कठोर हिमालय भी लज्जित हो जाए, सूर्य-चन्द्र जिसकी महिमा की आरती उतारें, ऐसे मनुष्य की कीर्ति का गान करने की इच्छा हो रही है। इस महानता का अर्जन मनुज करेगा दुख और करुणा के माध्यम से। दुख, करुणा, क्षमा, धीरता, सत्साहस और सात्त्विक रोष के माध्यम से मैं एक मानव-चरित्र को छन्दोबद्ध करना चाहता हूँ। मेरे अन्दर का एक नया 'भाव' कुलबुला रहा है।"

"बहुत फुसला रहे हो! मैं नहीं आती तुम्हारी बातों में...छोड़ो, तंग मत करो!"

"ओह, मेरी प्रिया, मेरी तृषा-जल! यह मेरा नया भाव तुम्हारे सहयोग के बिना अव्यक्त ही रह जाएगा। तू मान जा मेरी वाणी, मेरी बन्नी! भविष्य तुम्हें इसी छन्द के कारण स्मरण करेगा। लोग तुम्हारे पुराने सप्त छन्दों को भूल जाएँगे।"

फिर कुछ रुककर वही स्वर सुनने में आता है।

"देखो, सुनो इधर। कल, यमुना-गंगा के बीच जो छोटी-सी तमसा नदी बहती है, उसी के तट पर दो माया-क्रौंच उतरेंगे। उनका अंग मरकत-नील होगा, कंठ सुनहला नीलहरित, और आँखें पद्ममधु-जैसी पीताभ। ये क्रौंच और क्रौंची दोनों नदीतट की वृक्ष-शाखा पर बैठकर प्रणय-क्रीड़ा करेंगे। चलोगी कल इस अभिराम दृश्य को देखने? उनका पूर्वराग, मान-मनुहार, रति-संकेत, पिघलती बोली..."

"धत्! तुम्हीं जाना यह सब देखने।...पता नहीं, तुम्हें दिन पर दिन क्या होता जा रहा है!"

(प्रत्युत्तर में लज्जा का भाव।)

"वाह रे, मेरी स्वाति-जल, इतनी जल्दी भूल क्यों गईं? तुम्हारा सृष्टि में प्रथम अवतरण क्या था? 'तुर्र-तुर्र तुत्-तुत् तुर्र...!' आदिम कारण-वारि के मध्य जब मैंने सृष्टि की रचना की, जीवों के कंठ से गिरा या ध्वनि के रूप में तुम्हें स्थापित किया, तो प्रथम तुम्हारी अभिव्यक्ति हुई पक्षियों के कंठ से ऋतु आने पर निकलते हुए काम-संकेत के रूप में। तुम्हीं तो पहले निकली थीं आदिम जलचर पक्षी के

कंठ से 'तुर्र-तुर्र तुत्-तुत्' के रति-संकेत के रूप में। मनुष्य तो बाद में आया और बाद में आए तुम्हारे सोलहों स्वर और छत्तीस व्यंजनों के स्वर-ग्राम से निकलते हुए तालबद्ध श्लोक!"

"जो हो, मैं नहीं जाती तमसा-तट पर! और कोई काम नहीं है क्या? चले जाना अकेले।"

"तुर्र-तुर्र तुत्-तुत्"...पहले स्वर में चिढ़ाने का भाव था।...इस तरह निर्जन रात्रि में दो महिमामयी आत्माएँ प्रेमालाप करती हुई अन्तरिक्ष में विचरण कर रही थीं।

2

दूसरे दिन प्रातःकाल। तमसा-तट। उदुंबर की एक शाखा पर दो क्रौंच पक्षी बैठे हैं और परस्पर चोंच से चोंच, गरदन से गरदन मिला रहे हैं। ये पक्षी साधारण क्रौंचों-जैसे नहीं लगते। क्रौंच इतने सुन्दर, चित्र-विचित्र कहाँ होते हैं! ये नील-मराल हैं, या कश्यप समुद्र के नील-सुपर्ण हैं, या किरातों के पीत सागर के अनामा मरकत पाखी हैं, जो पीत सागर से इरावदी के स्रोत तक शरद और वसन्त का सन्देश बाँटते चलते हैं। शायद ये पक्षी नहीं हैं, कोई देवता-युग्म है, जो पक्षी-रूप धरकर मर्त्य-क्रीड़ा के लिए उतरा है। माणिक-वर्णी लाल चोंच, गरदन और डैने शुद्ध मरकत-नील, शेष अंग मुक्तावर्णी उज्ज्वल। ऐसे सुन्दर पक्षी तो कभी जनमे ही नहीं थे।...

इस प्रकार सोच रहा है एक ब्राह्मण, जो कुछ दूर पर बैठा है सावित्री का जप करने, और देख रहा है इस जोड़े को। जितना ही देखता है, उतना ही मुग्ध होता जाता है। वह ध्यान के लिए आँखें मूँदता है, तो यह काम-मोहित जोड़ा ही दिख जाता है। आज उसका सावित्री मंत्र विफल है। चौबीस अक्षरों वाला छन्द आज रह-रहकर अटक जाता है। ठीक से वह जप नहीं पा रहा है।

उधर अद्भुत चोंच और पंखों वाले दोनों पक्षी परस्पर प्यार में रत हैं। शायद ये दोनों भटक गए थे, दोनों कई दिनों से बिछुड़े थे, कई दिनों तक नदी के आर-पार रहे। नदी एक पाश, एक नियति, एक अनिवार्य विरह-व्यथा बन गई और ये कई रात परस्पर बिछुड़े रहे। आज अचानक संयोगवश मरुद-गणों की कृपा से ये पुनः नदी की मझधार में एक-दूसरे के सम्मुख पड़ गए। आँखों की पहचान की पूर्णिमा उतर आई और एक प्रेमालोकित मन के साथ ये लौट आए तट पर और उदुंबर शाखा पर बैठकर एक-दूसरे को प्यार करने लगे, एक-दूसरे की कुशल-क्षेम पूछने लगे।

ब्राह्मण को स्मरण आ रही है एक ऋचा—"जैसे दिवस-उदय की वेला में चक्रवाक एक-दूसरे की ओर तृषित-भाव से उड़ते आते हैं, वैसे ही हे भगवती उषा, हमारे निकट तुम आओ, वैसे ही हमारे निकट शत वर्षों तक आती रहो!"... ब्राह्मण के ओंठ 'ओऽम् तत्सवितुवरेण्यम्...' बुदबुदा रहे हैं और मन पढ़ रहा है

प्रणय का उपनिषद्। हाथ की उँगलियाँ एक ही रुद्राक्ष पर स्तब्ध हो गई हैं। जप वहीं रुक गया है।

नदी के तट पर एक तगर गाछ है। अचानक उसकी शाखा का एक फूल फूटता है, चारों ओर सुगन्ध फैल जाती है और उस फूल को चारों ओर से चारों भुजाओं में वेष्टित करता हुआ एक मलय-पवन का झकोरा उपस्थित हो जाता है और फूल के कानों में कहता—'तुर्र-तुर्र, तुत्-तुत्!'

"जुट आए न यहाँ पर भी? बेमतलब पवन-वेग से पीछे-पीछे भागते आए!"

"तो तुमने क्या समझा था कि तुम फूलों में छिपी रह जाओगी—तुम जो मेरे ही हृदय की एक साँस हो! क्यों मेरी बन्नी, मेरी वाणी, तुम तो क्रौंच-मिथुन को देखने वाली नहीं थीं? तुमने तो कहा था कि तुम्हें इस समय उषा-स्तवन करते हुए सरस्वती-तट के ब्राह्मणों के कंठों में रहना होगा, अथवा गंगा-सरयू की वारिधारा में सूर्य को अर्घ्य देती हुई असंख्य प्रजाओं की प्रार्थना में; अथवा गोदावरी-कृष्णा के तट पर ध्यानयोग में लीन मुनियों के मानस में तुम संचरण करोगी और तुम्हारे पग-नूपुरों के द्वारा ध्यान तरंगायित होकर कविता बन जाएगा। यहाँ आकर मामूली पक्षी-प्रणय जैसे भदेस ग्राम्य दृश्य को देखने की फुरसत और अभिरुचि दोनों का तुम्हारे पास घोर अभाव था। परन्तु मुझसे पहले ही आकर इस तगर की नन्ही डाल पर खिल गईं! और मुझसे कह रही हो, बेमतलब जुट आया मैं!"

"क्यों? तुमने ही तो कहा था कि मैं कोई नया छन्द दूँ, जिसमें तुम आजन्म दुखी मर्त्य-मानवों का काव्य रचोगे।...ठीक है। परन्तु इस बार छन्द और काव्य दोनों मानवीय ही रहेंगे। मनुष्य के द्वारा मनुष्य की कीर्ति का गान। तुम देखोगे कि तुम्हारी अपौरुषेय कविता से मानवीय कविता सुन्दरतर ही होगी।"

"देवी, क्रियाशक्ति तो तुम्हीं हो! तुम काठ-पत्थर में प्रवेश कर जाओ, तो वह भी एक प्रजापति, एक स्रष्टा बन जाएगा। मनुष्य की तो कोई बात नहीं। मनुष्य तो देवता का ही मर्त्य संस्करण है।" सुवासित पवन के भीतर से उतर आया।

"देखो, तब जल्दी करो। वह जो सामने व्याध आ रहा है, काला-कुरूप, माथे पर मोरपंख खोंसे, कटि में शंख-कौड़ियों की माला पहने—जाओ जल्दी करो, उस निषाद-पुरुष में प्रवेश कर जाओ। और मैं प्रविष्ट हो रही हूँ उस गायत्री जपते हुए ब्राह्मण के कंठ में। मैंने जान-बूझकर उसमें उच्चाटन स्थापित कर दिया है। उसका मंत्र विकल है। इस विकलता के मध्य मैं करुणा का प्रवेश कराकर नए ढंग का श्लोक उस ब्राह्मण के कंठ से उत्पन्न करूँगी। जाओ, जाओ, जल्दी करो। अन्यथा निषाद आगे बढ़ जाएगा और उसकी नजर ब्राह्मण देवता पर पड़ जाएगी। तब वह भक्ति से प्रणाम करके दूर अपसरित हो जाएगा। जाओ, तुम लोभ बनकर उसकी इच्छा में उदित होओ, तुम निर्ममता बनकर उसके हृदय में प्रतिष्ठित हो जाओ, तुम उत्तेजना बनकर उसके स्नायु और भुजाओं में प्रवेश करो, तुम वेग बनकर उसके

धूर्त बाण में धावमान हो जाओ, जिससे वह काम-मोहित क्रौंचों के जोड़े में से एक को विद्ध कर दे और निर्जीव लोथ फड़फड़ाती हुई सामने जमीन पर आ गिरे!"

"और तब?"

"तब मैं ब्राह्मण के कंठ में प्रवेश करके क्रोध और करुणा विमिश्रित एक श्लोक उच्चरित कर दूँगी, भविष्य की कविता का नया छन्द।...फिर कुछ देर बाद तुम भी ठाट-बाट से अपने हंसयान पर सवार होकर जाना—चाहे प्रत्यक्ष अथवा उसके ध्यानलोक में अवतरण करके—और माथे में जो कुछ भाव-विभाव या ज्वर-प्रलाप हो, जो तुम्हें कल रात से विकल किये है, उसे बताकर अपना माथा हल्का कर लेना! मैं उसे पर्याप्त बुद्धि दूँगी, जिससे तुम्हारी सुनाई बात को वह काव्य में परिवर्तित कर सके।...अरे हाँ, एक बात और सुन लो। तुम्हारे इस नित्य-किशोर और भुवन-मोहन रूप से काम नहीं चलेगा। चेहरे पर बुढ़ापे का रंग मल लेना। अन्यथा तुम्हें कोई विधाता के रूप में पहचानेगा ही नहीं। मर्त्यलोक जो ठहरा! वहाँ प्रत्येक चिरकालीन 'प्राचीन' या 'आदि' का अर्थ 'जीर्ण' और 'बूढ़ा' ही लगाया जाता है। मनुज बहुत दिन द्रष्टा ही रहा। अब उसे स्वयं कवि होने दो, स्वयं स्रष्टा होने का सुख लेने दो!"

"समझ तो गया देवी! पर ईर्ष्या ही रही है उस अधेड़ ब्राह्मण से। मैंने चारों दिशाओं में, जिधर भी तुम मानपूर्वक मुँह मोड़ लो, तुम्हें देखने के लिए चार-चार चेहरे धारण कर लिए, आठ-आठ आँखें बना लीं, तुम्हारी मनुहार के लिए चार मुखों की झंझट उठाई। और तुम मेरी भूमिका में उतारोगी उस मर्त्य ब्राह्मण को! औरों की मधुमती भूमिका में मान-मनुहार का आस्वादन लेने की इच्छा तुम्हें भी हो रही है!"

"अच्छा, यही मान लो। पर क्या स्मरण नहीं आता, पहचानते नहीं, यह शापभ्रष्ट ब्राह्मण है कौन? यह तुम्हारा ही तो भू-पतित अंश है। प्रत्येक कवि ही अब शापभ्रष्ट ब्रह्मा होगा! और उसमें मैं स्थित होऊँगी 'शब्द' बनकर और तुम रहोगे 'अर्थ' बनकर। हम और तुम अपनी कालसन्ध्या के आगमन तक इस तरह सहस्र-सहस्र रूप धारण कर खेला करेंगे!"

यह कहते-कहते वह तगर का फूल धरती पर झड़ पड़ा और वह मलय-पवन भी सरसराता हुआ एक ओर निकल गया।

3

तत्पश्चात् क्या हुआ, इसे सभी जानते हैं। शोक से आर्त और कुपित होकर ब्राह्मण ने उक्त निषाद को शाप दे डाला—"मा निषाद प्रतिष्ठां त्वं..." इत्यादि कहकर। अवश्य 'निषाद' से उस ब्राह्मण का तात्पर्य किसी जाति या नस्ल से नहीं था, बल्कि शील और आचार से था। ब्राह्मणों की पुरानी भाषा में 'निषाद' और 'आर्य'

शब्द जातिवाचक नहीं, शीलवाचक थे, यद्यपि बाद के ब्राह्मणों ने स्वार्थवश शील की बात को पृष्ठभूमि में कर दिया। उस ब्राह्मण का धिक्कार-वाक्य या तो उस निषाद-विशेष के लिए व्यक्तिगत तौर पर था, अथवा उन सबके लिए था जो इस प्रकार के क्रूर कर्म भविष्य में करेंगे।

यों इस घटना से मर्माहत तो सभी हुए थे। निसर्ग के हृदय में घाव हो गया था, नदी की रक्तस्नात धारा अशुचि होकर ठिठक गई थी, मरुत विकल-प्राण हो उठे थे, क्रूर श्वापदों ने शरम से माथा झुका लिया था और विषधर सर्प उदास होकर अपनी बाम्बियों में लौट आए थे। इस तरह, अनुभव तो सभी ने किया था। परन्तु छन्द निकला केवल मानव-कंठ से। क्योंकि शब्द-वैखरी का आशीर्वाद मात्र मनुष्य को ही प्राप्त है।

बेचारा निषाद उस ब्राह्मण के पैरों पर छपक-छपककर गिर रहा था—"महाराज, बड़ी गलती हुई। 'छिमा' कर दो। मैं कल सात मधुचाक और कृष्णसार-मांस दक्षिणा में दे जाऊँगा! मान जाओ 'बाभन' देवता।"

पर ब्राह्मण अडिग रहा—"काम-मोहित दो जीवों का वध करने पर भी तुम प्रेय और श्रेय के अधिकारी रहोगे? यह असम्भव है।"

बड़ी अनुनय-विनय करने पर भी जब ब्राह्मण देवता नहीं माने, तो निषाद ने तमककर कहा, अथवा निषाद के अन्दर नियति के कर्ता-धर्ता ब्रह्मा ही बोले—"ऐ पण्डित महाराज, क्यों कुपित होते हो? जरा मुझे पहचानो कि मैं कौन हूँ। मैं हूँ 'इतिहास'। नियति के निर्देश पर मारना ही मेरा काम है।" यह कहकर निषाद खड़ा हो गया, उसकी वपु विस्तीर्ण होने लगी और लगा कि उसका माथा आसमान ठेक जाएगा।

पर वह ब्राह्मण भी बड़ा ही दबंग निकला। उसकी तर्जनी उसी तरह उठी रही और वह भी निर्भय बोला, अथवा यों कहो कि उसके भीतर की सरस्वती बोली—"तो तुम भी सुन लो। यदि तुम 'इतिहास' हो तो मैं हूँ 'काव्य'! हम और तुम दोनों सतीर्थ हैं। पर जब तुम विवेकभ्रष्ट होते हो, राज्यलिप्सा के नाम पर हजार-हजार मुंडपात करवाते हो, अर्थलोभ के कारण धरित्री का सारा दान, सारा घृत और मधु चाबियों से ऐंठकर ताले में बन्द कर देते हो, शुद्ध काम-लालसा को सभ्यता-संस्कृति कहकर चलाने लगते हो, तो मेरी तर्जनी बिना उठे मानती नहीं, मेरा कंठ एक क्रुद्ध श्लोक बोलने को विकल हो जाता है।...तुमने अपना बल प्रदर्शित कर दिया अपना आकाश-व्यापी विस्तार दिखाकर। अब मेरा भी बल देखो! वह क्षुद्र चिड़िया जिसे तुमने मार डाला है, अवतरित हो रही है पुनः— सरस्वती का नया वाहन बनकर, चिरकाल-व्यापी छन्द बनकर, काव्य बनकर, मनुष्य की गरिमा का रथ बनकर। देखो, वही मरी चिड़िया पुनः अवतरित हो रही है। यह मरी चिड़िया मनुष्य को सत्, चित् और आनन्द का बोध देगी अपने नए छान्दस रूपान्तर में। और अब तुम्हारे

धनुष-बाण, तुम्हारी चाबुकें, तुम्हारी तिजोरी में बन्द सोने-चाँदी करुण स्वर में रोने लगेंगे, इस मरी चिड़िया की नई महिमा को देखकर।"

मैंने देखा कि इतिहास अपने सम्पूर्ण अर्थशास्त्र-राजनीति-कूटनीति के बावजूद मारे शरम के पुनः सिमटकर छोटा हो गया, पुनः उसके चेहरे का रंग काला हो गया और उधर आसमान के नील ऊर्ध्व से उतर-काल की सरस्वती का वाहन नीचे उतरा। वही क्रौंच, वैसी ही देह, वही डैने, वही चंचु। परन्तु इस बार रंग शुद्धतः श्वेत था। गोया मृत्यु की नदी में स्नान करके उसका कामलोभी मरकत-वर्ण धुल गया हो और वह निरंजन श्वेत बन उठा हो। मुझे लगा कि मैं बीसवीं शती का एक मामूली मृदंग-वादक अपनी नीरस गद्य-मृदंग को लेकर कालनदी के कई हजार वर्ष पुराने घाट पर पहुँच गया हूँ और इस वाङ्मनस-अगोचर सम्बन्ध को सुन रहा हूँ। वह मरा हुआ पक्षी उत्तर-काव्य का वाहन बनकर लौट आया और इस प्रकार बोला—"बन्धु, मैं लौट आया हूँ शब्द बनकर, भाव बनकर। मैं अपने कल-कूजन द्वारा तुम्हारे अन्दर असंख्य वर्षा-शरद और असंख्य वसन्तों की रचना करता रहूँगा।"

मैं कैसे वहाँ पहुँचा, क्यों वहाँ पहुँचा, इस अद्भुत दृष्टिकल्प का रहस्य-सूत्र सबको बताने की बात नहीं।...तब तक वह ब्राह्मण माथे पर ओंकार धारण करके प्रजापति का रूप ले चुका था, जिसके भीतर 'स्वलक्षणा प्रादुर्भूत सरस्वती' जग उठी थी।

विद्यानिवास मिश्र

डॉ. विद्यानिवास मिश्र का जन्म उत्तर प्रदेश के गोरखपुर जिले के पकड़डीहा गाँव में 28 जनवरी, 1926 ई. को हुआ। इन्होंने इण्टरमीडिएट तक की शिक्षा गोरखपुर में ग्रहण की और उसके बाद इलाहाबाद चले गए। सन् 1945 ई. में इलाहाबाद विश्वविद्यालय से एम.ए. की परीक्षा उत्तीर्ण करने के बाद सन् 1946 ई. में गवर्नमेंट संस्कृत कॉलेज, वाराणसी से साहित्य शास्त्री की परीक्षा उत्तीर्ण की। अध्यापन-कार्य के साथ-साथ अध्ययन करते हुए सन् 1964 ई. में गोरखपुर विश्वविद्यालय से पी-एच. डी. की उपाधि प्राप्त की।

डॉ. मिश्र ने देश-विदेश के अनेक स्थानों पर शिक्षण कार्य किया। सन् 1957 ई. से सन् 1968 ई. तक गोरखपुर विश्वविद्यालय में कार्य किया। इसी बीच सन् 1960-61 ई. में तथा सन् 1967-68 ई. के दौरान क्रमश: अमेरिका के केलिफोर्निया विश्वविद्यालय तथा वाशिंगटन विश्वविद्यालय में भी कार्य किया। सन् 1968 ई. से 1977 ई. तक सम्पूर्णानन्द संस्कृत विश्वविद्यालय के भाषाविज्ञान एवं आधुनिक भाषाविज्ञान विभाग के आचार्य एवं अध्यक्ष रहे। सन् 1977 ई. में ये के. एम. मुंशी हिन्दी शोध-संस्थान के निदेशक नियुक्त हो गए तथा सेवानिवृत होने तक यहीं कार्य किया।

डॉ. मिश्र का लेखन बहुविध है, लेकिन उनकी ख्याति का मूलाधार निबन्ध तथा भाषाविज्ञान साहित्य ही है। निबन्ध-लेखन के क्षेत्र में इनके आदर्श हजारीप्रसाद द्विवेदी हैं। शास्त्रीयता के साथ-साथ लोक-संस्कृति के समन्वय ने इनके निबन्धों को अत्यन्त जीवन्त बना दिया है। निबन्धों का रूप-विधान भी सदैव एक न रहकर यथावसर बदलता रहा है। कभी उसने पत्र का रूप ले लिया है, तो कभी संस्मरणों का इस्तेमाल करते हुए प्रवाह का सर्वत्र ध्यान रखा गया है। लोक-जीवन से जुड़े निबन्धों में आंचलिकता विशेषत: भोजपुरी का पुट अनायास आ गया है। गद्यकार के साथ-साथ कवि भी होने के कारण इनकी रचनाओं में काव्यात्मक तरलता सहजरूपेण संगुम्फित हो उठी है। 'छितवन की छाँह', 'तुम चन्दन हम पानी', 'कदम की फूली डाल', 'आँगन का पंछी और बंजारा मन', 'मैंने सिल पहुँचाई', 'वसन्त आ गया पर कोई उत्कण्ठा नहीं' आदि संग्रहों में इनकी प्रतिनिधि रचनाएँ संकलित हैं।

समग्रत: डॉ. विद्यानिवास मिश्र शुक्लोत्तर हिन्दी निबन्ध साहित्य के एक प्रतिनिधि एवं सशक्त हस्ताक्षर हैं।

मुख्य कृतियाँ : 'स्वरूप-विमर्श', 'कितने मोरचे', 'गाँधी का करुण रस', 'चिड़िया रैन बसेरा', 'छितवन की छाँह', 'तुलसीदास भक्ति प्रबंध का नया उत्कर्ष', 'थोड़ी-सी जगह दें', 'फागुन दुइ रे दिना', 'बसंत आ गया पर कोई उत्कंठा नहीं', 'भारतीय संस्कृति के आधार', 'भ्रमरानंद का पचड़ा', 'रहिमन पानी राखिए', 'राधा माधव रंग रंगी', 'लोक और लोक का स्वर', 'वाचिक कविता अवधी', 'वाचिक कविता भोजपुरी', 'व्यक्ति-व्यंजना', 'सपने कहाँ गए', 'साहित्य के सरोकार', 'हिन्दी साहित्य का पुनरावलोकन', 'हिन्दी और हम', 'आज के हिन्दी कवि—अज्ञेय'।

सम्मान : पद्‌मभूषण, पद्‌मश्री तथा अन्य पुरस्कार।

निधन : 2005 ई.

अस्ति की पुकार-हिमालय

कितना विचित्र है, हिमालय का नाम लेते ही मुझे

अस्त्युत्तरस्यां दिशि देवतात्मा, हिमालयो नाम नगाधिराजः।
पूर्वापरौ तोयनिधीं वगाह्य, स्थितः पृथिव्या इव मानदण्डः॥

इस श्लोक का अस्ति उद्‌भासित होने लगता है। संस्कृत भाषा में वैसे अस्ति क्रिया के बिना वाक्य पूरा हो जाता है, हिन्दी या अंग्रेजी की तरह अस्ति की समानार्थक क्रिया देने की विवशता नहीं है। तब क्यों यह अपार्थ अस्ति का आग्रह? वह भी कालिदास के द्वारा? कालिदास शब्दों के मितव्ययी, इस तरह शब्द बिखेरते नहीं और अभी अपने अन्तिम ग्रन्थ का पहला श्लोक लिखने जा रहे हैं और बिना जरूरत अस्ति की झक सिर पर सवार हो गई? तो कहीं कुछ गड़बड़ है, कहाँ, हिमालय में या कालिदास में, या शायद हिमालय और कालिदास की धरती में; इसका अनुसन्धान करना चाहिए।

बरसों हुए स्व. राहुलजी के साथ रहने का सुयोग प्राप्त हुआ था, यकायक उन्हें बीच में कभी बेकली होने लगती थी—विद्यानिवासजी, हिमालय मुझे बुला रहा है काम समेटिये, अब यहाँ काम नहीं होगा। ऐसे वज्र नास्तिक आदमी को यह बुलावा, बात क्या है? आखिर हिमालय 'देवतात्मा' है, गीता के अनुसार साक्षात् भगवान् वासुदेव का विग्रह है ('स्थावराणां हिमालयः'), उस हिमालय को बुलावा ही भेजना हुआ तो पहले राहुलजी को ही भेजना था? पर नहीं, शायद हिमालय को अपने देवत्व से अधिक अस्ति पर श्रद्धा रखने वाले का खयाल है और राहुल जी इस अस्ति में विश्वास करते थे, क्योंकि वे हिमालय को भारतीय जीवन-प्रवाह का स्रोत मानते थे, इस जीवन-प्रवाह में भाषा, संस्कृति, समाज-चेतना, ऐसा सभी कुछ शामिल है जिसका समष्टि चैतन्य से सम्बन्ध हो। सहुलजी के लिए जीवन भर हिमालय भूत नहीं, भविष्यत् नहीं, केवल अस्ति रहा, केवल हिमालय ही नहीं, हिमालय की प्रतिकृति संस्कृत भाषा भी उनके लिए अस्ति रूप थी, उस भाषा के मूर्धन्य कवि कालिदास अस्ति रूप थे, हिमालय की छाया में बसी हुई सामान्य जनता शक्ति का अजस्र स्रोत थी। मैं समझता हूँ इसीलिए हमारे जैसे बहुत से आस्तिकों से वे कहीं ज्यादा आस्तिक थे।

मैंने भी कुमारसम्भव पढ़ा है, हिमालय की कथाएँ पढ़ी हैं, 'हेमाली' राजा की 'कहानी' (लोककथा) सुनी है, पर मुझे यह बुलावा नहीं मिलता। या शायद मिलता है, मुझे सुनाई नहीं पड़ता, सुनाई न पड़े इसके लिए शहरों में काफी सरंजाम है, पर पान की दुकानों पर अहर्निश बजते रेडियो, यांत्रिक वाहनों की चिल्ल-पों, जलूसों की अर्थहीन नारेबाजी, ध्वनिविस्तारक यंत्रों के द्वारा प्रसारित हरिनाम संकीर्तन और संगीत का बुखार उतारनेवाली फिल्मी धुनों का वृन्दगान और बच्चों के स्कूलों से उठती हुई मछली हट्टे की शोरगुल। या शायद जैनेन्द्री भाषा में मुझे ही कुछ हो गया है या न-कुछ हो गया है। मुझे ही क्यों मेरे अड़ोसी-पड़ोसी सब को ही तो यह हो गया है कि हिमालय या किसी भी अस्ति की पुकार नहीं सुनाई पड़ती। वैसे अपनी ओर से हम सब आस्तिकता का पूरा निर्वाह करते हैं, अपने को अत्याधुनिक लगाने वाले भी कुण्डली दिखाते हैं, ग्रहों को प्रसन्न रखने के लिए रत्न धारण करते हैं, और किसी मन्दिर में जाएँ न जाएँ पर हनुमानजी के यहाँ लड्डू चढ़ाने मंगलवार को जरूर पहँच जाते हैं, हम गाहे-बगाहे देवताओं का दरबार करते हैं, मनौती मानते हैं, इंडियन कल्चर की बात करते हैं, अशोका, कालिदासा को भी कृत-कृत्य करते रहते हैं, पर यह सब भुलावा है, छल है। हम देवताओं को अफसर या नेता और अफसर या नेता को देवता मानते हैं। हम थान पूजते हैं, माई का हो, बरम्ह का हो, तेलियामसान का हो, अगियाबीर का हो, लंगोटीवाले का हो, या नंगे का हो। हम देवता नहीं पूजते क्योंकि देवता की महिमा उसके थान को पाकर है, जैसे नेता या अफसर की महिमा उसकी कुर्सी को पाकर है। हम जानते हैं कि अभी कल जिसके सात पुरुखों को हमने एक साँस में तारा था, उसी के कुर्सी पर बैठते ही जब आरती उतार रहे हैं, तो वह भी हमारे भक्तिभाव का मर्म जानता होगा पर साथ ही हम दोनों भलीभाँति समझते हैं, यही जनतंत्र है, ऐसे ही सब चलता है, हमारी नजरों में एकनिष्ठ श्रद्धा कोई मूल्य नहीं रखती, क्षण-क्षण नया-नया रूप धारण करने वाली श्रद्धा ही वास्तविक युगश्रद्धा है। इसी पैमाने से हम देवता को भी नापते हैं, हर देवता का एक स्थान होता है, भारतवर्ष की राष्ट्रीय एकता की बात करनी होगी तो वहाँ नगाधिराज हिमालय का नाम जरूर लेना चाहिए, दो-चार सूखे अनधुले अनरंगे रस्मी अच्छत चढ़ाने ही होंगे या पहले के चढ़ाये अच्छत ही फिर चढ़ायें, कोई हर्ज नहीं। अगर हिन्दुस्तान की जनता से त्याग के लिए अपील करनी होगी तो श्रीमद्भगवद्गीता से उद्धरण देना ही होगा, उस थान के नाते भगवान कृष्ण को भी पान-सुपारी भेंट की जाएगी। अगर हिन्दुस्तान की नारी को भुलावा देना होगा तो शक्ति की आराधना के बोल निकालने ही होंगे। पर थान या परोजन (प्रयोजन) के बाहर देवता न-कुछ हो जाते हैं, फिर कोई उनमें रस नहीं रह जाता।

तो हिमालय में भी रस नहीं रहा। फिर उसने इतना धोखा दिया, हम उसके आसरे सोते रहे और लाल चींटियों का दल रेंग कर आया, हमारे सीमान्त का श्यामल

प्रसार चट कर गया। आखिर उसे हमने पासवाँ मानकर ही तो इतना सम्मान दिया था, हमने उसे भाल कहा, अपनी किस्मत का लेखा-जोखा उसमें अंकित कराया और उसने कुछ नहीं किया, हमारी सुख नींद नष्ट हो गई और लगा कि एक बड़ा तिलिस्म टूट गया। कैसा नगपति, कैसा विशाल? यह तो कहिए उन चींटियों की मेहरबानी कि उन्होंने दो-चार अंडे भर इधर जरूर लुढ़का दिये, पर खुद जायका लेकर वापिस रेंग गईं, बस आतंक जमा गईं। हमने करवट बदली और फिर नींद आ गई, लगा एक दुःस्वप्न था, गुजर गया, उसका असर कम करने के लिए हमने ढेर सी कविताएँ लिखीं और असर कम होना था, कम हो गया। धुँधली सी याद रह गई है, ऐसी याद जिसमें हार और जीत में अब कोई फर्क नहीं दिखायी पड़ता, बहुत करके हमारी ही जीत हुई क्योंकि हमारी नींद टूट कर फिर अपने सनातन क्रम से जुड़ गई। अब तो खैर हिमालय के विश्वासघात का भी ग़म नहीं रहा और सच पूछिए तो ग़म रहा ही नहीं, ग़म की बात भर है, क्योंकि ग़म की बात न रहे तो बड़ी ऊब होने लगे। फिर काफी बदमज़ा हो जाए, उबासियों के मारे काफी घर उजाड़ होने लगे और फिर टुटपुंजिए संस्कृतिबाज बुद्धिजीवी का कोई कोई ठौर न रह जाए। ग़म ग़लत करने के दूसरे साधन तो पहुँच के बाहर हैं, बस ले-देकर काफ़ी है, और काफ़ी की जान है ग़म की बात, या ठीक कहें बात की झाग, अधिक जली झाग जिसके नीचे समस्त स्वादों को झुठलाने वाला एक स्वाद है, कसैला।

हम वस्तुतः सिद्धावस्था में पहुँच चुके हैं, इसीलिए हमें वर्तमान नहीं छूता, हमें केवल भूत पकड़ता है या भविष्यत् खींचता है, वर्तमान हमें लेशमात्र भी नहीं प्रभावित करता। इसीलिए हम अस्ति की अटपटी भाषा समझ नहीं पाते। कैसा अस्ति, कौन अस्ति, किसके लिए अस्ति? हिमालय था, रहा होगा, हमसे क्या? हम अपने आप में खुद हिमालय हैं, ऐसे हिम के आलय, जो पिघलती नहीं, बस जमी रहती है या और जमती चली जाती है, जिससे कुछ निकलता नहीं, जिसमें चीजें यथावत् पड़ी रह जाती हैं, जैविक व्यापार जहाँ आकर समाप्त हो जाता है। तुम याद दिलाते हो, हिमालय कुलपर्वत है, कुलपर्वत ही नहीं कुल का कर्ता है, यद्यपि उम्र में विन्ध्य आदि से कुछ नया ही पड़ता है। यह कैसी बेपर की बात करते हो? कहाँ का कुल, कहाँ का कर्ता? कुल के नाम पर अगणित तनाव हैं, सास-बहू के बीच, पिता-पुत्र के बीच, भाई-भाई के बीच, ननद-भौजाई के बीच, भाई-बहिन के बीच, देवरानी-जेठानी के बीच और हर तनाव के बाद एक टूटन है; कर्ता के नाम पर एक कर्म रह गया है, एक मरा हुआ व्यक्तित्व रह गया है, जो सामंजस्य स्थापित करते-करते इतने असमंजस में पड़ गया है कि उसे मरने की भी स्वतंत्रता नहीं रह गई है। धर्म, अर्थ, काम, मोक्ष सब बेमानी हो गए हैं, पुरुषार्थ व्यर्थ है। जिन्दगी बस एक ठहराव रह गई है, जिसमें कुछ चीजें अटक गई हैं, बर्फ के दबाव से यही क्या कम है कि सड़ी नहीं। जो चीजें अटक गई हैं, वे न देशी हैं, न विदेशी, वे बस जिन्दगी के ठहराव

की शिकार हैं। इसीलिए हर जिन्दगी, अपने शिकार पर अलग अधिकार जताती है और दूसरे के शिकार को अशुद्ध बतलाती है। हर आदमी भारतीयता की अपने ढंग से परिभाषा करता है, क्योंकि हर आदमी ने एक परिभाषा कहीं से फँसाकर कैद कर ली है और उसी को पारदर्शी बर्फ की दीवार के अन्दर से वह दिखलाता रहता है, यह परिभाषा असली है, यह मछली हमारे धनपोखर की है, तुम जो दिखा रहे हो, वह गड़ही की है। लोग कहते हैं यह युग अर्थप्रधान है, रुपये की महिमा अपरम्पार है, पर मैं समझता हूँ यह शब्द-युग है, शुद्ध शब्द-युग, शब्द जिसमें अर्थ एकदम असम्पृक्त हो, निरा केवलीभूत शब्द हो, अर्थ के मोहपाश से युक्त हो, शब्द की महिमा के आगे किसी की महिमा नहीं। शब्द की महिमा न होती तो हिन्दुस्तान के सम्पादक हिमालय जैसे अर्थशून्य विषय पर लेख लिखने के लिए इतना आग्रह क्यों करते। हिमालय एक शब्द है। हिन्दुस्तान एक दूसरा शब्द है और हिन्दुस्तान का हिमालयपरस्त लेखक एक तीसरा, पाठक एक चौथा। चारों शब्द हैं, इसलिये एक दूसरे से जुड़े हुए हैं, अगर ये अर्थ होते तो इनमें आपस में लगाव होता, टकराव हाता, झगड़े होते, कोई टूटता, कोई तोड़ता। पर इन शब्दों की यही तो खसूसियत है कि ये बड़े मासूम हैं, ये एकता में विश्वास करते हैं, एकरसता में विश्वास करते हैं, इनमें आपस में कभी कोई तनाव होने की सम्भावना ही नहीं।

अब तुम पूछोगे, और अस्ति? अस्ति भी निरा शब्द है या नहीं? तो क्या कहूँ, यही तो एक काँटा है, जो बराबर चुभता रहता है, लाख कोशिश करने पर भी निकलता नहीं। मैं भूलना चाहता हूँ कि कुछ हूँ, क या ख या ग, क्योंकि क हूँ, तब भी दारुण विपत्ति, ख या ग हूँ, तब भी संकट। कुछ कहा जाए, इससे तबीयत बड़ी घबराती है, क्योंकि कुछ कहा जाने का मतलब होता है और कुछ न कहा जाना और इसके लिए आज का संशयालु चित्त तैयार नहीं है, क्योंकि उसमें साहस नहीं है कि कह सके मैं यह नहीं हूँ। परन्तु कितना भी कतराऊँ कुछ हुए बिना रह भी तो नहीं सकता, इसलिए कोशिश करता हूँ कि जितना अधिक अपने अस्ति को धुँधले रूप में प्रस्तुत कर सकूँ, उतनी अधिक बचाव की सम्भावना रहेगी। पर अस्ति है कि हिमालय की तरह उज्ज्वल, उदात्त और मूर्धन्य बनकर जीवन पर छाना चाहता है और यही चीज करकती रहती है। अस्ति यदि पीछा करता तो उससे आगे दौड़कर, लुक-छिपकर त्राण पाया जा सकता, आगे से आक्रमण करता तो पीछे मुड़कर, भागकर, अपनी रक्षा की जा सकती, पर जो निरन्तर सिर पर सवार हो, उससे बचाव का फिर क्या रास्ता।

हिमालय भूगोल रहता तो उसे भूलना आसान था, कमरे से नक्शे हटा देने से इस समस्या का समाधान हो जाता और अगर यह इतिहास होता तो भी प्रगतिशील होकर इससे मुक्ति मिल जाती, यह अगर केवल चौकीदार होता तो नींद की गोली से इसके परवल की पुकार से छुट्टी मिल जाती, पर यह न भूगोल है, न इतिहास है,

न भूगोल या इतिहास का प्रहरी, यह तो बस है, मात्र अस्ति है, न भूत, न भविष्यत्। हिमालय का यह अस्ति रूप हमारी सिसृक्षा का ही मूर्तिकरण है। हिमालय के अस्ति का स्मरण कालिदास ने कुमारसम्भव के बीज के रूप में किया है, हिमालय गौरी-गुरु ही नहीं देवसेनानी स्कन्द की जननी के पिता भी हैं, हमारी वर्चस्विनी शक्ति के स्रोत के स्रोत हैं। और इस सिसृक्षा का स्मरण सचमुच बहुत ही कष्टकर है। हमारा समूचा जीवन-क्रम असन्तुलित हो जाता है। इस अस्ति की छुअन मात्र से हमारे विजड़ित चित्र में सँजोयी वस्तुएँ सडाँध से ग्रस्त हो जाती हैं, हम एकदम नि: स्व होने लगते हैं, अनरचे रचयिता बनने की समस्त सुविधाएँ एकदम नष्ट होने लगती हैं, बैठे-बैठे प्रगतिशील कहलाने का गौरव पानी-पानी होने लगता है और विश्वभावनशीलता की बर्फीली खोल यकायक कीच-कोदों में रूपान्तरित होने लगती है।

शायद इसीलिए हम हिमालय और उसके अस्ति से इतनी तटस्थता आज दिखला रहे हैं और यह जतला रहे हैं कि इस अस्ति की पुकार हम तक नहीं आती, हम क्या करें? हमें देश का दर्द नहीं होता, हम क्या करें? हमें किसी चीज का दर्द नहीं होता, हम क्या करें? पर यही क्या कम दर्द है कि दर्द नहीं होता? 'दर्द नहीं होता' का दर्द भी तो एक प्रकार का अस्ति है, प्रकाशवान् न सही, सिलहटी सही, पर अस्ति तो है। तीखे निषेध के प्रकाश में यह अस्ति स्याह-पड़ा दिखता है, बड़ा भयरूप और डरावना दिखता है, पर न दिखे, ऐसा तो नहीं होता। उसकी पुकार उल्टी दिशा में जा रही हो, पर उसकी डरावनी प्रतिध्वनि न सुनाई पड़े, ऐसा तो नहीं होता।

याद आता है किसी 'कहनी' में सुना था कि शिव की बारात ऐसी जमी कि खिलाने-पिलाने में ही अनन्त रत्नप्रभव हिमालय की धन-दौलत चुक गई, दहेज देने को बस बावनहंडा सुहाग बचा और पार्वती यह बावनहंडा सुहाग लेकर पतिगृह चलीं, जहाँ कोई सास-ससुर नहीं, ननद-भौजाई नहीं, एक बैल वाहन, भँगेड़ी पति और अपने साथ का बावनहंडा सुहाग और सुहाग पतिव्रताओं ने मारे घमंड के नहीं भोगा। भोगा निचली जातियों की स्त्रियों ने, और पार्वती ने मुक्तभाव से उन्हें सुहाग दिया। लगता है हमारी नि:स्व संस्कृति का सुहाग अहम्मन्य अभिजात वर्ग में न होकर, हैसियतदारी में पैमाल मध्यमवर्ग में न होकर, उसी अकिंचनवर्ग में सुरक्षित है, जहाँ देश का अस्ति है, भूगोल या इतिहास या जाति के रूप में नहीं बल्कि एक ऊँचे, उदात्त, उज्ज्वल सत्यरेखा के रूप में। वह सत्यरेखा जड़ नहीं, निरन्तर तप से द्रवित हो रही है और निरन्तर पुराने स्रोतों को नवजीवन दे रही है, नए स्रोतों को मोड़ दे रही है। वह सत्यरेखा मेगावाटों या प्रति सेकंड घनफुटों में नापी जाने वाली शक्तिपिण्ड नहीं, वह अपरिमेय ऊर्जा है, जिसका ऊर्जत्व निरन्तर खर्च होने से ही कायम रहता है। तथाकथित अज्ञान में प्रकाशमान यह सत्य हमारे झूठे ज्ञान के अभिमान को एक चुनौती है, हमारे सांस्कृतिक वैभव को एक चुनौती है। यह स्याह पड़ा हिमालय बाहर नहीं, भीतर है। हमने अपने को उतरनों के बल

पर जो अधनंगे अकिंचन लोगों से अलग स्तर पर स्थापित मान रखा है, उसी का यह वैरूप्य है कि हिमालय स्याह पड़ा दीखता हैं।

क्या इस विरूप अस्ति की पुकार हमारी निस्सत्त्वता को उघाड़ सकेगी और हमारी चेतना पार्वती से सुहाग भोगने की अधिकारिणी तो रही नहीं, क्या तुरकिन, खटकिन, धोबिन से ही सुहाग के लिए निस्संकोच हाथ पसार सकेगी?

हरिशंकर परसाई

हरिशंकर परसाई जी का जन्म 24 अगस्त, 1924 ई. को मध्यप्रदेश के होशंगाबाद जनपद के जमानी ग्राम में हुआ था।

हरिशंकर परसाई बहुमुखी प्रतिभा के धनी और हिन्दी व्यंग्य-साहित्य के एक महत्त्वपूर्ण हस्ताक्षर हैं। माता-पिता के असामयिक निधन और जीवन के संघर्षों ने इन्हें समझदारी दी। नागपुर विश्वविद्यालय से एम.ए. करने के बाद कुछ समय तक आजीविका के लिए नौकरी की—फिर स्वतंत्र लेखन में जुट गए। हिन्दी की सभी प्रमुख पत्र-पत्रिकाओं में इनके व्यंग्य लेख-प्रकशित होते रहे। 'प्रहरी' और 'वसुधा' जैसी पत्रिकाओं के सम्पादन और स्वतंत्र लेखन ने इन्हें व्यंग्यकार के रूप में प्रतिष्ठा दिलाई। आज वे सशक्त और ईमानदार व्यंग्यकार के रूप में अपनी पहचान बनाए हुए हैं।

कला परिषद्, भोपाल और उत्तर प्रदेश हिन्दी संस्थान, लखनऊ द्वारा इनकी रचनाएँ पुरस्कृत हुईं। 1982 ई. में साहित्य अकादेमी में इनके व्यंग्य-संकलन 'विकलांग श्रद्धा का दौर' को सम्मानित किया और जबलपुर विश्वविद्यालय ने डी.लिट् की मानद उपाधि प्रदान की।

'वैष्णव की फिसलन', 'पगडंडियों का जमाना', 'शिकायत मुझे भी है', 'तब की बात और थी', 'भूत के पाँव पीछे', 'बेईमानी की परत', 'सदाचार का ताबीज', 'निठल्ले की डायरी' आदि इनकी प्रमुख व्यंग्य रचनाएँ हैं। 'हँसते हैं रोते हैं', 'जैसे उनके दिन फिरे' जैसे कहानी-संकलन भी व्यंग्य की लपेट में हैं। 'रानी नागफनी की कहानी', 'तट की खोज' उपन्यासों में भी व्यंग्य की तीखी धार देखी जा सकती है। वस्तुत: परसाई का लेखन परम्परागत विधाओं के चौखटे को तोड़ता है। इसीलिए उसमें कहानी, संस्मरण, रेखाचित्र, रिपोर्ताज, साक्षात्कार और ललित निबन्ध आदि के रूप घुले-मिले दिखते हैं।

हिन्दी में 'व्यंग्य' अंग्रेजी के 'सटायर' का समानार्थी है, जिसका मूल आधार विसंगति और विडम्बना है। स्वाधीनता के बाद अपने अनूठे व्यंग्य से पाठकों को झकझोरनेवाले लेखकों में हरिशंकर परसाई प्रमुख हैं। 'परसाई' के लिए कहा जाता है कि उन्होंने व्यंग्य को 'शूद्र से ब्राह्मण' बनाया। साहित्य के क्षेत्र में व्यंग्य लेखन

को प्रतिष्ठा और पहचान दिलानेवालों में उनका नाम अग्रिम पंक्ति में है। स्वयं हरिशंकर परसाई व्यंग्य को विधा नहीं 'स्पिरिट' मानते हैं। व्यक्ति रूप में उन्होंने व्यंग्य जिया और लिखा। उनका व्यंग्य जीवन के संघर्ष से उपजा है। उन्होंने केवल शब्द और अर्थ में व्यंग्य लिखा हो—ऐसी बात नहीं। वे व्यंग्य के लेखक मात्र नहीं हैं—उन्होंने जीवन में व्यंग्य को जिया भी है। किन्तु व्यंग्यकार होने का अर्थ 'फनी' होना नहीं—हलका-फुलका या छिछोरा होना नहीं। परसाई मानते हैं कि मनोरंजक होने के साथ-साथ व्यंग्य जीवन की समीक्षा भी है। जीवन में 'खालिस रोना या हँसना जैसी चीज नहीं होती।' जिन्दगी में बहुत-सी जटिलताएँ हैं। इसीलिए उनकी हास्य रचनाओं में भी करुणा की अन्तर्धारा होती है। उनका व्यंग्य गहरा, ट्रैजिक और करुणामय है।

परसाई की रचनाओं की आधार-भूमि समाज में विद्यमान विसंगतियाँ हैं। विषयवस्तु में जीवन का विस्तार और प्रामाणिकता विद्यमान है। उनकी रचनाएँ ठोस विचार-भूमि पर स्थित हैं। समाज में फैले भ्रष्टाचार, साम्प्रदायिकता, अन्धविश्वासों और अवसरवादिता की बखिया उधेड़ने में उन्होंने कसर नहीं छोड़ी। इन विकृतियों और विसंगतियों को हास्य-व्यंग्य, विरोधाभास-अतिशयोक्ति या प्रतीकों के साथ प्रस्तुत करते हैं। कहीं गुदगुदाकर, कभी चुटकी काटकर, कभी चुटीला या मार्मिक बनाकर अपनी बात कहने में परसाई खूब सिद्धहस्त हैं। उनके व्यंग्य में निहित आर्थिक-सामाजिक अर्थ-संकेत महत्त्वपूर्ण हैं। यह सोद्देश्य लेखन इन विकट परिस्थितियों के प्रति पाठकों को सतर्क करता है।

निधन : 10 अगस्त, 1995 ई.

विकलांग श्रद्धा का दौर

अभी-अभी एक आदमी मेरे चरण छूकर गया है। मैं बड़ी तेजी से श्रद्धेय हो रहा हूँ, जैसे कोई चलतू औरत शादी के बाद बड़ी फुर्ती से पतिव्रता होने लगती है। यह हरकत मेरे साथ पिछले कुछ महीनों से हो रही है कि जब-तब कोई मेरे चरण छू लेता है। पहले ऐसा नहीं होता था। हाँ, एक बार हुआ था, पर वह मामला वहीं रफा-दफा हो गया। कई साल पहले एक साहित्यिक समारोह में मेरी ही उम्र के एक सज्जन ने सबके सामने मेरे चरण छू लिये। वैसे चरण छूना अश्लील कृत्य की तरह अकेले में ही किया जाता है। पर वह सज्जन सार्वजनिक रूप से कर बैठे, तो मैंने आसपास खड़े लोगों की तरफ गर्व से देखा—तिलचट्टो, देखो मैं श्रद्धेय हो गया। तुम घिसते रहो कलम।...पर तभी उस श्रद्धालु ने मेरा पानी उतार दिया। उसने कहा, "अपना तो नियम है कि गौ, ब्राह्मण, कन्या के चरण जरूर छूते हैं।" यानी उसने मुझे बड़ा लेखक नहीं माना था। बम्हन माना था।

श्रद्धेय बनने की मेरी इच्छा तभी मर गई थी। फिर मैंने श्रद्धेयों की दुर्गति भी देखी। मेरा एक साथी पी-एच.डी. के लिए रिसर्च कर रहा था। डॉक्टरेट अध्ययन और ज्ञान से नहीं, आचार्य-कृपा से मिलती है। आचार्यों की कृपा से इतने 'डॉक्टर' हो गए हैं कि बच्चे खेल-खेल में पत्थर फेंकते हैं तो किसी डॉक्टर को लगता है। एक बार चौराहे पर यहाँ पथराव हो गया। पाँच घायल अस्पताल में भर्ती हुए और वे पाँचों हिन्दी के 'डॉक्टर' थे। नर्स अपने अस्पताल के डॉक्टर को पुकारती : 'डॉक्टर साहब', तो बोल पड़ते थे ये हिन्दी के डॉक्टर।

मैंने खुद कुछ लोगों के चरण छूने के बहाने उनकी टाँग खींची है। लँगोटी धोने के बहाने लँगोटी चुराई है। श्रद्धेय बनने की भयावहता मैं समझ गया था। वरना मैं समर्थ हूँ। अपने आपको कभी का श्रद्धेय बना लेता। मेरे ही शहर में कॉलेज के एक अध्यापक थे। उन्होंने अपनी नेमप्लेट पर खुद ही 'आचार्य' लिखवा लिया था। मैं तभी समझ गया था कि इस फूहड़पन में महानता के लक्षण हैं। आचार्य बम्बईवासी हुए और वहाँ उन्होंने अपने को 'भगवान रजनीश' बना डाला। आजकल वह फूहड़ से शुरू करके मान्यता-प्राप्त भगवान हैं। मैं भी अगर नेमप्लेट में नाम के आगे 'पंडित' लिखवा लेता तो कभी का 'पंडितजी' कहलाने लगता।

सोचता हूँ, लोग मेरे चरण अब क्यों छूने लगे हैं? यह श्रद्धा एकाएक कैसे पैदा हो गई? पिछले महीनों में मैंने ऐसा क्या कर डाला? कोई खास लिखा नहीं है। कोई साधना नहीं की। समाज का कोई कल्याण भी नहीं किया। दाढ़ी नहीं बढ़ाई। भगवा भी नहीं पहना। बुजुर्गी भी कोई नहीं आई। लोग कहते हैं, ये वयोवृद्ध हैं और चरण छू लेते हैं। वे अगर कमीने हुए तो उनके कमीनेपन की उम्र भी 60-70 साल की हुई। लोग वयोवृद्ध कमीनेपन के भी चरण छू लेते हैं। मेरा कमीनापन अभी श्रद्धा के लायक नहीं हुआ है। इस एक साल में मेरी एक ही तपस्या है—टाँग तोड़कर अस्पताल में पड़ा रहा हूँ। हड्डी जुड़ने के बाद भी दर्द के कारण टाँग फुर्ती से समेट नहीं सकता। लोग मेरी इस मजबूरी का नाजायज फायदा उठाकर झट मेरे चरण छू लेते हैं। फिर आराम के लिए मैं तख्त पर लेटा ही ज्यादा मिलता हूँ। तख्त ऐसा पवित्र आसन है कि उस पर लेटे दुरात्मा के भी चरण छूने की प्रेरणा होती है।

क्या मेरी टूटी टाँग में से दर्द की तरह श्रद्धा पैदा हो गई है? तो यह विकलांग श्रद्धा है। जानता हूँ, देश में जो मौसम चल रहा है, उसमें श्रद्धा की टाँग टूट चुकी है। तभी मुझे भी यह विकलांग श्रद्धा दी जा रही है। लोग सोचते होंगे—इसकी टाँग टूट गई है। यह असमर्थ हो गया। दयनीय है। आओ, इसे हम श्रद्धा दे दें।

हाँ, बीमारी में से श्रद्धा कभी-कभी निकलती है। साहित्य और समाज के एक सेवक से मिलने मैं एक मित्र के साथ गया था। जब वह उठे तब उस मित्र ने उनके चरण छू लिये। बाहर आकर मैंने मित्र से कहा, "यार, तुम उनके चरण क्यों छूने लगे?" मित्र ने कहा, "तुम्हें पता नहीं है, उन्हें डायबिटीज हो गई है।" अब डायबिटीज श्रद्धा पैदा करे, तो टूटी टाँग भी कर सकती है। इसमें कुछ अटपटा नहीं है। लोग बीमारी से कौन फायदे नहीं उठाते। मेरे एक मित्र बीमार पड़े थे। जैसे ही कोई स्त्री उन्हें देखने आती, वह सिर पकड़कर कराहने लगते। स्त्री पूछती, "क्या सिर में दर्द है?" वे कहते, "हाँ, सिर फटा पड़ता है।" स्त्री सहज ही उनका सिर दबा देती। उनकी पत्नी ने ताड़ लिया। कहने लगी, "क्यों जी, जब कोई स्त्री तुम्हें देखने आती है तभी तुम्हारा सिर क्यों दुखने लगता है?" उसने जवाब भी माकूल दिया। कहा, "तुम्हारे प्रति मेरी इतनी निष्ठा है कि परस्त्री को देखकर मेरा सिर दुखने लगता है। जान प्रीत-रस इतनेहु माहीं।"

श्रद्धा ग्रहण करने की भी एक विधि होती है। मुझसे सहज ढंग से अभी श्रद्धा ग्रहण नहीं होती। अटपटा जाता हूँ। अभी 'पार्ट टाइम' श्रद्धेय ही हूँ। कल दो आदमी आए। वे बात करके जब उठे तब एक ने मेरे चरण छूने को हाथ बढ़ाया। हम दोनों ही नौसिखुए। उसे चरण छूने का अभ्यास नहीं था, मुझे छुआने का। जैसा भी बना उसने चरण छू लिये। पर दूसरा आदमी दुविधा में था। वह तय नहीं कर पा रहा था कि मेरे चरण छुए या नहीं। मैं भिखारी की तरह उसे देख रहा था। वह थोड़ा-सा झुका। मेरी आशा उठी। पर वह फिर सीधा हो गया। मैं बुझ गया। उसने फिर जी

कड़ा करके कोशिश की। थोड़ा झुका। मेरे पाँवों में फड़कन उठी। फिर वह असफल रहा। वह नमस्ते करके ही चला गया। उसने अपने साथी से कहा होगा—तुम भी यार, कैसे टुच्चों के चरण छूते हो। मेरे श्रद्धालु ने जवाब दिया होगा—काम निकालने को उल्लुओं से ऐसा ही किया जाता है। इधर मुझे दिन-भर ग्लानि रही। मैं हीनता से पीड़ित रहा। उसने मुझे श्रद्धा के लायक नहीं समझा। ग्लानि शाम को मिटी जब एक कवि ने मेरे चरण छुए। उस समय मेरे एक मित्र बैठे थे। चरण छूने के बाद उसने मित्र से कहा, "मैंने साहित्य में जो कुछ सीखा है, परसाईजी से।" मुझे मालूम है, वह कवि सम्मेलनों में हूट होता है। मेरी सीख का क्या यही नतीजा है? मुझे शर्म से अपने आपको जूता मार लेना था। पर मैं खुश था। उसने मेरे चरण छू लिये थे।

अभी कच्चा हूँ। पीछे पड़नेवाले तो पतिव्रता को भी छिनाल बना देते हैं। मेरे ये श्रद्धालु मुझे पक्का श्रद्धेय बनाने पर तुले हैं। पक्के सिद्ध-श्रद्धेय मैंने देखे हैं। सिद्ध मकरध्वज होते हैं। उनकी बनावट ही अलग होती है। चेहरा, आँखें खींचनेवाली। पाँव ऐसे कि बरबस आदमी झुक जाए। पूरे व्यक्तित्व पर 'श्रद्धेय' लिखा होता है। मुझे ये बड़े बौड़म लगते हैं। पर ये पक्के श्रद्धेय होते हैं। ऐसे एक के पास मैं अपने मित्र के साथ गया था। मित्र ने उनके चरण छुए जो उन्होंने विकट ठंड में भी श्रद्धालुओं की सुविधा के लिए चादर के बाहर निकाल रखे थे। मैंने उनके चरण नहीं छुए। नमस्ते करके बैठ गया। अब एक चमत्कार हुआ। होना यह था कि उन्हें हीनता का बोध होता कि मैंने उन्हें श्रद्धा के योग्य नहीं समझा था। हुआ उलटा। उन्होंने मुझे देखा। और हीनता का बोध मुझे होने लगा—हाय, मैं इतना अधम हूँ कि अपने को इनके पवित्र चरणों को छूने के लायक नहीं समझता। सोचता हूँ, ऐसा बाध्य करनेवाला रोब मुझ ओछे श्रद्धेय में कब आएगा।

श्रद्धेय बन जाने की इस हलकी-सी इच्छा के साथ ही मेरा डर बरकरार है। श्रद्धेय बनने का मतलब है 'नॉन परसन'—'अव्यक्ति' हो जाना। श्रद्धेय वह होता है जो चीजों को हो जाने दे। किसी चीज का विरोध न करे—जबकि व्यक्ति की, चरित्र की पहचान ही यह है कि वह किन चीजों का विरोध करता है। मुझे लगता है, लोग मुझसे कह रहे हैं—तुम अब कोने में बैठो। तुम दयनीय हो। तुम्हारे लिए सब कुछ हो जाया करेगा। तुम कारण नहीं बनोगे। मक्खी भी हम उड़ाएँगे।

और फिर श्रद्धा का यह कोई दौर है देश में? जैसा वातावरण है, उसमें किसी को भी श्रद्धा रखने में संकोच होगा। श्रद्धा पुराने अखबार की तरह रद्दी में बिक रही है। विश्वास की फसल को तुषार मार गया। इतिहास में शायद कभी किसी जाति को इस तरह श्रद्धा और विश्वास से हीन नहीं किया गया होगा। जिस नेतृत्व पर श्रद्धा थी, उसे नंगा किया जा रहा है। जो नया नेतृत्व आया है, वह उतावली में अपने कपड़े खुद उतार रहा है। कुछ नेता तो अंडरवियर में ही हैं। कानून से विश्वास गया। अदालत से विश्वास छीन लिया गया। बुद्धिजीवियों की नस्ल पर ही

शंका की जा रही है। डॉक्टरों को बीमारी पैदा करनेवाला सिद्ध किया जा रहा है। कहीं कोई श्रद्धा नहीं, विश्वास नहीं।

अपने श्रद्धालुओं से कहना चाहता हूँ—"यह चरण छूने का मौसम नहीं, लात मारने का मौसम है। मारो एक लात और क्रान्तिकारी बन जाओ।"

हिन्दी निबन्ध से जुड़े कुछ तथ्य

- हिन्दी निबन्ध की शुरुआत भारतेंदु युग से मानी जाती है।
- अधिकांश विद्वानों ने भारतेंदु हरिश्चन्द्र को हिन्दी निबन्ध का जनक माना है।
- आचार्य शुक्ल ने हिन्दी के प्रारम्भिक निबन्धों को गद्य प्रबन्ध की संज्ञा दी है।
- हजारीप्रसाद द्विवेदी ने निबन्ध को व्यक्ति की स्वाधीन चिन्ता की उपज कहा है।
- भारतेंदु युग के प्रमुख निबन्धकार भारतेंदु हरिश्चन्द्र, प्रतापनारायण मिश्र, बालकृष्ण भट्ट और बदरीनारायण चौधरी प्रेमघन हैं।
- आचार्य रामचन्द्र शुक्ल ने बालकृष्ण भट्ट को हिन्दी का स्टील तथा प्रतापनारायण मिश्र को एडिसन कहा है।
- हिन्दी में मनोविकार सम्बन्धी निबन्धों के प्रणेता बालकृष्ण भट्ट हैं।
- प्रतापनारायण मिश्र को आत्मव्यंजक तो बालकृष्ण भट्ट को वस्तुव्यंजक निबन्धकार के तौर पर पहचाना जाता है।
- प्रतापनारायण मिश्र ने धोखा, वृद्ध, दाँत, बात, भौं, नारी, बालक आदि जैसे विषयों पर निबन्ध लिखे हैं।
- 'यमलोक की यात्रा' नामक राधाचरण गोस्वामी का निबन्ध स्वप्न शैली में लिखा गया है।
- राधाचरण गोस्वामी का निबन्ध 'यमलोक की यात्रा', भारतेंदु द्वारा लिखित स्वर्ग के विचार सभा और लाला श्रीनिवास दास का भरतखंड की समृद्धि भारतेंदु युग के प्रसिद्ध निबन्ध हैं।
- अंग्रेजी साहित्य में लॉर्ड बेकन को पहला निबन्धकार माना जाता है और आचार्य महावीरप्रसाद द्विवेदी ने लॉर्ड बेकन के निबन्धों का अनुवाद बेकन विचार रत्नावली नाम से किया है।
- बालमुकुंद गुप्त का निबन्ध शिवशंभू के चिट्ठे 'भारत मित्र' में प्रकाशित हुआ था। यह निबन्ध गवर्नर जनरल लॉर्ड कर्जन को सम्बोधित करके लिखा गया था।
- बाबू श्यामसुन्दर दास की लेखनी से प्रभावित होकर अंग्रेज सरकार ने उन्हें रायबहादुर की उपाधि प्रदान की थी।

- महावीरप्रसाद द्विवेदी को काशी नागरीप्रचारिणी सभा ने आचार्य की उपाधि से नवाजा था।
- आचार्य रामचन्द्र शुक्ल को कलात्मक निबन्ध का प्रणेता कहा जाता है।
- आचार्य शुक्ल के प्रसिद्ध कथन :
  - ❖ यदि गद्य कवियों या लेखकों की कसौटी है तो निबन्ध गद्य की कसौटी है।
  - ❖ श्रद्धा और प्रेम के योग का नाम भक्ति है।
  - ❖ सामाजिक जीवन की स्थिति और पुष्टि के लिए करुणा का प्रसार आवश्यक है।
  - ❖ बैर क्रोध का अचार या मुरब्बा है।
  - ❖ जिस प्रकार आत्मा की मुक्तावस्था ज्ञान दशा कहलाती है उसी प्रकार हृदय की यह मुक्तावस्था रस दशा कहलाती है।
  - ❖ प्रेम यदि स्वप्न है तो श्रद्धा जागरण है।
- शिवपूजन सहाय को भाषा का जादूगर कहा जाता था।
- शिवपूजन सहाय को सूर्यकान्त त्रिपाठी निराला हिन्दी भूषण नाम से सम्बोधित करते थे।
- 'बकलम खुद' नामवर सिंह का आत्मव्यंजक निबन्धों का संग्रह है।
- विद्यानिवास मिश्र का संस्मरणात्मक निबन्ध 'भाई' अज्ञेय के जीवन पर आधारित है।
- सच्चिदानंद हीरानंद वात्स्यायन 'अज्ञेय' ने कुट्टीचाटन उपनाम से 'सबरंग और कुछ राग' निबन्ध संग्रह लिखा।
- महादेवी वर्मा ने 'शृंखला की कड़ियाँ' की भूमिका में अपने विचार के क्षणों में लिखे गए गद्य को निबन्ध कहा है।
- डॉ. नामवर सिंह ने 'वाद विवाद संवाद' में अपने समीक्षात्मक में निबन्धों को विच्छिन्न चिन्तन माना है।

प्रसिद्ध निबन्धकार और उनके प्रमुख निबन्ध/निबन्ध-संग्रह

लेखक	रचनाएँ
भारतेन्दु हरिश्चन्द्र	कश्मीर-कुसुम, उदय पुरोदय, कालचक्र, बादशाह दर्पण, लेवी प्राण लेवी, तदीयसर्वस्व, जातीय संगीत, नाटकों का इतिहास, वैद्यनाथ की यात्रा, स्वर्ग में विचार सभा का अधिवेशन, जाति विवेचनी सभा, पाँचवें पैगम्बर, अंग्रेज स्तोत्र, कंकर स्तोत्र, वैष्णवता और भारतवर्ष, हिन्दी भाषा, सूर्योदय, एक अद्‌भुत अपूर्व स्वप्न, भ्रूण हत्या, रामायण का समय, काशी, मणिकर्णिका, अंग्रेजों से हिन्दुस्तानियों का जी क्यों नहीं मिलता, संगीत सार, नाटक, ईश्वर बड़ा विलक्षण है, भारतवर्ष की उन्नति कैसे हो सकती है?
बालकृष्ण भट्ट	चंद्रोदय, संसार महानाटकशाला, प्रेम के बाग का सैलानी, साहित्य जनसमूह के हृदय का विकास है, शब्द की आकर्षण शक्ति, साहित्य का सभ्यता से घनिष्ठ सम्बन्ध है, इंगलिश पढ़े तो बाबू होय, आत्मनिर्भरता, कल्पना, मेला-ठेला, रोटी तो किसी भाँति कमा खाय मुछन्दर, बाल-विवाह, एक अनोखा स्वप्न, माता का स्नेह, कालचक्र का चक्कर, प्रतिभा, माधुर्य, आशा, आत्मगौरव, रुचि, भिक्षा-वृत्ति, ईश्वर भी क्या ठठोल है, स्त्रियाँ और उनकी शिक्षा, हमारे नये सुशिक्षितों में परिवर्तन।
प्रतापनारायण मिश्र	धोखा, दाँत, बालक, वृद्ध, आप, बात, खुशामद, भौं, नारी, मनोयोग, मुच्छ, परीक्षा, समझदार की

	मौत, ह, द, नास्तिक, टेढ़ जान शंका सब काहू, होली है अथवा होरी, ईश्वर की मूर्ति, घूरे क लत्ता बिनै, जुआ, सोने का डंडा, कनातन क डौल बाँधे, अपव्यय, दान।
महावीरप्रसाद द्विवेदी	सम्पत्तिशास्त्र, रसज्ञ रंजन, लेखांजलि, नाट्य-शास्त्र, उपन्यास रहस्य, आगरे की शाही इमारतें, कालिदास के समय का भारत, दंडदेव का आत्मनिवेदन, भाषा और व्याकरण, कवि और कविता, महाकवि माघ का प्रभात वर्णन, दमयन्ती का चन्द्रोपालम्भ, कवि बनने के लिए सापेक्ष साधन, म्युनिसिपैलिटी के कारनामे, सुधापराधे जनकस्य दंड:, आत्मनिवेदन, प्रभात, नेपाल।
सरदार पूर्णसिंह	आचरण की सभ्यता, मजदूरी और प्रेम, सच्ची वीरता, कन्यादान, पवित्रता।
बदरीनारायण चौधरी 'प्रेमघन'	नेशनल कांग्रेस की दुर्दशा, भारतीय प्रजा के दु:ख की दुहाई ओर ढिठाई पर गवर्नमेंट की कड़ाई, बनारस का बुढ़वा मंगल, दिल्ली दरबार में मित्र मंडली के यार।
बाबू श्यामसुन्दर दास	समाज और साहित्य, कला का विवेचन, कर्तव्य और सभ्यता, साहित्यालोचन।
पद्म सिंह शर्मा	मुझे मेरे मित्रों से बचाओ, दयानन्द सरस्वती मर गए, हिन्दी के प्राचीन साहित्य का उद्धार।
आचार्य रामचन्द्र शुक्ल	भय और क्रोध, ईर्ष्या, घृणा, उत्साह, श्रद्धाभक्ति, करुणा, लज्जा और ग्लानि, लोभ और प्रीति इत्यादि, चिन्तामणि (तीन भागों में संकलित)।
गुलाब राय	ठलुआ क्लब, फिर निराश क्यों, मेरी असफलताएँ, मन की बातें, मेरा मकान, मेरे नपिताचार्य, मेरी दैनिकी का एक पृष्ठ, प्रीति-भोज इत्यादि।
चन्द्रधर शर्मा 'गुलेरी'	कछुवा धर्म, मारेसि मोहिं कुठांव, अमंगल के स्थान विक्रमोर्वशी की मूल कथा।
पदुमलाल पुन्नालाल बख्शी	अतीत स्मृति, उत्सव, श्रद्धांजलि के दो फूल आदि।
माखनलाल चतुर्वेदी	अमीर इरादे गरीब इरादे (1960), साहित्य देवता।
रामवृक्ष बेनीपुरी	माटी की मूरतें (1941-45), वन्दे वाणी विनायकौ (1953-54), गेहूँ और गुलाब (1950) आदि।

इलाचन्द्र जोशी	साहित्य सर्जना (1938), विवेचना (1943), विश्लेषण (1953), साहित्य चिन्तन (1934), देखा-परखा (1957)।
यशपाल	न्याय का संघर्ष (1940), बात-बात में बात (1950), देखा-सोचा-समझा (1951) आदि।
हजारीप्रसाद द्विवेदी	अशोक के फूल (1948), कल्पलता (1951), मध्यकालीन धर्मसाधना (1952), विचार और वितर्क (1957), विचार प्रवाह (1959), कुटज (1964), साहित्य सहचर (1965), आलोकपर्व (1972)।
जैनेन्द्र	प्रस्तुत प्रश्न (1936), जड़ की बात (1945), पूर्वोदय (1951), साहित्य का श्रेय और प्रेय (1953), मन्थन (1953), सोच-विचार (1953), काम, प्रेम और परिवार (1953), इतस्तत: (1963), समय और हम (1964), परिप्रेक्ष्य (1977), साहित्य और संस्कृति (1979)।
आचार्य नन्ददुलारे बाजपेयी	हिन्दी साहित्य : बीसवीं शताब्दी (1942), आधुनिक साहित्य (1950), नया साहित्य नए प्रश्न (1955), राष्ट्रभाषा की समस्याएँ (1961), नई कविता (1976), रस सिद्धान्त (1977), हिन्दी साहित्य का आधुनिक युग (1978), आधुनिक साहित्य : सृजन और समीक्षा (1978), रीति और शैली (1979)।
कन्हैयालाल मिश्र 'प्रभाकर'	नई पीढ़ी नए विचार (1950), जिन्दगी मुस्कराई (1954), बाजे पायलिया के घुँघरू (1957), माटी हो गई सोना (1957), महके आँगन चहके द्वार, क्षण बोले कण मुस्काए, अनुशासन की राह में, जिन्दगी लहलहाई।
महादेवी वर्मा	श्रृंखला की कड़ियाँ (1942), क्षणदा (1957), साहित्यकार की आस्था तथा अन्य निबन्ध (1964), सम्भाषण (1975), भारतीय संस्कृति के स्वर (1984), संकल्पिता (1968)।
रामधारी सिंह 'दिनकर'	मिट्टी की ओर (1946), अर्द्धनारीश्वर (1952), रेती के फूल (1954), हमारी सांस्कृतिक एकता (1956), वेणुवन (1958), उजली आग (1956),

	राष्ट्रभाषा और राष्ट्रीय एकता (1956), धर्म नैतिकता और विज्ञान (1959), वटपीपल (1961), साहित्यमुखी (1968), आधुनिकता बोध (1973)।
डॉ. सम्पूर्णानन्द	स्फुट विचार (1953), भाषा की शक्ति तथा अन्य निबन्ध, चिद् विलास, जीवन और दर्शन, पृथ्वी, ज्योतिर्विनोद, शिक्षा का उद्‌देश्य, समाजवाद, आर्यों का आदि देश।
अज्ञेय	त्रिशंकु (1945), सबरंग कुछ राग (1956), आत्मनेपद (1960), आलबाल (1971), लिखि कागद कोरे (1972), अद्यतन (1977), जोग लिखी (1977), स्रोत और सेतु (1978), युग सन्धियों पर (1982), धार और किनारे (1982), कहाँ है द्वारका (1982), छाया का जंगल (1984), सर्जना और सन्दर्भ (1985), स्मृति छन्दा (1989), संवत्सर, भवंति।
डॉ. रामविलास शर्मा	प्रगति और परम्परा (1949), साहित्य और संस्कृति (1949), भाषा साहित्य और संस्कृति (1954), प्रगतिशील साहित्य की समस्याएँ (1954), लोक जीवन और साहित्य (1955), स्वाधीनता और राष्ट्रीय साहित्य (1956), आस्था और सौन्दर्य (1961), साहित्य-स्थायी मूल्य और मूल्यांकन (1981), भारतेन्दु युग और हिन्दी भाषा की विकास परम्परा (1985), परम्परा का मूल्यांकन (1981), भाषा युगबोध और कविता (1981), कथा विवेचन और गद्यशिल्प (1982), विरामचिह्न (1985)।
डॉ. विजयेन्द्र स्नातक	चिन्तन के क्षण (1966), विचार के क्षण (1970), विमर्श के क्षण (1979)।
डॉ. नगेन्द्र	विचार और अनुभूति (1949), आधुनिक हिन्दी कविता की मुख्य प्रवृत्तियाँ (1951), विचार-विश्लेषण (1955), विचार और विवेचन (1959), अनुसन्धान और आलोचना (1961), आलोचक की आस्था (1966), आस्था के चरण (1968)।
प्रभाकर माचवे	सन्तुलन (1954), खरगोश के सींग (1951), बेरंग (1955)।

निर्मल वर्मा	चीड़ों पर चाँदनी (1964), हर बारिश में (1970), शब्द और स्मृति (1976), कला का जोखिम (1981), ढलान से उतरते हुए (1985), भारत और यूरोप प्रतिश्रुति के क्षेत्र (1991), शताब्दी के ढलते वर्षों में (1995), दूसरे शब्दों में (1997), आदि अन्त और आरम्भ (2001)।
हरिशंकर परसाई	पगडंड़ियों का जमाना (1966), जैसे उनके दिन फिरे (1963), सदाचार की तावीज (1967), शिकायत मुझे भी है (1970), ठिठुरता हुआ गणतंत्र (1970), अपनी-अपनी बीमारी (1972), वैष्णव की फिसलन (1967), विकलांग श्रद्धा का दौर (1980), भूत के पाँव पीछे, बेईमानी की परत, सुनो भाई साधो (1983), तुलसीदास चंदन घिसे (1986), कहत कबीर (1987), हँसते हैं रोते हैं, तब की बात और थी, ऐसा भी सोचा जाता है (1993), पाखंड का अध्यात्म (1998), आवारा भीड़ के खतरे (1998), प्रेमचंद के फटे जूते।
नामवर सिंह	बकलम खुद (1951), वाद विवाद संवाद (1989), छायावाद (1955), दूसरी परम्परा की खोज (1982)।
विद्यानिवास मिश्र	छितवन की छाँह (1953), हल्दी दूब (1955), कदम की फूली डाल (1956), तुम चन्दन हम पानी (1957), आँगन का पंछी और बंजारा मन (1963), मेरे राम का मुकुट भीग रहा है (1974), कौन तू फुलवा बीननिहारि (1980), नैरन्तर्य और चुनौती (1988), भाव पुरुष श्रीकृष्ण (1990), सोऽहम् (1991), पीपल के बहाने (1994), भारतीय चिन्तनधारा (1995), लोक और लोक का स्वर (2000), थोड़ी-सी जगह दें (2004)।
धर्मवीर भारती	ठेले पर हिमालय (1958), पश्यन्ती (1969), कहनी-अनकहनी (1970), कुछ चेहरे कुछ चिन्तन (1995), शब्दिता (1997)।
श्रीलाल शुक्ल	अंगद का पाँव (1958), यहाँ से वहाँ (1970), मेरी श्रेष्ठ व्यंग्य रचनाएँ (1979), कुछ जमीन पर कुछ

	हवा में (1993), आओ बैठ लें कुछ देर (1995), अगली शताब्दी का शहर (1996), खबरों की जुगाली (2006)।
विवेकी राय	किसानों का देश (1956), गाँवों की दुनिया (1957), त्रिधारा (1958), फिर बैतलवा डाल पर (1962), जुलूस रुका है (1977), गँवई गन्ध गुलाब (1980), नया गाँव नाम (1984), आम रास्ता नहीं है (1988), आस्था और चिन्तन (1991), जगत तपोवन सो कियो (1995), वनतुलसी की गन्ध (2002), जीवन अज्ञात गणित है (2004)।
शिवप्रसाद सिंह	शिखरों के सेतु (1962), कस्तूरी मृग (1972), चतुर्दिक (1972), मानसी गंगा (1986), किस-किस को नमन करूँ (1987), क्या कहूँ कुछ कहा न जाए (1995), खालिस मौज में (1998)।
कुबेरनाथ राय	प्रिया-नीलकंठी (1968), आखेटक (1970), गन्धमादन (1972), विषाद योग (1973), निषाद बाँसुरी (1974), पर्ण मुकुट (1978), महाकवित की तर्जनी (1979), कामधेनु (1980), मन पवन की नौका (1982), किरात नदी में चन्द्रमधु (1983), दृष्टि अनिसार (1984), मराल (1993), उत्तर कुरु (1994), वाणी का क्षीर सागर (1998), अन्धकार में अग्नि शिखा (1998), आगम की नाव (2002)।
डॉ. कृष्ण बिहारी मिश्र	बेहया का जंगल (1981), मकान उठ रहे हैं (1990), सम्बुद्धि (1997), आँगन की तलाश (1999)।
रमेशचन्द्र शाह	रचना के बदले (1967), शैतान के बहाने (1980), आडू का पेड़ (1984), सबद निरन्तर (1987), भूलने के विरुद्ध (1990), पढ़ते-पढ़ते (1990), स्वाधीन देश में (1995), स्वधर्म और कालगति (1996)।
रवीन्द्रनाथ त्यागी	खुली धूप में नाव पर (1963), भित्तिचित्र (1966), मल्लिनाथ की परम्परा (1969), कृष्णवाहन की कथा (1971), देवदारु के पेड़ (1973), इतिहास का शव (1993), पूरब खिले पलाश (1998), कबूतर, कौए और तोते (2001)।

शरद जोशी	जीप पर सवार इल्लियाँ (1971), हम भ्रष्टन के भ्रष्ट हमारे (1971), रहा किनारे बैठ (1972), तिलस्म (1973), दूसरी सतह (1975), यत्र तत्र सर्वत्र (2000)।
नरेन्द्र कोहली	एक और लाल तिकोन (1970), जगाने का अपराध (1973), आधुनिक लड़की की पीड़ा (1978), परेशानियाँ (1987), गणतंत्र का गणित (1997)।
गोपाल चतुर्वेदी	अफसर की मौत (1985), दुम की वापसी (1987), फाइल पढ़ि-पढ़ि (1991), दाँत में फँसी कुर्सी (1996), राम झरोखा बैठि कै (2001), भारत और भैंस (2003), फार्म हाउस के लोग (2004), जुगाड़पुर के जुगाड़ू (2005)।
ज्ञान चतुर्वेदी	दंगे में मुर्गा (1998), प्रेत कथा, बिसात बिछी है, खामोश/नंगे हमाम में हैं (2003), जो घर फूँके (2006)।

✪✪✪